本书的出版得到了广西信息产业发展研究基地、广西战略性新兴产业发展研究基地资助，特此感谢！

卢润德 / 著

区域信息产业
之创新发展

Innovation and
Development of
Regional
Information Industry

社会科学文献出版社
SOCIAL SCIENCES ACADEMIC PRESS (CHINA)

序　言

　　作为朝阳产业的信息产业自 20 世纪 80 年代以来，因其具有技术含量与附加值高、创新活跃、渗透性强、感应度与关联性高、污染少的性质，产品和服务能为其他产业实现技术创新、产品创新、商业模式创新提供有力支撑的特点，以及能对国民经济各部门和社会进步起到巨大的引领和带动作用，而成为许多国家尤其是发达国家的支柱性产业之一。鉴于信息产业的性质、特点与作用，大多数发达和新兴经济体政府十分重视信息产业的发展，使用政府采购、政策、基金、税收等多种方式来支持信息产业发展。当前，信息产业正朝着多极化、合作化、国际化、综合化、融合化的纵深方向发展。

　　信息技术的新突破，推动着全球范围内信息产业的创新发展。平板电脑、手机、搜索引擎的出现与不断推陈出新，以及大数据、云计算、宽带网络、物联网等技术的进步，体现了信息产业的不断创新发展。当今，以信息资源为基础、以信息技术为支柱的信息产业革命，以其自动化、数字化、智能化的特征，正在向其他产业和社会领域辐射，改变着人们的消费需求与服务形式、生产方式与经营模式、观念意识与思维方式、生活方式与行为方式。信息产业的日新月异，使人类充分享受了信息产业文明的成果。

　　产业文明的引擎是产业创新，信息产业的高速发展与信息产业的不断创新紧密相关。完善的产业创新体系是产业创新能力提升的根本保障。产业创新体系涵盖国家和区域两个大的方面，区域产业创新体系是国家产业创新体系的重要组成部分，区域产业创新基础能力是区域创新体系建设的目的。加强区域产业创新基础能力建设，对促进国家和区域经济社会的持续、又好又快发展具有极其重大的意义。为此，国家发展和改革委员会于 2010 年颁发了《加强区域产业创新基础能力建设工作指导意见》。该指导意见为我国区域信息产业的创新发展指明了方向和路径。

我国信息产业自20世纪90年代以来呈现了持续快速发展的态势。当今，我国已成为仅次于美国的全球第二大信息产业国家。信息产业已成为我国第二产业中第一大行业和外贸出口最大行业。与此同时，我国区域信息产业发展迅速，成绩显著。目前，国家已出台了信息产业的相关发展规划，正在着力推进新一代信息技术战略性新兴产业建设和区域产业创新基础能力建设工作。以制造业创新网络、信息物理系统、工业互联网等为表征的智能工业将引领我国经济步入转型发展的新时代，我国信息产业将迎来又一个发展的黄金期。

在骄人成绩与喜人形势的背后，应当看到我国信息产业的发展还存在不少问题。从国家层面看，存在的主要问题有：信息产业在区域和产业门类上发展不平衡；信息产业集群发展优势不明显；信息产业"空心化"明显；核心竞争力不强，拥有自主知识产权的产品和服务少，缺乏国际竞争力和市场话语权。从区域层面看，存在的主要问题有：区域信息产业发展思路不清晰，发展功能定位不明确；同质竞争，低水平重复建设；区域间缺乏合作互补的协调发展机制。从产业创新层面看，存在的主要问题有：信息技术市场长期陷入巨头垄断格局，阻碍整个产业的创新与可持续发展；信息技术科技创新能力薄弱，核心技术专利缺乏；区域信息产业创新网络还没有有效形成，缺乏有效的运行机制；企业自主创新积极性不高，创新环境有待改善。

国家和区域信息产业的持续性发展离不开技术、市场、政策、管理等方面的创新。区域信息产业创新是国家信息产业创新的重要组成部分，是其依托与载体。因此，研究区域信息产业的创新发展问题，探讨区域信息产业创新体系建设的对策、路径与方法，不仅对区域把握发展机遇、迎接挑战、解决存在的问题具有重大意义，而且对国家和区域信息产业与社会经济的可持续性发展具有重要意义。本研究就是基于此而开展的，目的在于：为理论工作者研究区域信息产业创新发展问题提供参考，为政府部门官员从事区域信息产业经济管理提供理论参考，为业内经营管理者开展区域信息产业创新提供理论依据。

本研究根据区域产业创新体系建设的理论框架要求，从产业组织创新、产业结构创新、产业技术创新、产业政策和管理创新四个方面入手，主要对区域信息产业的创新组织系统、创新技术系统、政策和管理系统、产业创新评价系统开展了研究。具体而言，本研究对区域信息产业创新发展的理论基础与创新发展的体系构建、区域信息产业集群发展模式及其选择、"东产西迁"与"两化融合"背景下的区域信息产业发展、区域信息产业创新发展战略及其对策、区域信息产业创新发展水平与创新能力测度等展开了理论与实证研究。

本研究共有10章和1个附录（8篇论文），前9章为理论研究部分，第10章和附录为实证部分。本研究采用的主要研究方法是文献资料法、综合集成研究法、实证分析法。本研究依托的科研课题为"广西北部湾经济区信息产业集群发展研究"（广西哲学社会科学基金项目，2009~2011年）和"广西信息产业创新体系研究"（桂林电子科技大学重大项目，2009~2012年）。

笔者作为广西高校人文社会科学重点研究基地"广西信息产业发展研究基地"的创立人与负责人，与基地其他成员和所带的研究生一道，对区域信息产业创新发展的课题展开了长期的研究，并积累了不少研究成果，本书就是这些研究成果的集中体现。为本书创作做出贡献的同仁和研究生有秦敬云、袁胜军、秦田初、周雅颂、阮雪芹、王倩、吴忠、方明珠、李健、楼双双、史文涛、周鹏程、王琼、刘喜梅和苏倩等。在此，笔者对他们的大力支持与帮助、精诚合作与奉献表示崇高的敬意和由衷的感谢！本书引用了许多研究先行者的研究成果，笔者对他们也表示由衷的感谢！此外，笔者还要衷心地感谢那些为本书出版发行付出努力的编辑、审稿专家、装帧设计者、印刷与校稿人、经理与发行商。

由于笔者的学识水平有限，并受到有关统计资料收集、专业技术分析等方面的限制，本书在研究中难免会存在一些局限，对此，作者真诚地欢迎同行专家学者、政界与业界读者批评指正。

卢润德
2015年4月于桂电园

目　录

第一章　信息产业概述 …………………………………… 001
　第一节　产业背景 …………………………………… 001
　第二节　信息产业的内涵 …………………………… 002
　第三节　信息产业的部门划分 ……………………… 005
　第四节　国民经济中的信息产业 …………………… 006
　第五节　信息产业发展态势 ………………………… 007

第二章　区域信息产业创新发展的理论基础 …………… 015
　第一节　产业创新 …………………………………… 015
　第二节　区域经济理论 ……………………………… 024
　第三节　战略理论与方法 …………………………… 028

第三章　区域信息产业创新体系建设 …………………… 033
　第一节　产业创新体系 ……………………………… 033
　第二节　区域创新体系 ……………………………… 035
　第三节　区域产业创新体系 ………………………… 037
　第四节　区域信息产业创新体系构建 ……………… 039

第四章　区域信息产业发展水平与创新能力测度 ……… 042
　第一节　区域信息产业发展水平测度 ……………… 042
　第二节　区域信息产业创新能力测度 ……………… 047

第五章　区域信息产业的集群发展 ……………………… 058
　第一节　区域信息产业集群概述 …………………… 058
　第二节　区域信息产业集群模式选择 ……………… 059

第三节　区域信息产业集群的组织结构设计 ………………… 062
第四节　区域信息产业集群业务流程运行设计 ………………… 064

第六章　东产西迁与区域信息产业创新发展 ………………… 066
第一节　我国东产西迁经济国策的提出 ………………………… 066
第二节　东产西迁的制约因素及其存在的问题 ………………… 068
第三节　东产西迁给区域信息产业发展带来的机遇和挑战 …… 069

第七章　基于两化融合的区域信息产业创新发展 …………… 072
第一节　工业化与信息化 ………………………………………… 072
第二节　信息化与工业化融合的理论方法 ……………………… 074
第三节　工业化与信息化水平测度 ……………………………… 081
第四节　区域两化融合的理论与实践 …………………………… 084

第八章　区域信息产业创新发展对策 ………………………… 091
第一节　促进区域信息产业集群发展的对策 …………………… 091
第二节　东产西迁背景下的区域信息产业发展对策 …………… 094
第三节　推进区域两化融合的对策 ……………………………… 096
第四节　提升区域信息产业创新能力的对策 …………………… 099

第九章　区域信息产业创新发展的战略管理 ………………… 104
第一节　产业发展战略 …………………………………………… 104
第二节　区域经济发展战略 ……………………………………… 106
第三节　区域信息产业创新发展战略规划的制定与实施 ……… 109

第十章　区域信息产业创新发展实证：以广西为例 ………… 123
第一节　广西信息产业概况 ……………………………………… 123
第二节　广西信息产业业态分析 ………………………………… 132
第三节　广西信息产业发展水平测度与提升对策 ……………… 139
第四节　广西信息产业创新能力测度与提升对策 ……………… 149
第五节　对广西北部湾经济区信息产业集群发展的建议 ……… 175
第六节　广西信息化水平测度及其分析 ………………………… 184
第七节　两化融合背景下的广西信息产业发展战略研究 ……… 187

参考文献 ………………………………………………………… 195
附录 作者在期刊上发表过的相关学术论文 …………………… 196
    我国电信服务业的管制与绩效探究 ………………………… 196
    以北海市为增长极：加快广西北部湾经济区信息产业发展 …… 201
    广西北部湾信息产业发展优势与发展重点研究 ……………… 208
    广西信息产业链集群模式探析 ……………………………… 213
    广西信息产业与传统优势制造业互动发展研究 ……………… 218
    基于主成分回归的信息产业创新能力测度 …………………… 225
    广西信息产业发展现状、存在的问题及促进对策研究 ……… 231
    北部湾产业集群发展策略研究 ……………………………… 236

第一章 信息产业概述

第一节 产业背景

第二次世界大战以后，以信息技术为代表的高新技术研究不断获得突破，并由此掀起了新一轮的科技革命，信息产业、生物工程产业、新材料新能源产业等大批新兴产业兴起，第三产业迅速发展，极大地改变了世界经济产业结构和人们传统的生产生活方式，将人类社会生产力发展到了一个更高阶段。信息技术的不断创新及其广泛应用，催生了一批新兴产业，促进了汽车电子、声学电子、光学电子等边缘行业的发展，通过对传统产业的改造，促进了新、旧产业的融合。

信息产业形成于 20 世纪 60～70 年代，具有区别于其他产业的高创新性、高增值性、高渗透性、高关联性及高带动性等特点，其发达程度是一国综合国力和国际竞争力的重要标志。进入 21 世纪，世界各国纷纷把信息产业列为战略性新兴产业来重点发展。从世界范围来看信息产业的发展不难得知，以美国、日本为首的发达国家在资金、技术和品牌等方面具有显著优势，主导着信息产业的布局和发展。发达国家的信息产业不断升级，转向产业链的高端，而处于产业链下游的制造环节则转移到发展中国家和地区。廉价的土地和劳动力是发展中国家和地区的最大优势，这些国家和地区在发挥自身优势的同时，引进和运用发达国家的先进技术，大力推进电子信息产品加工、组装和制造等劳动密集型产业的发展。信息产业呈现了信息技术开发集中化、产品制造分散化、采购区域化、产业链条化、外企本地化和要素配合一体化等特点，全球化趋势愈加明显。

自"八五"计划以来，我国政府就已重视信息产业的发展，在许多方面给予信息产业以强有力的支持，我国信息产业无论是在生产还是在市场规模上，都表现了明显的比较优势。信息产业以 3 倍于 GDP 的平均增长速度高速发展,到 2000 年就已经成为我国经济的主导产业和支柱产业,其产业规模仅次于美国,居世界第二位。我国信息产业呈现了高度集中化的特点,长江三角洲、珠江三角洲、环渤海地区、其他东南沿海地区四大信息产业生产基地各具比较优势,初步形成了各具特色的区域产业集群。近年来,随着信息技术的不断更新,国内产业结构面临升级的压力,沿海地区为保持自身的产业竞争优势,纷纷将处于价值链末端的加工、组装和制造环节转移至中西部欠发达地区,这一方面促进了中西部地区的经济发展,另一方面延长了信息产业链,改善了产业结构。

随着信息技术的日新月异,全球经济一体化和信息化的步伐越来越快,积极发展信息产业已成为世界各国和国内各地区适应信息时代、数字时代,以及大数据、云计算、"互联网+"和物联网的必然选择。

第二节 信息产业的内涵

一 信息产业的定义

1. 学者的定义[①]

信息产业是在知识产业研究的基础上产生的。1962 年,美国经济学家马克卢普提出了"知识产业"的概念,认为知识产业是生产知识、从事信息服务或生产信息产品的产业,包括教育、研究与开发、通信媒介、信息设备和信息服务五方面内容。1977 年,美国经济学家马克·波拉特提出,信息是组织好的、能传递的数据和资料,他首次提出了"四产业划分法",将整个国民经济划分为农业、工业、服务业和信息业(对从第三产业分化出来的属于知识、技术和信息密集的产业部门的统称),并利用这个方法成功地展示了美国产业结构的变化。他的理论很快在欧美得到了强烈响应,一些国家和国际组织相继加入信息产业研究行列。我国学者乌家培认为,信息产业是从事信息产品和服务的生产、信息系统的建设、信息技术装备的制造等活动的企事业单位和有关内部机构的集合。曲维枝认为,信息产业是从事信息技术开发、设备和产品的研发与生产及提供信息服务的

---

① 《信息产业》,www.baike.sogou.com。

产业部门的集合，包括信息采集、生产、检测、转换、存储、传递、处理、分配、应用等众多门类。马费成认为，信息产业是指国民经济活动中与信息产品和信息服务的生产、流通、分配、消费直接有关的相关产业的集合。还有的学者认为，信息产业一般指电子信息制造业、软件产业、系统集成业，以及相关的信息服务业。

2. 业界的定义[①]

美国信息产业协会（AIIA）对信息产业的定义是：依靠新的信息技术和信息处理的创新手段，制造和提供信息产品和信息服务的生产活动组合。欧洲信息提供者协会（EURIPA）对信息产业的定义是：提供信息产品和信息服务的电子信息工业。日本科学技术与经济协会认为，信息产业是为提高人类信息处理能力、促进社会循环而形成的由信息技术产业和信息商业化产业构成的产业群，包括信息技术产业化及信息产品化。信息产业的内容比较集中，主要包括软件产业、数据库业、通信产业和相应的信息服务业。

3. 通俗的定义

人们通常称以计算机和通信设备行业为主体的产业为电子信息产业，也就是说，人们将由传感技术、通信技术和计算机技术组成的，与电子信息技术密切相关的产业，俗称电子信息产业。

4. 本研究的定义

本研究采用的是通俗的信息产业定义，即电子信息产业。为了统一用词与简化表述，本研究将"电子"二字去掉，即将"电子信息产业"简称为"信息产业"。

二　区域信息产业的定义

区域信息产业指某一区域的信息产业。区域信息产业可以以省份为单位，亦可以经济区为单位，还可以以市域、县域为单位。本研究的对象是前两者。

---

① 《信息产业》，www.baike.sogou.com。

三 信息产业的特征

信息产业当前在我国被列为七大战略性新兴产业之一。与其他产业相比，信息产业具有知识与智力密集、高创新、高渗透、高投入、高风险、低消耗、高产出和高增值等特征。

①知识与智力密集。信息技术是信息产业的支柱，其核心技术均处于尖端科学技术的前沿，是高智力、高知识的结晶。信息产业的投入，主要是知识、技术和智力资源，产品研发能力和技术创新水平决定了一个企业的市场竞争力水平，成为其发展的关键。信息产业中的电信、广播、咨询、新闻出版等行业，都是以知识的收集、整理、加工和传播为主的行业，是典型的知识密集型产业，是收集与生产知识的主要产业。知识与智力密集是信息产业的最本质特征。

②高创新。信息技术的科技摩尔效应明显，信息产业以科技研发为先导的特点突出，由此造就了信息产业的高创新特征。

③高渗透。信息传播的普遍性、信息技术应用的广泛性与信息产品的多样性，客观上形成了信息产业的高渗透性。信息产业的高渗透性体现在产业内部有关产业部门的相互渗透、对其他产业的渗透（如对传统产业的信息化改造，对现代高新技术产业的带动，以及信息平台的社会应用）两个方面。

④高投入。信息技术的研发、更新和普及应用均需要投入大量资金，信息产业的发展是一个漫长的耗资过程。当前，世界上信息产业的发展已进入加速发展时期，技术难度日益增大，信息网络覆盖范围也越来越大，对研发的投入也在加大。

⑤高风险。创新活动的不确定性和投资收益的波动性较大导致了信息产业的高风险。信息技术创新活动涉及诸多因素，例如，技术的原理、产品的构思与设计、材料的性能、研发的经费、竞争的态势等。缺少某一种因素的配合或者因素间的配合不甚理想，就会在一定程度上增加研究开发的风险，导致产品设计、技术方案失败。由于信息技术具有显著的时效性，巨额的投资会伴随着巨大的风险。

⑥低消耗、高产出、高增值。信息产业能够消耗较少的人力、物力资源而提高产品的附加值，信息产业为社会经济的各个领域服务，直接或者间接地为社会节约资源，对社会经济起到了一定的调节作用。信息产业投

入的主要是非消耗性资源,如知识、智力等,人力和物力资源消耗较少,产品附加值高。信息产业提供的信息技术和信息服务渗透于众多产业,有利于提高整个社会对有限的物质资源的利用率。

第三节 信息产业的部门划分

一 学者的划分

马克·波拉特将电子信息产业划分成两大信息部门:第一信息部门包括知识生产和发明性产业、风险经营产业、信息交流和通信产业、信息产品制造业、信息服务产业、信息调查和协调产业;第二信息部门包括与信息市场有关系的部分活动与信息基础设施产业。[①] 南京大学倪波教授把电子信息产业分为四个领域:一是信息生产加工领域;二是信息设备制造领域;三是信息传递领域;四是信息服务领域。[②]

二 业界的划分

美国商务部在《数字经济 2000 年》中把信息产业划分为四类:①硬件业,包括计算机、办公电子设备、电子测量和实验分析设备制造业,计算机及其设备批发、零售业;②计算机软件业和服务业,包括计算机相关服务业和软件批发、零售业;③通信设备制造业;④通信服务业。

我国主要根据国家统计局《统计上划分信息相关产业暂行规定》[③] 中的分类,将信息产业的行业范围划分为以下五个部分:一是电子信息设备制造业;二是电子信息设备销售和租赁业;三是电子信息传输服务业;四是计算机服务和软件业;五是其他信息相关服务业。

三 综合的划分

综合学者与业界的划分方法,可将信息产业划分为整机制造业、元器件加工业、信息开发业、信息服务业,如图 1-1 所示。其中,整机制造业

[①] 王胜光:《信息产业与信息活动产值——马克·尤里·波拉特的〈信息经济〉》,《科学管理研究》1988 年第 2 期。
[②] 倪波等:《信息传播原理》,书目文献出版社,1996。
[③] 国家统计局:《统计上划分信息相关产业暂行规定》,2012。

包括计算机设备制造业、网络设备制造业、通信设备制造业和其余信息设备制造业；元器件加工业包括零部件加工业等；信息开发业包括软件业、数据库开发业、电子出版业等；信息服务业包括通信服务业、信息传媒业和咨询业等。

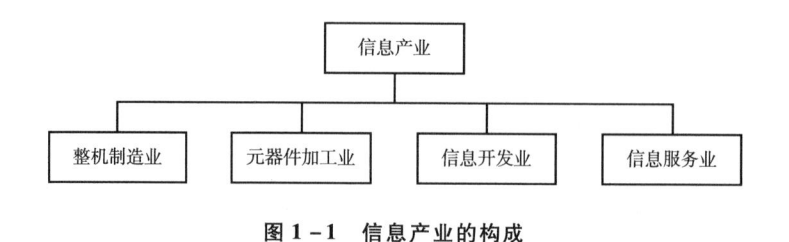

图 1-1　信息产业的构成

第四节　国民经济中的信息产业

一　最具发展前途

当今世界正处于信息时代，信息已成为现代社会的重要战略资源，是社会、经济、科技发展的基础之一。在许多发达国家，信息产业正在或者已经取代了传统产业的地位，成为国民经济的先导产业、主导产业；许多发展中国家也编制了信息产业发展计划，力争尽快赶上发达国家。

二　对国民经济发展起主导作用

因高创新、高渗透等特征，信息产业对其他产业具有"引擎""孵化器"和"助推器"的作用，对国民经济发展起着主导作用。

三　对产业结构起优化作用

信息产业是把信息作为商品来经营的。在现代社会中，信息渗透到了社会活动的各个方面，因而信息产业对产业结构的合理化、高级化起着重要作用。首先，从有利于产业结构的合理化来看，一方面它有利于产业结构与经济发展条件的协调；另一方面它有利于各产业部门之间的协调，从而使产业结构合理化。其次，从有利于产业结构的高级化来看，一方面它有利于产业部门结构的高级化；另一方面它有利于产品的高级化。信息产业的发展必然导致：一是在各类产品结构中，以信息产品为主体的新型高级产品占据社会总产品的主导地位，信息产品占社会总产品的比例加大；二是在产品结构内部，信息的含量增大，每一种劳动产品中的价值构成和成本构成将会优化，从而使各类产品朝着高级化方向前行。

四　绿色与可持续发展的示范效用

绿色经济的基本诉求是"节能、降耗、减排"。信息产业是"无烟工业"，是知识、智力、技术密集型产业，具有巨大的市场发展前景。在信息产业中，知识、智力、技术是推动信息产业发展的主要因素，知识、智力、技术密集必然导致信息产品的高产值、高增值、高效益。例如，50公斤玻璃纤维所能传输的信息量可与1吨铜缆相当，而前者所消耗的能量只是后者的20%。信息产业具有发展的可持续性，它不仅可以以较少的劳动力消耗和物耗、能耗提供高附加值产品，而且可以在保护自然资源、减少环境污染等方面发挥重要作用。信息产业的绿色与可持续发展性可给其他产业带来示范效用，从而可以起到推动整个国民经济的绿色与可持续发展。

第五节　信息产业发展态势

一　全球基本情况

1. 现状[①]

20世纪80年代以来，全球信息产业年均增速是同期GDP增速的两倍以上，信息产业已成为许多国家尤其是发达国家的支柱性产业之一，其产值占发达国家GDP的比重高达25%。在推动人类进入信息社会方面，PC、互联网、手机、搜索引擎的出现使人们随时随地交流、获取信息成为可能。在促进其他行业发展方面，信息产业提供的产品和服务为其他行业实现技术创新、产品创新、商业模式创新提供了有力的支撑。

在全球信息产业的竞争格局上，美国、日本、欧洲、韩国等处于第一

---

① 工业和信息化部软件与集成电路促进中心：《全球电子信息产业的发展现状及趋势》，2012年7月。

梯队，在核心技术、中高端产品、品牌上占据优势地位。尤其是美国的软件和集成电路长期占据产业的顶端，操作系统、数据库、开发工具等核心软件在全球市场上的占有率高达80%，通用处理器、高端网络芯片、高端模拟芯片和可编程逻辑芯片、半导体加工设备等集成电路产品在全球市场上居于领先地位。欧洲有一批实力雄厚的大企业，西门子、飞利浦、诺基亚、爱立信、意法半导体在工业控制、家电、医疗、通信、半导体行业的排名位居前列。日本在家电、通信、计算机、平板显示器、半导体等行业均有比较完整的产业配套体系，尤以材料工业见长。韩国组建了以三星、LG为核心的大企业财团，半导体、平板显示器、通信产品等具有很强的竞争力，产品线之间可形成互补和支撑。

2. 发展趋势

国际金融危机爆发以来，全球信息产业的发展出现了显著变化。其具体表现在以下几个方面：①垄断格局开始瓦解，全球新一代信息技术呈现了创新引领、融合发展、应用驱动的特征，并购重组加速，竞争向生态竞争等深层次发展，全向度竞争将重构信息产业发展格局。②新兴经济体崭露头角，受新兴经济体持续快速增长的带动，新一代信息技术蓬勃发展，近几年新兴经济体信息产业产值增长率远高于发达国家，基本都达到两位数。③抢占制高点成为国家战略，发达国家争先抢占战略制高点，各国和地区纷纷围绕新一代信息技术产业构筑国家竞争优势，抢占产业发展主导权。④跨国企业加速扩张，产业链整合创新成为决定竞争成功的关键，跨界发展将成为信息产业发展的重要方向，跨国CT（信息、通信技术）企业将处于资产并购的高峰期，抢占产业发展主导权的竞争会愈演愈烈。⑤信息技术正不断促成交叉产业创新，信息技术与制造技术的充分交互，使制造业自动化、数字化和网络化水平显著提高。

二 我国的情况

1. 发展历程

我国的信息产业主要经历了三个发展时期：市场转型时期、规模化发展时期、代工跟随时期。

①市场转型时期。1978年至20世纪90年代，我国的信息产业处于市

场转型时期，其间信息产业的性质发生了转变，究其原因，在改革开放前，信息产业主要以生产军工产品为主，而改革开放以后，信息产业逐步转向生产军工产品和民用产品。这一重大转变，不仅能够满足国家对信息产业的发展要求，而且能够满足当时的市场经济对该产业的需求，积极促进市场经济的发展。这一转变使得信息产业开始成为国民经济的支撑与重要组成部分。这一阶段，我国的信息产业开始积极向外国学习，不断提高自身的技术水平，为以后我国信息产业的迅速发展打下了良好的基础。

②规模化发展时期。20世纪90年代到21世纪初，我国开始进入信息化时期，这一时期的到来是与我国的信息产业紧密相关的。信息化时代的到来，使得我国政府开始关注信息产业的发展，为了提高信息产业在我国国民经济中的比重，国家政府的相关部门相继推出了一批信息科技工程，这些工程的实施和发展，使得我国信息产业得到了巨大发展。

③代工跟随时期。21世纪至今，我国的信息产业开始进入全球化的阶段，在这一时期，我国既要进行电子元器件的大规模生产，又要研发新的电子产品，同时还要不断地研究国外的技术标准，形成统一的规范，进而使得全球化的信息产业形成一条巨大的产业链。这一阶段，我国的信息产业既面临了前所未有的机遇，又经受了巨大的挑战。

2. 发展现状

(1) 利好方面[①]

一是信息产业持续快速发展。2013年，我国信息产业销售收入为12.4万亿元，折成美元计算，超过同期全球IT支出比重的50%。在硬件产品制造方面，我国手机、计算机和彩电等产品产量分别达14.6亿部、3.4亿台和1.3亿台，占全球出货量比重均在一半以上。在软件产品开发方面，我国软件业务收入同比增长24.6%，明显高于全球5.7%的平均水平，占全球市场份额进一步提高。

二是产业规模扩大。具体表现为：第一，产业规模不断扩大，目前我国的电子产品的生产数量已位居世界前列，而且正在以更高的速度发展，我国逐步成为世界上主要的电子产品大国之一。第二，电子信息产业的产品销售额在逐年增加，2013年，我国规模以上信息制造业主要效益指标稳

---

① 工业和信息化部：《2013年电子信息产业统计公报》，2014年3月。

步增长，实现销售收入 93202 亿元，同比增长 10.4%；实现利润总额 4152 亿元，同比增长 21.1%；实现税金总额 1845 亿元，同比增长 19.1%，我国规模以上信息制造业增加值同比增长 11.3%，高于同期工业平均水平 1.6 个百分点；销售收入、利润总额和税金总额占工业总体比重分别达 9.1%、6.6% 和 4.0%，其中利润总额和税金总额增速分别达 21.1% 和 19.1%，明显高于工业 12.2% 和 11.0% 的平均水平，信息制造业在工业经济中保持领先地位，支撑作用不断增强。

三是产业投资增长。2013 年，我国信息产业 500 万元以上项目完成固定资产投资 10828 亿元，同比增长 12.9%，增速比上年提高 7.2 个百分点，但仍低于同期工业投资增速 4.9 个百分点。2013 年，新增固定资产投资 6749 亿元，同比增长 1.3%，增速比上年回落 11.7 个百分点；新开工项目 7949 个，同比增长 5.0%，增速比上年回落 3.3 个百分点。

四是外贸增速高位趋稳。2013 年，我国信息产业进出口总额达 13302 亿美元，同比增长 12.1%，增速高于同期全国外贸进出口总额水平 4.5 个百分点。其中，出口 7807 亿美元，同比增长 11.9%，高于全国外贸出口增速 4.0 个百分点，占全国外贸出口总额的 35.3%，比上年提高 1.2 个百分点，对全国外贸出口增长的贡献率为 51.1%；进口 5495 亿美元，同比增长 12.4%，高于全国外贸进口增速 5.1 个百分点，占全国外贸进口总额的 28.2%，比上年提高 1.3 个百分点，对全国外贸进口增长的贡献率为 45.7%。

五是重点领域不断取得技术突破。在电子材料领域，石墨烯科研成果迅速转化，国内第一条世界领先的石墨烯生产线已开工建设，标志着我国在该领域跻身世界前列。在集成电路领域，国内第一款具有自主知识产权的 55 纳米相变存储技术产品发布，打破了国外芯片存储核心技术长期垄断的局面。我国具有完全自主知识产权的大功率 IGBT 芯片通过专家鉴定并投入批量生产，终结了高端 IGBT 芯片完全依赖进口的历史，将为我国轨道交通、电力系统等相关行业的发展提供强劲支撑。在卫星导航领域，我国北斗导航手持机和芯片亮相 2013 年世界雷达博览会。在超级计算机领域，我国研制的"天河二号"荣登全球超计算机 500 强排行榜榜首。在液晶显示领域，国内首颗 AMLOED 驱动芯片研制成功，具有里程碑意义。

六是产品开始走向国际化。具体表现为：第一，在我国对外出口的产品中，电子信息产品所占的比重每年都有所增加，为拉动我国经济的发展做出了突出贡献。第二，不断学习和研究国外先进的电子信息技术，为我国独立生产和制造高端的电子元器件打下了坚实的基础。第三，电子信息产品的技术水平不断提高，我国的信息产业已经掌握了很多的高新技术，在高、中、低端产品领域都占有一席之地，而且我国自主创新和自主研发能力也在不断提高，掌握了一批具有自主知识产权的关键技术，部分骨干企业的国际竞争力不断增强。

七是产业出现集聚化发展的趋势。一些新的、初具规模的信息产业园区开始建设并投入使用。以长江三角州、珠江三角州和环渤海地区等为代表的产业基地已经成为我国的信息产业龙头。

八是信息网络实现跨越式发展，成为支撑经济社会发展的重要基础设施。电话用户、网络规模已经位居世界第一，互联网用户和宽带接入用户均位居世界第二，广播电视网络基本覆盖了全国的行政村。2013年，我国电信固定资产投资完成额达3755亿元，全年新建光缆线路265.8万公里，总长度达1745.1万公里，同比增长17.9%。截至2013年12月底，4 MB及以上高速率宽带接入用户数占整个国内互联网接入用户数的78.8%，比上年同期提高14.3个百分点；我国网络国际出口带宽341万 MB，同比增长79.3%，比上年同期提高42.6个百分点；移动电话普及率达90.8部/百人，比上年同期提高8.3部/百人；互联网宽带接入用户数和移动互联网用户数分别达1.9亿户和8.1亿户，分别比上年末增加1906万户和4319万户。同时，3G网络已经覆盖到全国所有乡镇，3G用户总规模突破4亿户，渗透率达32.7%，比上年同期提高11.8个百分点。城镇居民的彩电、计算机拥有率也继续提高。

九是信息技术在国民经济和社会各领域的应用效果日渐显著。农业信息服务体系不断完善。应用信息技术改造传统产业不断取得新的进展，能源、交通运输、冶金、机械和化工等行业的信息化水平逐步提高。传统服务业转型步伐加快，信息服务业蓬勃兴起。金融信息化推进了金融服务创新，现代化金融服务体系初步形成。电子商务发展势头良好，科技、教育、文化、医疗卫生、社会保障、环境保护等领域信息化步伐明显加快。同时，信息技术的渗透带动作用日益增强，推动了生产制造业、交通物流业、出口贸易业等各行业的智能化和自动化改造，传统行业企业通过广泛应用信息技术，加快转型升级，逐步占据了价值链高端。此外，电子信息技术在国防和国家重点工程领域也发挥了重要作用。2013年12月15日,嫦娥三号着陆器、巡视器顺利完成互拍成像,标志着我国探月工程二期取得圆满成功。其中,以中国电科集团为代表的一批电子信息企业功不可没。

十是电子政务稳步展开,成为转变政府职能、提高行政效率、推进政务公开的有效手段。各级政务部门利用信息技术,扩大信息公开面,促进信息资源共享,推进政务协同,提高了行政效率,改善了公共服务,有效地推动了政府职能转变。金关、金卡、金税等工程成效显著,金盾、金审等工程进展顺利。

十一是信息安全保障工作逐步加强。我国制定并实施了国家信息安全战略,初步建立了信息安全管理体制和工作机制,基础信息网络和重要信息系统的安全防护水平明显提高,互联网信息安全管理进一步加强。

十二是国防和军队信息化建设全面展开。我国的国防和军队信息化取得重要进展,组织实施了一批军事信息系统重点工程,军事信息基础设施建设取得长足进展,主战武器系统信息技术含量不断提高,作战信息保障能力显著增强。

十三是信息化基础工作进一步改善。信息化法制建设持续推进,信息技术标准化工作逐步加强,信息化培训工作得到高度重视,信息化人才队伍不断壮大。

(2) 问题方面

一是缺乏重大产业项目的支持。缺乏重大产业项目的支持是我国信息产业与发达国家相比存在重大差距的主要原因之一。仅仅依靠国家给予的项目,无法撑整个国家信息产业的快速发展。

二是效益水平有待提升。从效益水平看,2013年,我国规模以上信息制造业销售利润率为4.5%,比上年提高0.4个百分点,但低于工业平均水平1.6个百分点。规模以上信息制造业每百元主营业务收入的成本为88.6元,比工业平均水平高3.3元,企业生产经营的成本压力较大,盈利水平偏低。

三是与其他产业的互动效果不明显。信息产业作为高新技术产业,应该与计算机基础、通信产业等相互扶持、相互影响、共同发展,但是从发展情况来看,我国信息产业与其他相关产业的互动效果不明显。

四是对外技术依赖过重。其具体表现为:信息技术自主创新能力不足，核心技术受制于人，核心技术和关键装备主要依赖进口；以企业为主体的创新体系亟待完善，自主装备能力亟须增强；技术研发和创新能力较弱，宽带网络、网络与信息安全、应急通信等基础设施建设相对滞后；标准体系尚不健全。

五是信息技术应用水平不高。在整体上，我国信息技术应用水平落后于实际需求，信息技术的潜能尚未得到充分挖掘，在部分领域和地区应用效果不够明显。数字鸿沟有所扩大，我国信息技术应用水平与先进国家相比存在较大差距。国内不同地区、不同领域、不同群体的信息技术应用水平和网络普及程度很不平衡，城乡、区域和行业的差距有扩大趋势，成为影响协调发展的新因素。

六是信息安全问题仍比较突出。在全球范围内，计算机病毒、网络攻击、垃圾邮件、系统漏洞、网络窃密、虚假有害信息和网络违法犯罪等问题日渐突出，如应对不当，可能会给我国经济社会发展和国家安全带来不利影响。

七是体制机制改革相对滞后。受各种因素制约，信息化管理体制尚不完善，电信监管体制改革有待深化，信息化法制建设需要进一步加快。

此外，我国信息产业还存在缺乏良好的市场环境、人才结构不合理、两化融合仍需深入、产业政策和规划引导亟待加强、信息产业发展面临的资源和环境约束日益强化、依赖外需和粗放型发展模式难以为继等问题。

3. 发展趋势

第一，政府将加强宏观调控。一是由于目前我国的电子信息产品市场非常混乱，政府必将加大监管力度，促进良好市场环境的形成，防止违法乱纪现象的发生。二是政府会进一步完善各项法律法规，使得信息产业的发展有良好的法律保障，同时安排相关的政府部门予以协助，确保法律法规的最终落实。

第二，产业结构会进一步调整。一是利用集聚优势，逐步形成具有竞争力的产业链，同时带动相关产业的建立和发展。二是不断吸引国外的资金和技术，利用招商引资，为国内的信息产业注入新鲜血液。三是经济发展方向转变为以创造力为主导，不断提高自主研发和制造的能力，使我国的电子信息产品逐步摆脱过分依赖国外技术的境遇。

第三，与其他相关技术共同发展。一是信息化时代的到来，能够使得各项技术之间的界限变得模糊，因此信息产业能够与其他产业相互促进、相互结合，甚至产生一些中间产业。二是独立发展的信息产业在未来一定会遇到瓶颈，只有与其他产业相结合，才能为自身提供更广阔的发展空间。

第四，国际化、网络化趋势加强。随着全球经济的进一步发展，跨国集团的数量不断增加、规模不断扩大，在信息产业中，很多商业巨头已经占据主导地位，信息产业未来的国际化和网络化趋势将日益加强。

第五，个性化发展不容忽视。科学技术的日新月异，使得很多不可能变为可能，因此，人们的需要也在不断变化，开始出现个性化、多样化的需求，信息产业未来争夺市场，一定会以消费者的需求为重要参考点，不断提供更加具有个性化的服务，从而逐步引导信息产业向个性化的方向发展。

第二章　区域信息产业创新发展的理论基础

第一节　产业创新

一　产业创新的内涵

1. 产业创新的定义

创新理论的奠基人熊彼特把创新比为生物遗传上的突变。依据熊彼特的理论，可以将产业创新理解为某一项或一类技术创新所带来的新产业的形成或原有产业彻底改造的行为活动及其过程。进而可以推知，产业创新在通常情况下，并不是个别企业的创新活动过程及其结果，而是众多企业的创新活动过程及其结果的加总。

学术界对产业创新的定义有广义和狭义之分。广义定义是：创新主体通过技术创新、制度创新、组织创新和环境创新，利用社会资源和能力，培育与发展新的产业，或使原有产业在一定区域内获得突破性或持续性的发展，从而促使区域产业实现质的飞跃或处于领先地位的创新活动。狭义定义是：以技术创新为核心，以协同创新为手段（创新主体之间的），实现技术创造发明及其产业化应用、产业突破性进步的创新活动。本研究主要涉及的是广义的产业创新。

2. 产业创新的特性

①产业布局的合理性决定了产业创新的成效。产业各部门、各要素、各链环在空间上的分布态势和地域上的组合，以及各种资源、生产要素甚至产业和企业为选择最佳区位而形成的在空间上的配置的合理性，决定了产业创新的成效。②重大技术创新引发产业创新，并成为产业结构升级的

原动力。③产业组织的水平决定了产业创新的效能。④产业创新政策的设计和操作在国家宏观调控政策体系中的作用和地位日益突出。产业政策中"国家因素"的作用与影响越来越大，意识形态对高新技术产业化创新政策的影响比较明显，国家安全原则和外交政策的长期考虑对高新技术产业化创新政策设计和操作的影响不可低估。

3. 产业创新的分类

产业创新从其内在的逻辑性上看，可分为技术创新、产品创新、市场创新和产业渗透与融合四个循序渐进的层次。①技术创新。技术创新是产业创新的逻辑起点，从历史上看，新产业的形成与原有产业的革命都是由技术创新引起的，某一项或一类专业技术取得重大突破，常常会导致其扩散、渗透，从而使原有技术系统得到改造，导致新兴产业的出现或原有产业质的发展。②产品创新。技术创新必将带来产品创新，只有连续不断地进行产品创新，开发具有广阔市场前景的新产品，才能使众多的企业进入该产业，从而实现产业创新，产品创新是产业创新的关键。③市场创新。产品创新会带来市场创新，企业市场开拓能力是企业经营的关键影响因素。市场创新是一个连续不断的过程，它与技术创新、产品创新是互动的。④产业渗透与融合。产业创新的螺旋式发展效应、连锁效应会导致产业间的渗透与融合。技术与产业的关联性是产业渗透与融合程度的决定性因素。如果某一产业的核心技术对其他产业有很强的关联性，那么这一产业与其他产业渗透与融合的可能性就较高，产业创新的空间也就较大。

4. 产业创新的动力

①市场需求是产业创新的原动力。市场需求驱动产业创新，任何新产业的诞生或原有产业的改造都是市场需求的产物，市场需求是决定产业发展的基本条件。②技术创新是产业创新的发动机。技术创新是产业创新的起点，产业创新的高级形式是产业革命，而产业革命源自技术革命——技术创新的高级形式。③企业家创新精神是产业创新的不竭动力。产业革命实质上归结于企业家革命，产业创新是企业家创新的最高层次，企业家是产业革命的灵魂，企业家的创新精神是产业创新的不竭动力。④政府政策制度和要素供给的变化、产业内企业的竞争压力等，亦是产业创新的动力。政府对新兴产业政策上的有力扶持可以极大地加快产业创新的步伐。

产业供给要素，如原材料、能源和人力资源等的稀缺程度或相对比价，也会形成产业创新的动力。产业内企业竞争优势的基本来源是对基本价值链的某个或多个环节的创新。

二 产业创新模式及其影响因素

1. 产业创新模式

（1）协同创新

①协同创新的定义。协同创新是指创新资源和要素的有效集聚，通过突破创新主体间的壁垒，充分释放彼此人才、技术、资本和信息等创新要素的活力而实现深度合作。协同创新是一种产业创新的组织方式，即一种以研究机构、高校、企业为核心要素，以政府、金融机构、中介组织创新平台、非营利组织等为辅助要素的多元主体协同互动的网络创新模式。

②协同创新的实质。协同创新的实质是，企业、政府、高校、研究机构、中介机构和用户等为了实现重大技术创新而开展大跨度合作的创新组织模式。协同创新是当今技术创新的客观要求与新范式。

③协同创新的形式。协同创新的主要形式有四种：一是面向科学前沿的协同创新中心；二是面向文化传承创新的协同创新中心；三是面向行业产业的协同创新中心；四是面向区域发展的协同创新中心，即以地方政府为主导，以服务区域经济发展为重点，通过推动区域内外高校与当地支柱产业中重点企业或产业化基地的深度融合，促进区域创新发展。

（2）双螺旋结构[①]

①创新双螺旋。创新双螺旋是指在技术创新中由技术进步与应用创新构成的双螺旋结构。技术进步和应用创新可以被看成既分立又统一、共同演进的双螺旋结构，或者说是并行齐驱的双轮——技术进步为应用创新创造了新的技术，而应用创新往往很快就会触到技术的极限，进而鞭策技术的进一步演进。只有当技术和应用达到一定的融合程度时，才会诞生引人入胜的创新模式和行业发展的新热点。技术创新正是技术进步与应用创新共同演进催生的。在技术创新多主体参与、多要素互动的过程中，作为推动力的技术进步与作为拉动力的应用创新之间的互动，形成了良好的创新

[①] 高柯：《技术创新是一种"双螺旋结构"》，《华东科技》2010年第6期。

生态，推动了技术创新。

②创新双螺旋与创新体系。科技工作的实践使人们深刻认识到，科技创新是创新主体、创新要素交互作用下涌现的，科技创新必须实现技术进步与应用创新的并驾齐驱，在双螺旋结构作用下形成良好的创新生态。在技术进步方面，要以高新技术园区为平台，通过资金、人才、技术等要素的集聚孵化新企业、新技术；在应用创新方面，要以应用创新园区为平台，通过用户的集聚、需求的集聚以及各创新主体与创新要素的集聚，推动应用创新，谋求技术进步平台与应用创新平台的对接，通过两者的对接和互动，形成有利于创新涌现的生态，构建一个高效的创新体系。

（3）雁行模式

雁行模式指以某一发达国家为"领头雁"，而发展中国家和相对更落后国家依次为"雁群"。发达国家、发展中国家和相对更落后国家依次的产业结构升级，是产业创新发展的结果。雁行模式主要包括四方面内容：第一，重视本地区生产力的发展，不断调整经济结构；重视对教育和人力资本的投资，促进经济的持续增长。第二，坚持出口导向战略，包括积极促进贸易、投资和金融自由化，努力发展外向型经济。第三，依靠本地区的内部积累，适当控制外债规模和外债结构。第四，促进政府与市场机制的有效结合，使政府调控与市场机制紧密结合、相互交融。

2. 影响产业创新的因素[①]

①技术。一个新的产业的萌芽往往是一项新技术获得突破以后才出现的，技术要素是产业创新的关键性要素。一方面，技术创新是最本质的资源配置手段。当技术创新成果得到了市场的检验，资源就会在市场的作用下围绕技术创新成果而配置。另一方面，技术的突破带来效率的提高，使需求得到了更大的满足，产品的价格会更低，功能会更好，这可以刺激产生更多的需求，从而保证产业的市场需求增长，为产业创新提供更大的市场空间。

②资本。资本是产业创新的基础条件。新产业的形成、原有产业质的提升，都离不开资本要素供给。

③人力资本。与技术和资本要素相适应的人力资本要素增加，可以为

---

① 许庆武：《简论产业创新的意义与风险管理》，《商业文化》2012 年第 4 期。

新产业或原有产业提供创造力基础。高新技术产业是知识密集型产业，人力要素对高新技术产业的形成起着重要的作用，尤其是创新型人才对高新技术产业的发展至关重要。

④外部环境与条件。除了上述要素之外，很多外部要素对企业生产会产生重大刺激作用和限制作用，特别是那些与上述要素有关的潜在供给环境以及公共基础设施。此外，信息和企业家要素的供应，也对产业的形成与扩张具有重要影响。

在所有影响产业创新的要素中，人力资本是核心，因为人力资本是技术创新的支持性因素，谁拥有高素质的创新型人才，谁就有可能在技术创新上取得突破，在产业创新上占据领先地位。技术要素起着十分重要的作用。人力资本要素如果没有转化为技术要素或制度要素，就不会形成新的产业或带来原有产业质的提升。

三 产业创新途径

1. 产业转移①

(1) 产业转移概述

产业转移是某一国家或地区某产业的技术及其经济发展到一定阶段时，在市场机制作用下，由于要素供给、产品需求条件发生变化，向其他国家或地区转移的过程。产业转移以企业为主导，是一个具有时间和空间维度的动态过程，是一个包含国家间或地区间投资与贸易活动的综合过程，也是转移国或地区与承接国或地区产业结构调整和产业升级的重要途径。产业转移对承接国或地区经济发展具有重要推动作用，承接产业转移是其产业结构调整的主要形式和手段，亦是其产业创新最重要的途径。通过承接产业转移实现产业创新，承接国或地区可以利用现成的产业资源，迅速完成产业升级，实现产业规模扩张和跨越性的产业进步。

(2) 产业转移的特点

产业转移具有渐进性、企业行为主体性、跨国（地区）经营资源重新配置的直接投资性、产业转出区和转入区分工关系（水平与垂直）的互补性、产业转出区和转入区产业升级与产业空洞化共存性等特点。

---

① 李锋：《国内外关于产业区域转移问题研究观点述评》，《经济纵横》2004年第6期。

(3) 产业转移的影响因素

产业转移有经济、环境与政策三个影响因素。第一，经济因素，主要权衡成本、市场、价格、基础设施及产业关联条件等。第二，环境因素，主要指某区域对环境破坏程度的承受能力和地理人文环境的质量状态。第三，政策因素，主要是税负比较、产业政策约束，也包括国际政治关系影响等。

(4) 产业转移的效应

产业转移效应指产业转移行为的效果，包括转移主体转出和转移客体承接行为的收效，其收效有大有小、有正有负，与主客体的目标预期、产业转移影响因素和自身努力有较大关系。

(5) 产业转移模式

①产业转移模式分类

第一，基于产业转移过程的特征或形态的模式——雁形模式。在一国（地区）范围内，"雁行产业发展形态"按低附加值的消费品产业、生产资料产业、整个制造业的顺序呈现。第二，基于产业区域转移和结构优化的几种模式有：商品输出和市场拓展模式；产业关联模式；整体迁移模式；梯度转移模式；资本输出模式；人才联合模式。第三，基于产业转移的具体途径或方式的模式：直接投资模式；工业园区模式；产业集群模式；横向兼并或横向一体化模式；企业虚拟一体化模式。

②产业转移模式的特点

产业转移模式的特点见表 2-1。

表 2-1 产业转移模式的特点

分类	模式	特点
基于产业转移过程的特征或形态的模式	雁行模式	具有普遍性，一般国家或地区会经过这个阶段，遵循经济发展规律
基于产业区域转移和结构优化的模式	整体迁移模式	行业成长替代，条件苛刻
	梯度转移模式	有益于产业结构调整，容易接收及转化创新成果
	商品输出和市场拓展模式	单个企业或群体企业的市场行为，具有普遍性
	资本输出模式	输出地既有一定经济基础，又有一定市场
	产业关联模式	强调内在联系性、渗透性，采用产业链模式
	人才联合模式	要求转入地具有丰富的人才资源

续表

分类	模式	特点
基于产业转移的具体途径或方式的模式	直接投资模式	要素注入,投资设厂,进行生产和销售
	横向兼并或横向一体化模式	融入发达地区的产业链体系
	企业虚拟一体化模式	不直接生产产品,负责设计和开发、控制销售渠道,具体加工任务交给别的企业去做
	产业集群模式	强调专业化、区域化、规模效应
	工业园区模式	空间上相对集中,有利于集群经济的培育

2. 产业集群

(1) 产业集群概述

产业集群是指具有紧密联系的企业(互补产品的制造商)及其配套机构(供应商与中介)大量集聚在某一特定的领域,通过纵横交错的网络关系紧密联系在一起而构成的空间集聚体。产业集群是一种新的空间经济组织形式。

(2) 产业集群的效用

产业集群的效用主要有三:一是产业集群可以降低原料、零件的运输成本,通过知识的传播和交流,促进企业创新。二是产业集群可以使企业节约生产成本或交易费用,提高生产效率和专业化水平,易于形成区域品牌,有助于提高区域竞争力,形成相应的企业群落优势,从而对区域产业创新及经济发展起到重要的促进作用。三是产业集聚可使区域内的个体获得自身的竞争优势。

(3) 产业集群的成因

产业集群的成因主要有五个:一是自然资源条件的约束,主要包括自然资源的禀赋、互补性和地理区位。二是供应与销售两个市场的外在拉动,集群的大批量购买,能够有效提高与供应商的议价能力,集群内互补企业通过共建销售网络,可节省销售费用。三是降低生产成本的内在推动,集群内供销互补可以降低运输成本,减少基础设施的额外投资,降低采购成本,进而形成产品价格优势。四是技术进步与产业转移的推动。五是地方政府与行业协会的引导。此外,引起产业集群产生的因素还有区域服务与科研环境、劳动力市场环境(专业化)的改善等。

(4) 产业集群的模式

产业集群的模式有五种:其一,轴轮式产业集群,指众多相关中小企业围绕一个特大型成品商（最终产品制造者）形成的产业集群。其二，多核式产业集群，指众多小企业围绕三五个大型成品商形成的产业集群。其三，网状产业集群，指众多相对独立的中小企业交叉联系，聚集在一起形成的产业集群。其四，混合式产业集群，指由多核式与网状式混合而成的产业集群，集群内部既存在几个核心企业及相关的小企业，又存在大量没有合作关系的中小企业。其五，无形大工厂模式，指由诸多在生产流程上相连接的小企业构成的产业集群。

（5）产业集群的形成方式

产业集群的形成方式主要有三种：其一，政府主导推动式。其动因是政府经济发展规划和战略目标对本区域经济利益的追求，政府在产业集群的形成过程中发挥着引导、投资政策环境支持、牵线搭桥等相对重要的作用，其产业集群的形态多为产业园区。其二，市场自发式。其动因来自个人、企业对经济利益的追求，市场在产业集群的形成过程中起着相对重要的作用。某区域出现一个创新的、效益高的、富有前途和生命力的企业，就会吸引供应商等机构向该地集聚，从而形成产业集群。其产业集群的形态多为网状与轴轮状。其三，混合型形成式。该方式是政府与市场共同作用下形成的。

3. 产业融合

（1）产业融合概述

产业融合指不同产业或同一产业不同行业之间相互交叉、相互渗透，最终融合为一体，逐步形成新产业或新行业的动态发展过程。产业融合具有发生在产业（或行业）边界和交叉区域、传统产业边界模糊化、经济服务化、市场结构复杂化、可适应消费者的个性化需要、生产工艺科学化、生产过程合理化等特性。

（2）产业融合的效用

产业融合产生的效用有六：一是有助于提高产业竞争力，推动区域经济一体化，进而推动区域社会经济形态出现重大变革；二是可使传统意义上的产业边界逐渐模糊或消失，有助于促进传统产业创新，加快产业结构优化升级，进而推动产业发展；三是提高产业绩效；四是促进产业创新；五是改善现有市场环境，完善市场机制；六是能够提高区域之间的贸易效应和竞争效应，加速区域之间资源的流动与重组，进而推动区域经济一体化和全球化发展。

（3）产业融合的成因

产业融合的成因主要有四：一是技术创新，这是产业融合的原动力。一项某产业的重大技术创新成果可以通过渗透扩散融合到其他产业，改变其他产业原有的产品或服务的技术路线、生产成本函数、市场需求函数，从而为其他产业的发展提供动力。二是竞争压力与合作共赢需要，这是产业融合的企业动力。保持长期竞争优势、成本最小化、利润最大化，是企业永恒的目标，产业融合是实现该目标的有效方式。三是跨国公司的发展，这是推动产业融合的主要动力。跨国公司的发展，推动着国际一体化经营，使产业划分转化为产业融合。四是管制放松，这是产业融合的外部动力。为了让企业在国内外市场中更有竞争力，产品占有更多的市场份额，国家必须放松（取消或部分取消）对被规制产业进入其他产业的管制，管制的放松可以导致其他相关产业的业务加入本产业的竞争，从而逐渐形成产业融合。

（4）产业融合的类型

产业融合的类型有四种：其一，技术融合。其效果可以是许多新的技术组合在一起产生综合效应，也可以是多种技术在共同作用下产生更新更高层次的技术。其二，业务融合。随着经济发展对企业信息化要求的提高，相关信息系统在企业日常业务中的运用日渐频繁，业务融合不仅包括企业内部许多业务活动的不断融合，而且包括不同企业间越来越多的业务交流，其最终目的都在于提高运作效率，增强企业核心竞争力。其三，产品融合。产品融合伴随网络发展而来，国际上的有关经验表明，产品融合有助于引导市场新的需求，为企业开拓新的市场。其四，市场融合。利用数字化技术为不同产业构建信息和服务交流的平台（也就是市场融合），有助于整合各种市场资源，形成新的价值链，最终优化配置资源、刺激市场创新、加速优胜劣汰、提高市场综合效率。

（5）产业融合的方式

产业融合的方式主要有四种：其一，产业渗透，指发生在高新技术产业与传统产业边界处的产业融合，其表现为高新技术产业向传统产业输入先进技术，以提高传统产业的生产效率。其二，产业交叉，指通过产业间功能互补和延伸实现的产业融合，其往往发生在高新技术产业链的自然延伸部分，尤其是放松管制后的自然垄断行业。在原有产业存在的前提下,通过"部分的合并",它可以以一种新的产业结构形式出现。近几年不断被提及的电信网、广播电视网、互联网"三网融合"就是这种融合方式最好的体现。其四,产业重组,指在某些产业发生的集中的、大规模的资产重组与产业结构调整。其主要发生于具有紧密联系的产业之间,或某一大类产业内部的各个行业之间,是产业融合的重要手段。其四,产业替代。产业替代一般是在前面三种融合方式发生之后,基于前面三种融合产生的。这种产业发展趋势告诉我们,新产业逐步取代旧产业,归根结底是融合产生的新型的、结构更优的产业逐步取代传统产业的过程。

第二节　区域经济理论

区域经济理论学说众多,以下是几种主要学说。

一　分工贸易理论

分工贸易理论主要有绝对优势理论、比较优势理论和生产要素禀赋理论等。

绝对优势理论认为,任何区域都有一定的绝对有利的生产条件。按绝对有利的条件进行分工生产,然后进行交换,会使各区域的资源得到最有效的利用,从而提高区域生产率,增进区域利益。但绝对优势理论的一个明显缺陷,是没有说明无任何绝对优势可言的区域,如何参与分工并从中获利。

比较优势理论解决了绝对优势理论无法回答的问题,认为在所有产品生产方面具有绝对优势的国家和地区,没必要生产所有产品,而应选择生产优势最大的产品;在所有产品生产方面都处于劣势的国家和地区,也不能什么都不生产,而可以选择生产优势相对明显的产品。这两类国家或地区均可从这种分工与贸易中获得比较利益。比较优势理论发展了区域分工理论,但它不能对比较优势原理的形成做出合理的解释,并且与绝对优势理论一样,它是以生产要素不流动为假定前提的,与实际情况不相符。

生产要素禀赋理论认为,各个国家和地区的生产要素禀赋不同,这是国际或区域分工产生的基本原因。如果不考虑需求因素的影响,并假定生产要素流动存在障碍，那么每个区域利用其相对丰裕的生产要素进行生产，就处于有利的地位。生产要素禀赋理论补充了区域分工理论，但仍存在一些不足之处：一是该理论舍弃了技术、经济条件等方面的差别，并假定各生产要素的生产效率是一样的，从而把比较优势看成绝对的和不变的；二是在分析中所包含的生产要素不够充分；三是完全没有考虑需求因素的影响；四是对自由贸易和排除政府对贸易的干预的假定等与现实不符。

二　工业区位理论

该理论假定：其一，原材料产地是已知的；其二，消费地的位置和规模也是给定的；其三，劳动力不具有流动性，每个有可能发展工业的地区，都有相应的劳动力供给，而且每种工业类别的工资率是固定的，在此工资率下，劳动力可充分供给。该理论认为，假定暂时不考虑劳动力成本和集聚因素对工业区位的影响，工业区位就是由运输成本决定的，运输成本会将工业企业吸引到运输成本最低的地点，运输成本最低的地点就成为工业的合理区位，也被称为运输区位或运输指向区位。

三　不平衡发展理论

该理论认为，经济增长过程是不平衡的，强调经济部门或产业的不平衡发展，并强调关联效应和资源优化配置效应。该理论还认为，发展中国家应集中有限的资源和资本，优先发展少数"主导部门"，尤其是"直接生产性活动部门"。不平衡增长理论的核心是关联效应。关联效应就是各个产业部门中客观存在的相互影响、相互依存的关联度，并可用该产业产品的需求价格弹性和收入弹性来度量。因此，优先投资和发展的产业，必定是关联效应最大的产业，也是产品的需求价格弹性和收入弹性最大的产业。凡有关联效应的产业，不管是前向联系产业还是后向联系产业，都能通过产业扩张和优先增长，逐步扩大对其他相关产业的投资，带动后向联系部门、前向联系部门和整个产业部门的发展，从而在总体上实现经济增长。不平衡发展理论遵循了经济非均衡发展的规律，突出了重点产业和重点地区，有利于提高资源配置的效率。这个理论被许多国家和地区采纳，并在此基础上形成了一些新的区域发展理论。

四　梯度转移理论

所谓梯度，是指区域之间经济总体水平的差异。在全世界或者一个国家的范围内，经济技术的发展总是不平衡的，这就在客观上形成了一种经济技术梯度。一个区域的经济发展程度主要取决于其产业结构，进一步说取决于它的主导部门的先进程度。与产品生命周期相对应，经济部门可分为三类：产品处于创新到成长阶段的兴旺部门；产品处于成长到成熟阶段的停滞部门；产品处于成熟到衰退阶段的衰退部门。如果一个区域的主导产业是兴旺产业，则该区域被认为是高梯度区域。城市的经济和社会环境容易接收及转化创新成果，所以现实中的产业创新一般集中在城市。

该理论认为，工业各部门及各种工业产品，都处于生命周期的不同发展阶段，包括创新、发展、成熟、衰退四个阶段。此后，威尔斯和赫希哲等对该理论进行了验证，并进行了充实和发展。区域经济学家将这一理论引入区域经济学，便产生了区域经济发展梯度转移理论。该理论认为，区域经济的发展取决于其产业结构的状况，而产业结构的状况又取决于主导产业在工业生命周期中所处的阶段。如果一个区域的主导产业部门由处于创新阶段的专业部门构成，则说明该区域具有发展潜力，属于高梯度区域。创新活动是决定区域发展梯度层次的重要因素，而创新活动大多发生在高梯度地区。随着时间的推移及生命周期阶段的变化，生产活动逐渐从高梯度地区向低梯度地区转移，而这种梯度转移过程主要是在多层次的城市系统中展开的。梯度转移理论主张发达地区应首先加快发展，然后通过产业和要素向较发达地区和欠发达地区转移，带动整个经济的发展。

五　增长极理论

该理论从物理学的"磁极"概念引申而来，认为一个地区存在若干个中心或极，其可产生各种向心力和离心力，增长极可以是部门的，也可以是区域的。该理论的主要观点是，区域经济的发展主要依靠条件较好的少数地区和少数产业带动，应把少数区位条件好的地区和少数条件好的产业培育成经济增长极。增长极通过极化和扩散效应，影响和带动周边地区和其他产业的发展。增长极的极化效应主要表现为资金、技术、人才等生产要素向极点聚集；扩散效应主要表现为生产要素向外围转移。在发展的初级阶段，极化效应是主要的，当增长极发展到一定程度后，极化效应削弱，扩散效应加强。

增长极理论主张通过政府的作用来集中投资，加快若干条件较好的区域或产业的发展，进而带动周边地区或其他产业发展。这一理论的实际操作性较强，但也可能忽略在注重培育区域或产业增长极的过程中，区域增长极与周边地区和产业增长极与其他产业的差距拉大，影响周边地区和其他产业的发展。

六　点轴开发理论

该理论是增长极理论的延伸，但在重视"点"（中心城镇或经济发展条件较好的区域）即增长极作用的同时，还强调"点"与"点"之间的"轴"即交通干线的作用，认为重要交通干线如铁路、公路、河流航线的建成，使生产和运输成本降低，形成了有利的区位条件和投资环境。产业和人口向交通干线集聚，使交通干线连接地区成为经济增长点，使沿线成为经济增长轴。该理论十分看重地区发展的区位条件，强调交通条件对经济增长的作用，认为点轴开发对地区经济发展的推动作用要大于单纯的增长极开发，也更有利于区域经济的协调发展。改革开放以来，中国的生产力布局和区域经济开发基本上是按照点轴开发的战略模式逐步展开的。中国的点轴开发模式最初由中科院地理所陆大道提出，他主张中国应重点开发沿海轴线和长江沿岸轴线，以此形成横"T"形战略布局。

七　网络开发理论

该理论认为，在经济发展到一定阶段后，一个地区形成了增长极和增长轴，增长极和增长轴的影响范围不断扩大，在较大的区域内形成商品、资金、技术、信息、劳动力等生产要素的流动网及交通通信网。在此基础上，网络开发理论强调提高增长极与整个区域之间生产要素交流的广度和密度，促进地区经济一体化，特别是城乡一体化；同时，利用网络的外延，加强与区外其他区域经济网络的联系，在更大的空间范围内将更多的生产要素进行合理配置和优化组合，促进更大区域内经济的发展。网络开发理论宜在经济较发达地区应用。该理论注重推进城乡一体化，更有利于逐步缩小城乡差距、促进城乡经济协调发展。

八　中心-外围理论

该理论认为，任何国家的区域系统，都是由中心和外围两个子空间系统组成的。资源、市场、技术和环境等的区域分布差异是客观存在的。当某些区域的空间集聚形成发展之势时，其就会获得比其外围地区强大得多的经济竞争优势，形成区域经济体系的中心。外围（落后地区）相对于中心（发达地区），处于依附地位，缺乏经济自主性，从而出现了空间二元结构，并随时间推移而不断强化。不过，政府的作用和区际人口的迁移将影响要素的流向，并且随着市场的扩大、交通条件的改善和城市化的加快，中心与外围的界限会逐步消失，逐渐向一体化方向发展。这一理论对促进区域经济协调发展具有重要指导意义。

九　城市圈域经济理论

该理论认为，城市在区域经济发展中起核心作用。区域经济的发展应以城市为中心，以圈状的空间分布为特点，逐步向外发展。该理论把城市圈域分为三个部分：一个首位度高的城市经济中心；若干腹地或周边城镇；中心城市与腹地或周边城镇之间的内在经济联系网络。城市圈域经济理论把城市化与工业化有机结合起来，意在推动经济发展在空间上的协调，对发展城市和农村经济、推动区域经济协调发展和城乡协调发展都具有重要指导意义。

第三节　战略理论与方法

一　战略管理理论

1. 战略

（1）战略要素构成[①]

一个完整的战略需由使命（或曰宗旨）、目标、方针、策略及行动方案五个紧密联系与相互作用的要素构成。使命指组织的功用，或曰组织存

[①] 卢润德：《战略释疑》，《求实》2004年第6期。

续的理由；目标指为完成使命，组织必须达成的预期经营结果；方针指为达成目标，组织确立的行动方向，或曰行动指南；策略指为保证方针的贯彻执行、方针的稳定性，组织拟采用的具有谋略的政策、原则或准则；行动方案指为贯彻方针、落实策略、达成目标和完成使命，组织拟采取的重大举措及实施的总体行动方案。

（2）战略的特征[①]

一个完善的战略具有以下 8 个主要特征：其一，总体性。战略着眼于组织整体，考虑的是组织的全局性问题。其二，指导性。战略只是对组织在未来一段时期内的目标、行动方向和行为方式做出宏观指导，而战略的落实、指令的安排，还需要由组织的职能部门编制具体计划。其三，长远性，战略涉及组织未来一段时期的存续问题。其四，稳定性。战略一经制定，在较长时期内就需要保持连贯性（一般只允许做小的或局部的调整）。其五，创新性。战略需要根据组织的外部环境和内部条件的变化而创新。其六，风险性。战略正确与否关乎组织的兴衰与存亡，而战略决策大多又是对不确定问题的决策，所以战略具有很大的风险。其七，梯度性。战略在时间、空间、难度等方面是有梯度的。其八，可测性。战略实施的效果可以通过现实状况与事先设定的定量指标的比较（阶段性的或是最终的）来测度。此外，战略还具有挑战性、现实性、适应性和权威性等特征。

（3）战略类型

战略类型的划分有多种。按整体与局部分，有总体战略（包括成长、稳定、收缩三种态势）和部门战略（包括职能战略）；按态势分，有成长型战略（或曰发展战略）、稳定型战略和收缩型战略；按竞争策略取向分，有并购战略、成本领先战略、差异化战略和集中化战略；按职能分，有市场营销、技术研发、生产制造、人力资源、财务投资等方面的战略；按地域分，有国内经营战略和国际化经营战略；按市场经营的关注点分，有竞争战略（其关注点是"红海"）和"蓝海"战略（其关注点从市场竞争转向市场创造）；等等。

2. 战略管理

（1）战略管理的定义

战略管理有广义和狭义两种定义。广义的战略管理是指运用战略对整

[①] 卢润德：《战略释疑》，《求实》2004 年第 6 期。

个组织进行管理；狭义的战略管理是指对战略的制定、实施、控制和修正进行管理。居主流地位的是狭义的战略管理。

（2）战略管理过程

战略管理过程涵盖三个阶段，即战略制定、战略实施与管控、战略评估。战略管理的三个阶段相辅相成、融为一体，战略制定是战略实施与管控的基础，战略实施与管控是战略评估的依据，而战略评估反过来又为战略制定和战略实施与管控提供经验和教训。三个阶段的合理安排、衔接与落实，是组织取得良好战略管理成效的保证。

二 战略制定的理论与方法

1. 预测方法

预测是战略制定的基础，预测有定性和定量两大类方法。定性预测指预测者根据已掌握的信息资料，运用主观经验、逻辑推理，对预测对象未来变化态势做出的性质上和程度上的推断。常用的定性预测方法有：经验判断法，包括经验评判法、会议专家法和专家调查法；主观概率法；调查访问法；等等。定量预测指预测者根据已掌握的比较完备的历史统计数据，运用一定的数学方法进行科学的统计分析，并根据其结果，对预测对象未来变化态势做出的推测。常用的定量预测方法有：时序预测法，包括平均平滑法、趋势外推法、季节变动预测法和马尔可夫时序预测法；因果分析法，包括一元回归法、多元回归法和投入产出法；灰预测法；等等。需要指出的是，科学的预测是定性预测与定量预测的有机结合。

2. 分析方法

战略分析是战略制定的重要环节，战略分析即通过资料的收集和整理分析组织的内外环境，包括组织诊断和环境分析两个部分。

常用的战略分析方法（或称工具）有：①SWOT分析法。其是一种用来确定组织的竞争优势（strength）、竞争劣势（weakness）、机会（opportunity）和威胁（threat），从而将组织的战略与其内部条件（资源）、外部环境有机结合的分析方法。②PEST分析法。其是一种用于分析组织所处的宏观环境——政治、经济、社会和技术环境的分析方法。③波特五力模型分析法。其是一种用于明晰一个行业基本竞争态势的分析方法。④波士顿矩阵法。波士顿矩阵又称市场增长率-相对市场份额矩阵（BCG矩阵），该方法是一种制定公司层战略最流行的分析方法。此外，还有内部因素评价法（又称内部因素评价矩阵，IFE矩阵）、外部要素评价法（又称外部因素评价矩阵，EFE矩阵）和竞争态势评价法（又称竞争态势矩阵，CPM矩阵）等战略分析方法。

3. 战略制定的理论与方法

（1）4C战略模型

4C战略模型由锡恩集团创始人姜汝祥博士提出，是一个探寻企业持续兴盛的操作框架和模型，它回答了如何使企业长盛不衰的四个基本问题：第一，如何凝聚员工？第二，如何在时间上让业务获得持续？第三，如何基于客户价值战胜竞争对手？第四，如何在客户与员工的基点之上，获得核心竞争力？

（2）战略制定应遵循的原则

①适应环境原则。来自环境的影响力在很大程度上会影响企业的经营目标和发展方向。战略的制定一定要注重组织与其所处的外部环境的互动性。

②全程管理原则。战略是一个过程，包括战略的制定、实施、控制与评价。在这个过程中，各个阶段互为支持、互为补充，忽略其中任何一个阶段，组织战略管理都不可能成功。

③整体最优原则。战略管理要将企业视为一个整体来处理，要强调整体最优，而不是局部最优。战略管理不强调企业某一个局部的重要性，而是通过制定组织的宗旨、目标来协调各部门的活动，使其形成合力。

④全员参与原则。战略管理是全局性的，并且有一个制定、实施、控制和修订的过程，所以战略管理绝不仅仅是企业领导和战略管理部门的事，全体员工都应该积极参与。

⑤反馈修正原则。战略管理涉及的时间跨度较大，一般在5年以上。战略的实施过程通常可分为多个阶段，因此应分步骤实施整体战略。在战略实施过程中，环境因素可能会发生变化，组织只有不断跟踪反馈，方能保证战略的适应性。

⑥从外往里原则。卓越的战略是从外往里而不是从里往外制定的。

(3) 战略制定的流程

第一步，界定当前业务和使命；第二步，实施外部和内部审计；第三步，形成新的业务发展方向和使命；第四步，将使命转化为目标；第五步，确立战略方针；第六步，谋划总体策略；第七步，提出重大举措；第八步，编制总体行动方案。

(4) 战略制定的方法

战略制定的方法主要有定性方法和定量方法两大类。常用的定性方法有：经理人员决策法、专家会议法、枚举法、头脑风暴法、哥顿法、对演法、德尔斐法、集体决策法和领袖抉择法等；常用的定量方法有：确定型决策法、不确定型决策法和风险性决策法。

第三章　区域信息产业创新体系建设

第一节　产业创新体系

一　产业创新体系概述

1. 产业创新体系定义

产业创新体系指在某一产业链上，以市场为导向、以企业为主体、以产业创新为目的建立的企业内部、企业之间以及企业和政府与社会之间的联系网络。

2. 产业创新体系与其他创新体系的区别与联系

其区别与联系主要有：其一，产业创新体系是国家创新体系和区域创新体系的重要组成部分，决定了产业的知识扩散和技术创新能力，关乎产业和国家的竞争力，是提高自主创新能力、建设创新型国家的重要环节之一。其二，产业创新是企业创新的最高层次。其三，产业创新体系是企业创新体系和国家创新体系的桥梁，国家创新体系着眼于宏观经济角度，企业创新体系着眼于微观经济角度，而产业创新体系则着眼于中观经济角度。尽管在许多方面这三者之间存在区别，但其实际上是一个从低层到高层的相互联系与作用的、相辅相成的有机整体。

二　产业创新体系生成机理与构成

1. 产业创新体系生成机理[①]

(1) 技术创新的动力机制

[①] 李春艳、刘力臻：《产业创新系统生成机理与结构模型》，《科学学与科学技术管理》2007年第1期。

技术创新是产业创新体系的核心构成。在一定的政治、社会、经济、军事、科技、文化背景下，发明人出于对成就、名誉、权益的追求而开展科学研究，研究成果市场化激励着发明者开展技术创新。使技术创新成果实现市场化的主要动力有两个：一是企业家对利润的追求，这是最主要的动力；二是经济运行的诱导，要素价格的相对变化激励人们去节约那些昂贵的要素，而方法唯有技术创新。

（2）产业创新体系形成的条件

产业创新体系形成的条件主要有以下三个：一是健全而有效运行的专利制度；二是完善的技术经营研究与教育体系；三是完善的风险防范体系，风险防范体系包括组织决策、技术开发、资金保障等方面的内容。

2. 产业创新体系构成

产业创新体系由主体要素、资源要素、对象要素及其运行机制组成。其中，主体要素包括企业（核心要素）、政府、科研机构、高校、中介机构、金融机构、用户和供应商；资源要素包括知识资源、技术资源、科技基础设施、技术市场、咨询和创业中心等服务；对象要素包括技术创新、组织创新和管理创新；运行机制包括政策与法律规制、标准与规则、惯例。产业创新体系结构表现为网络型的组织形式（见图 3-1）。

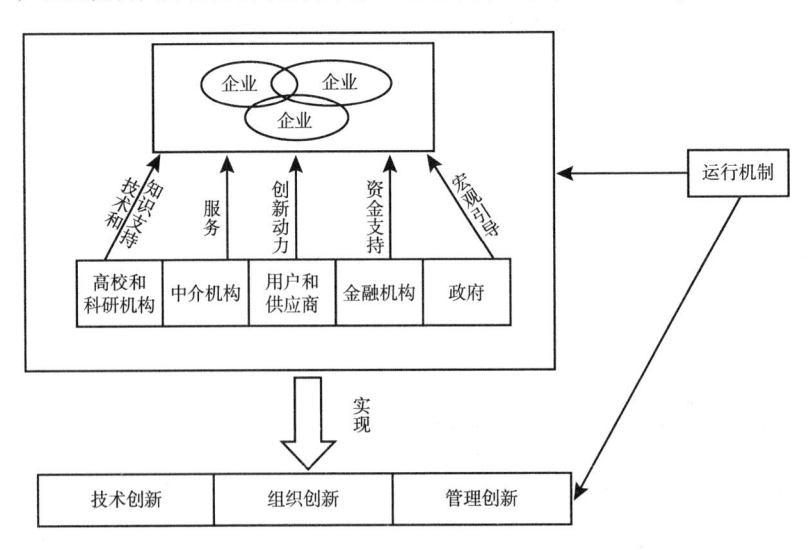

图 3-1 产业创新体系的构成

第二节 区域创新体系

一 区域创新体系概述

1. 区域创新体系内涵

区域创新体系指在某一区域内业务上互相联系、在地理位置上相对集中的利益相关者共同参与组成的以横向联系为主的动态开放系统。区域创新体系是一个以创新应用为核心,以促进技术进步和经济增长、提高区域竞争力和可持续发展能力为目的,以市场机制为基础,以企业为主体,以政府为引导的动态开放系统。区域创新体系的主要含义如下:一是以生产企业、研究与开发机构、高等院校、地方政府机构和服务机构为创新主体;二是创新主体间呈现创新系统的组织和空间结构;三是运行机制对区域创新效能的发挥作用重大。

2. 区域创新体系的类型及其特点

(1) 地域根植性创新体系

此类创新体系是一种专业化产业区的中小企业网络。公司把创新活动主要建立在本地企业间联系的学习过程中,技术转移活动基本在当地进行。其具有地域邻近性、文化根植性、本土性、内生性和专门化等特点。

(2) 区域网络化创新体系

区域网络化创新体系是较为理想的区域创新体系,具有主体多元性、网络开放性、集群性等特点。

(3) 区域化国家创新体系

区域化国家创新体系主要发生在区域外部主体之间,具有国家主导性、跨区域性、大系统集成性等特点。

二 区域创新体系构建

1. 区域创新体系构成要素

区域创新体系的构成要素有三个:一是主体要素。创新活动的行为主体有地方政府、企业、科研机构、高校和各类中介组织。其中，企业是创新体系的核心、技术创新的主体，也是创新投入、产出以及收益的主体。二是功能要素。功能要素即行为主体之间的关联与运行机制，包括制度创新、技术创新、管理创新的机制和能力。三是环境要素。环境要素即创新环境——体制、基础设施、社会文化心理和保障条件等。其包括硬环境，如科技、土地、交通运输等基础设施，以及软环境，如地理区位、社会经济状况、人口和制度等。

2. 区域创新体系的组织结构[1]

区域创新体系的组织结构见图 3-2。其中，科技研究系统包括以基础研究为主的地方科研机构、大学重点学科科研基地、人文社会科学研究机构和由首席科学家负责的柔性科研组织；企业技术创新系统包括企业自办技术开发机构、产学研综合型技术开发机构、高新技术主导型科技企业（集团）和科研转制型企业技术开发机构；创新成果扩散系统包括技术评估、经纪机构，信息咨询服务机构，科技园区孵化器与创业中心，以及行业协会；教育培训系统包括大中专院校、职业技术培训机构、成人教育机构和各类民办教育培训机构；区域宏观调控系统包括地区创新领导小组、

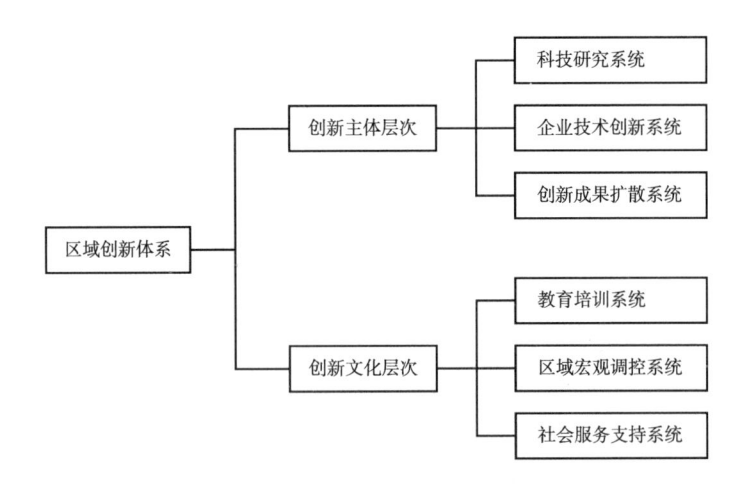

图 3-2 区域创新体系的组织结构

---

[1] 龚荒、聂锐：《区域创新体系的构建原则、组织结构与推进措施》，《软科学》2002 年第 6 期。

地区专家咨询委员会、地方政府科技管理部门和监督部门及其他相关职能部门；社会服务支持系统包括基础设施支持系统、知识产权保护体系、市场经济体制和创新的文化氛围。

3. 区域创新体系的构建原则[①]

区域创新体系在构建中应遵循以下原则：一是长远性和渐进性原则；二是以市场机制为基础的原则；三是创新政策和市场力量相结合原则；四是与国家创新体系建设有机衔接的原则；五是避免趋同、突出个性的原则；六是开放与合作原则。

第三节 区域产业创新体系

一 区域产业创新体系构成

1. 区域产业创新主体及其相互之间的关系

区域产业创新主体基本要素有人才、技术、资金、政策、中介机构服务、法律法规，按种类可分为：核心要素——人才、技术；支撑要素——资金、政策；催化要素——中介机构服务；保障要素——法律法规。这四种要素之间相互联系、相互影响、相互制约，并在相互作用中实现系统整体功能，促进产业创新过程的快速发展与良性循环。

2. 区域产业创新体系的总体框架

①区域产业组织创新系统。区域产业创新体系的组织主体要素是企业、政府有关部门、科研院所和高校、中介机构（包括咨询机构、产学研联合体、工程中心、创业中心等），其主体的功能不同，协调机制也不同。

②区域产业结构创新系统。产业结构创新的主要途径有：其一，创造新的商品和服务；其二，在规定的劳动力和资金条件下，提高原有商品和

---

① 龚荒、聂锐：《区域创新体系的构建原则、组织结构与推进措施》，《软科学》2002年第6期。

服务的产出数量；其三，发挥扩散效应，促进经济的快速发展。

③区域产业技术创新系统。产业技术创新的主要途径有：其一，利用重组与市场选择的作用，使技术创新能力较强的企业生存下来；其二，用高新技术改造传统产业，提高其知识集约化水平；其三，以促进高新技术发展为主要内容，加快高新技术产业区的发展；其四，设计一个有效促进创新的科技体制。

④区域产业政策和管理创新系统。产业政策和管理创新的主要途径有：其一，对管理体制和管理模式进行再造，加快政府职能转化，推进现代化管理，建立以结构创新、技术创新、知识传播和应用为内容的管理体系，为产业发展创造有利的管理体制条件。其二，从根本上改变传统的经济增长方式和企业经营模式。其三，发挥市场机制对资源配置的作用，建立市场化的价格机制、运行机制和用人机制，制定有利于发展高新技术产业的分配政策，激励知识和技术成果商品化、产业化的产业政策，鼓励知识创新型人才入区的人才政策，以及扶持技术创新、科技成果转化的创业政策。

区域产业创新体系构建过程中需注意的问题：一是不要把地方政府作为创新活动的唯一主体；二是在构建创新体系过程中，应针对本区域的产业特点，突出一种或几种创新方式；三是产业创新需要循序渐进，在不同阶段要有不同的对策和举措；四是创新并不一定能带来区域经济的高速增长，只要保持区域经济长期发展即可；五是在区域产业创新过程中会存在许多不利因素，需要创新主体竭力克服。

3. 区域产业创新机制构成

区域产业创新机制由以下6个子机制有机构成：促进产业创新能力提升的政府引导机制；以企业为主体的产业创新机制；产业间互动创新的运行机制；多元化的产业创新资金筹集机制；促进产业创新的人才机制；促进技术创新成果产业化的中介机制。

二 区域产业创新体系构建的基本原则[①]

①以区域主导产业为主。区域产业创新体系要能够充分发挥对区域主导产业的集聚效应、对传统产业的辐射效应，以及对区域经济的带动作

---

① 丁永波：《区域产业创新系统的结构模型及其运行机制研究》，《商业研究》2008年第12期。

用。因此，在建立区域产业创新系统过程中，应注重对主导产业的研发投入，使之成为区域产业结构调整与升级、推动区域经济发展的核心动力。

②市场导向。要把市场需要、社会需要和国家安全需要作为研究开发的基本出发点，重视科技成果的转化和应用，依靠科技进步和产业升级来提高企业的竞争力和经济效益。

③突出区域科技优势。要重视区域内的研究院所、高校等研发机构和企业的科技能力，坚持有所为有所不为、有所重为有所轻为。

④科技创新与制度创新、政策创新并重。科技创新是区域产业创新体系的核心，制度创新与政策创新可为科技创新提供良好的创新环境，是区域产业创新的前提和基本保障。

⑤外部引进与自主创新相结合。重视自主创新，研发拥有自主知识产权的新技术和新产品。对于一些难以引进的核心技术、关键技术，要把引进与自主创新结合起来，集成国内外、省内外的科技力量，形成"引进、创新、跨越"的新局面，实现产业升级与技术创新能力同步提高。

⑥区域特色与国家创新体系相协调。根据区域发展的现实基础、经济社会发展的客观需求和创新资源的特点，建设突出区域特色的产业创新系统。同时，要把区域产业创新体系纳入国家创新体系，使之成为连接国家创新体系与企业技术创新体系的桥梁。

第四节　区域信息产业创新体系构建

一　区域信息产业创新体系概述

区域信息产业创新体系是在某一经济区域内，以持续提高区域信息产业竞争力及其经济增长为目的，以信息技术创新应用为核心，以市场为导向，以政府为引导，以信息企业为主体建立的，各种与信息产业创新相关的企业内部、企业之间以及企业和政府、社会（包括高校、科研院所和中介机构等）之间的联系网络。这个网络包括组织构架和运行机制（如相关政策、制度和行政性支撑安排）。

区域信息产业创新体系内涵产业、区域和信息三方面内容，是产业、区域和信息技术三种特征的融合，是一个以信息技术创新和应用为核心的、产业与区域相结合的创新综合体。

二 区域信息产业创新体系的结构模型

区域信息产业创新体系可以从以下 5 个维度来进行建设：其一，以信息企业为创新网络的节点，确立信息企业的创新主体地位，推动信息产业内新技术的产生。其二，以信息产业链为基础，使信息产业内具有相关业务和互补业务的节点组成水平创新链，使具有投入－产出关系的上、中、下游节点组成垂直创新链，推动信息产业内新技术的转移和扩散。其三，水平创新链、垂直创新链与外围的科研院所、高校、金融机构、中介机构等共同形成信息产业创新网络，发挥知识创新、技术创新、知识传播和知识应用等重要功能在信息产业创新中的作用。其四，区域安排，要仔细考虑区域产业发展的中心与外围、发展极与发展弧之间的关系，发挥区位优势，重点发展，统筹安排。其五，根据信息产业的特征，紧密联系其他产业，充分发挥信息产业对其他产业的"引擎""孵化器""助推器"作用。区域信息产业创新体系结构模型如图 3－3 所示。

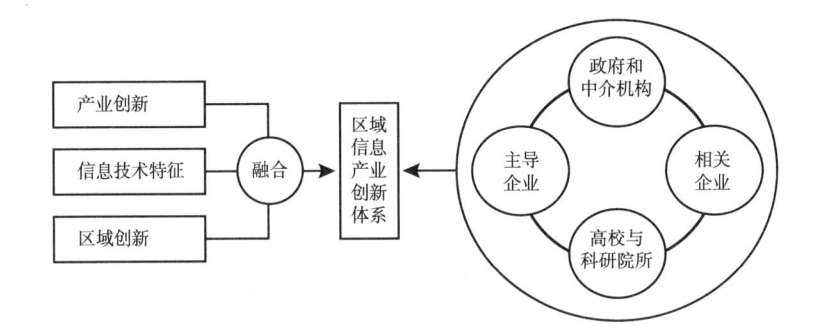

图 3－3 区域信息产业创新体系的结构模型

在图 3－3 中，产业创新、信息技术特征和区域创新形成三个维度，信息产业中的主导企业和相关企业（互补企业）构成水平创新链，高校与科研院所、政府与中介机构等共同形成垂直创新链。

三 区域信息产业创新体系构建的原则与举措

1. 区域信息产业创新体系构建的原则

区域信息产业创新体系在构建中应把握如下几项原则：一是与国家创

新体系建设、信息产业发展规划及其布局有机衔接；二是以市场机制为基础，充分发挥市场的创新导向性功能以及企业的创新积极性和能动性；三是政府创新政策和市场力量相结合，一方面要以政府的创新政策来弥补市场在创新过程中出现的失效，另一方面要以市场的力量来充分发挥各创新主体的作用，形成区域信息产业创新的活泼局面；四是兼顾现实、着眼未来，区域信息产业创新发展是渐进式的，因而区域信息产业创新体系的构建与运行，不仅要考虑近期现实的发展需要，而且要重点考虑区域信息产业经济发展的可持续性；五是避免趋同、突出个性，区域信息产业创新体系建设要适应当地的区域经济资源禀赋和产业结构的自身特点，尽量避免建设发展的同质化；六是坚持开放与合作，只有坚持扩大对内、对外开放与合作，加强区际和国际联系，吸引国内外创新资源，才能迅速提高区域信息产业的创新能力。

2. 推进区域信息产业创新体系建设的主要举措

①加强政府组织领导与行业协会指导。政府主管部门要把区域信息产业创新体系建设工作纳入议事日程，依据区域的实际情况，制定好区域信息产业创新体系的建设规划和政策法规，并将建设任务分解到各部门、各单位，通过建立该项工作的考核指标体系，对执行和完成情况进行检查、监督、验收。此外，还要建立区域信息产业的行业协会，以此加强对区域信息产业创新体系建设的指导、规范与监督。

②改革科技管理体制。通过科技体制改革，优化科技力量布局和科技资源配置，确立以信息产业为引擎的区域产业创新模式，建立新型的科技管理体制机制。

③充分发挥龙头信息企业在区域信息产业创新体系建设中的主体作用。龙头信息企业是区域信息产业创新体系的核心，其主体作用的充分发挥有赖于规范的产权制度和企业管理制度。为此，政府和龙头信息企业需要致力于这方面的改革。

④发展中介机构，完善市场机制。政府要致力于建立健全包括人才市场、技术市场、信息市场以及生产力促进中心和成果推广机构在内的产业创新服务体系，强化各类市场的宏观管理，引导各类中介机构开展合作，使之为区域信息、产业创新体系建设提供各种服务。此外，政府还要致力于建立和完善投融资、风险管理、人才流动等方面的市场机制。

第四章　区域信息产业发展水平与创新能力测度

第一节　区域信息产业发展水平测度

一　信息产业发展水平测度指标体系构建

1. 信息产业发展水平测度指标体系的构建原则

测度信息产业发展水平需要有一套明确的量化指标，指标体系的建立是信息产业发展水平测度的核心部分，是关乎测度结果可信度的关键因素。构建科学合理的信息产业发展水平测度指标体系须遵循科学性、可比性与可行性原则。

①科学性原则。指标体系应是一个能客观反映评价对象特征因素的集合，选取的指标应具有代表性和独立性。代表性指某一指标能很好地反映信息产业某一方面的发展状况；独立性指每个指标要相对独立、内涵清晰，同一层次的各指标间要尽可能互相不重叠、互不存在因果关系。另外，指标体系还需层次分明、简明扼要。本研究构建的指标体系不仅包括产业规模指标、产业贡献水平指标，而且包括信息资源流通水平指标，从不同角度测度信息产业的发展水平。

②可比性原则。构建的指标体系要能够用于同一对象不同历史时期和不同对象在同一时期的对比分析，这要求选取的指标定义明确、符合规范、统计口径及范围一致等。本研究所构建的信息产业发展水平测度指标体系，不仅可以对广西信息产业不同年份的发展状况进行测算和分析，而且可以对国内不同省份、地区的信息产业发展水平进行测算，具有可比性。

③可行性原则。选取的评价指标应符合客观实际水平，有稳定的数据

来源，易于操作。指标含义要明确，数据要规范，口径要一致，资料收集要简便易行。数据采集是一项复杂而艰巨的工作，往往要付出较大的代价。本研究选取的指标的原始数据均来自历年地方统计年鉴，可直接获取或计算得出，具有可行性。

2. 信息产业发展水平测度指标体系构建

本研究主要参照了王欣提出的综合信息产业力度法，[①] 并结合信息产业发展的实情，采用层次分析法来构建信息产业发展水平测度指标体系。

（1）构建结构模型

本研究选取了六个指标对信息产业发展水平进行测度，构建了如图 4-1 所示的信息产业发展水平测度指标体系，通过信息产业整体规模水平（B_1）、信息资源流通水平（B_2）和信息产业贡献水平（B_3）三个因素来评价信息产业发展水平。

反映信息产业规模的统计指标有很多，如产业总产值、产业增加值、产业固定资产总额、产业从业人数等，但这些指标存在或强或弱的相关性，因此，信息产业整体规模水平因素只选取了具有相对独立性、解释说明力度大的产业增加值（C_1）、产业固定资产投资额（C_2）和产业从业人数（C_3）三个统计指标。反映信息资源流通水平的统计指标也有不少，如广播人口覆盖率、电视人口覆盖率、电话普及率和互联网普及率等，但现代社会电话和计算机已成为信息流通的主要设备，所以信息资源流通水平因素只选取了电话普及率（C_4）和互联网普及率（C_5）两个主要统计指标。信息产业贡献水平也有若干统计指标，但各指标之间、与信息产业整体规模水平指标之间存在或强或弱的相关性，因此只选了产业增加值占地区生产总值比重（C_6）这一重要的统计指标。

与以往学者构建的信息产业发展水平测度指标体系相比，本体系相对简单，仅提炼了更具代表性的分析维度，但是它在一定程度上规避了统计指标共线性带来的问题，同时在数据可得性、真实性方面也具有一定优势。

---

① 王欣：《信息产业发展机理及测度理论与方法研究》，吉林大学，2008。

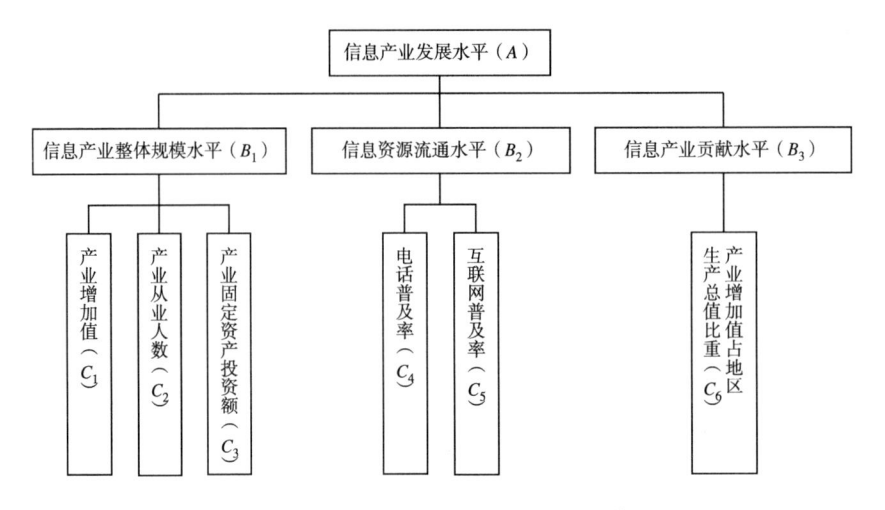

图 4-1 信息产业发展水平测度指标体系

(2) 构建判断矩阵

在充分参考已往研究成果的基础上，本研究请教了经济学教授，综合分析后构造了判断矩阵。首先是准则层对目标层的判断矩阵：

$$A = \begin{bmatrix} 1 & 5 & 3 \\ \frac{1}{5} & 1 & \frac{1}{3} \\ \frac{1}{3} & 3 & 1 \end{bmatrix},$$

其次是准则层的判断矩阵：

$$B_1 = \begin{bmatrix} 1 & 5 & 3 \\ \frac{1}{5} & 1 & \frac{1}{3} \\ \frac{1}{3} & 3 & 1 \end{bmatrix}, B_2 = \begin{bmatrix} 1 & \frac{1}{2} \\ 2 & 1 \end{bmatrix}。$$

(3) 判断矩阵的一致性检验

用 Mathtype 软件求矩阵 A 的最大特征根，用下列两式进行一致性检验。

$$CI = \frac{\lambda_{\max} - n}{n - 1}$$

$$CR = \frac{CI}{RI}$$

对判断矩阵 A 来说，其计算结果为

$$\lambda_{\max} = 3.0385, CI = 0.019, RI = 0.58, CR = 0.033 < 0.10$$

通过以上计算得知，判断矩阵具有令人满意的一致性。

(4) 层次单排序

用 Mathtype 软件求矩阵 A、B_1 和 B_2 最大特征根对应的特征向量，并进行归一化处理后，得到权向量：

$$W_1 = \begin{bmatrix} 0.637 \\ 0.105 \\ 0.258 \end{bmatrix}, W_2 = \begin{bmatrix} 0.637 \\ 0.105 \\ 0.258 \end{bmatrix}, W_3 = \begin{bmatrix} 0.333 \\ 0.667 \end{bmatrix}。$$

(5) 层次总排序

经计算，最底层各指标相对于目标层指标的权重值如表4-1所示。由表4-1可知，产业增加值对信息产业发展水平的贡献系数是0.40；产业固定资产投资额的贡献系数是0.07；产业从业人数的贡献系数是0.16；电话普及率的贡献系数是0.03；互联网普及率的贡献系数是0.07；产业增加值占地区生产总值比重的贡献系数是0.26。

表4-1　各指标的权重值

指标	C_1	C_2	C_3	C_4	C_5	C_6
权重值	0.40	0.07	0.16	0.03	0.07	0.26

二　信息产业发展水平测度方法

1. 马克卢普的信息经济测度法[①]

马克卢普将知识产业划分为五大类，即研究与开发、通信媒介、信息设备、信息服务、教育。其中，研究与开发包括基础研究、应用研究与开发；通信媒介包括邮电通信、印刷出版、广播电视、艺术创作等；信息设备包括印刷设备、计算机、电子数据处理设备、其他办公机械及部件等；信息服务包括职业、金融等信息服务；教育包括家庭教育、学校教育、职

---

① 蒋晓华：《论信息经济的测算方法和指标体系》，《铜陵学院学报》2006年第2期。

业培训、实践培训等。

马克卢普在对美国信息生产的机制进行分析的基础上,创造性地提出了一套信息产业产值核算体系。马克卢普使用最终需求法测度信息经济规模,该方法的基本公式为

$$国民生产总值(GNP) = 消费支出(C) + 政府支出(G) + 投资(I) + [出口(X) - 进口(M)]$$

马克卢普据此测算出,1958年美国知识生产总值为1364.36亿美元,约占国民生产总值的29%,知识职业占全部职业的比重为31.6%。

2. 波拉特的信息产业测度法[①]

1977年,美国经济学家波拉特在《信息经济：定义与测量》中提出了一套新的信息经济测度方法。该方法首先将从事信息活动的部门分为第一信息部门（向市场提供信息产品和服务的部门,包括知识生产与发明、信息交流和通信、风险经营等八个大类116个小类部门）和第二信息部门（存在于政府和非信息企业、团体内部,为满足自身需求,从事规划、调整、管理和通信等工作的部门）；然后根据这两个部门的经济统计资料具体对信息经济进行分析和测度；最后用需求法和增值法来测算信息部门创造的增加值在国民生产总值中的比重,并以此说明信息经济的发展水平。

波拉特的信息经济测度方法具有很强的国际影响力,为不少国家采用。波拉特信息经济测度方法是基于美国20世纪70年代信息经济实际提出的,但信息技术日新月异,信息产业规模不断壮大,产业类别也在增加,因此,这一测算方法已无法完全满足当代信息产业发展水平测评的需要。

3. 综合信息产业力度法[②]

王欣在国内外众多学者研究的基础上,结合定性分析与定量分析,提出了综合信息产业力度法。该方法运用层次分析法选取具体指标,兼顾了方法的科学性、数据的可取性、操作的可行性及测度结果的可靠性与可比性。综合信息产业力由信息产品开发力、信息产业生产力、信息

[①] 张胜利：《信息经济测度及其评价研究》,《现代商贸工业》2010年第12期。
[②] 王欣：《信息产业发展机理及测度理论与方法研究》,吉林大学,2008。

资源利用力、信息资源流动力、信息产业平衡力、信息产业发展的潜在力六种力组成，每种力又由很多具体指标组成，整个测度体系共有252项指标。综合信息产业力不等于6种力的简单相加，而是各种力的合力。

在选取了测度指标的基础上，该方法运用系统论和动力学原理，采用定性与定量相结合的方法建立了综合信息产业力的函数关系式。为简化函数，通过系统分析，他们将六种力归纳为三个变量，分别是硬变量、软变量和协同变量。其中，硬变量为信息产品开发力、信息产业生产力、信息资源流动力、信息产业发展的潜在力；软变量为信息资源利用力；协同变量为信息产业平衡力。在测算综合信息产业力时，该方法将各构成要素指标量化，对一些不确定的要素的量化处理运用了模糊数学和灰色系统理论；对硬变量、软变量和协同变量分别采用了指数法、专家评分法和权重分配系数法进行计算。

综合信息产业力度法是一种较为全面的测度信息产业发展水平的方法，具体表现为：该方法既考虑了信息产业在国民生产总值中所占的比重，又考虑了国民经济各产业间的比例关系，因而具有一定的科学性；选取的指标可全部量化，方便不同地域、不同国家的横向比较或纵向比较，操作性和可比性强；建立函数公式依据的原理和处理数据的方法科学合理；选取的要素和指标可以随着信息产业发展实际删减或补充，具有动态性和开放性。但是，此测度体系指标数目庞大，计算量大，不易操作，一些有价值的指标数据难以获取。

第二节　区域信息产业创新能力测度

一　区域信息产业创新能力概述

1. 信息产业创新能力的概念

产业创新能力是指特定产业在创新过程中，利用优势资源，提高资源配置效率，从而获取更高产业效益的能力。目前，信息产业创新能力尚未有权威的定义，本研究综合国内外学者对产业创新能力的一系列研究结论，结合信息产业的特征，将信息产业的创新能力定义为：将一系列创新要素引入信息产业发展体系后，使得信息科技取得突破、信息产业获得重大发展和信息产业体系实现质的改进的能力。

2. 信息产业创新能力的过程要素分析

信息产业创新能力体现在创新过程之中，创新过程中的科技人才、创新设备、科研资金等资源的投入状况，都有可能影响创新能力的状况。依据系统理论，科技人才等创新资源投入是信息产业创新系统的输入，而信息产业创新成果的产出便是输出，从输入与输出的角度对组成信息产业创新能力的要素进行分析，能够更好地掌握影响信息产业创新能力的主要因素。

由图 4-2 可以看出，信息产业创新是一个投入-产出的反馈控制系统，反映了信息产业创新资源投入转化为创新产出成果的过程，信息产业创新能力形成于该过程。因此，从投入-产出过程的角度分析信息产业创新能力，可以了解信息产业创新投入与创新产出之间的动态转化效率以及创新环境因素的影响作用。基于上述分析过程，本研究认为信息产业创新能力涵盖创新投入能力、创新产出能力和创新环境支撑能力三个方面。

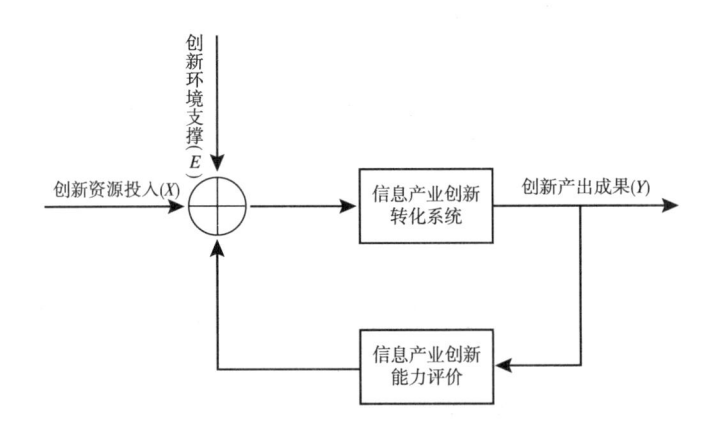

图 4-2 信息产业创新能力模型

（1）创新投入能力

创新投入能力指信息产业创新过程中人力、物力以及财力等创新要素的投入能力。产业创新能力的发展离不开创新资源的投入与配置，创新资源的数量与质量直接决定着产业创新能力发展的速度与程度。创新投入能力是信息产业创新能力的基础。

(2) 创新产出能力

创新产出能力指政府、企业、科研院所、高校和中介机构等创新主体通过信息产业创新活动创造成果的能力。信息产业创新成果有两种表现形式：一种为有形成果，如新产品的产出；另一种为无形成果，如专利、品牌。创新产出能力是信息产业创新能力的主要表现。

(3) 创新环境支撑能力

环境对任何事物的发展都有或大或小的影响，对信息产业创新能力而言，区域经济的发展水平、区域内高技术产业创新能力的发展速度都是重要的影响因素。创新环境支撑能力对信息产业创新系统的输入会产生一定的影响，这种影响可能是信息产业创新能力发展的掣肘，也可能是其发展的巨大潜力，因此，对信息产业创新能力的测度必须考虑创新环境支撑能力。

3. 信息产业创新能力的特点

(1) 从创新投入角度看

①固定成本高。信息产业创新活动需要在初期投入大量的科技人才以及先进设备等要素，这些要素在短期内不会随着创新产出量的变化而迅速变动，从而形成了信息产业创新伊始的高固定成本。而在创新过程中的要素投入水平远低于创新初期的要素投入水平，只需要很低的可变成本即可保证创新活动继续进行，这种特点决定了信息产业的创新活动可以利用较低的可变成本持续推出新产品。也只有不断进行科技研发，不断推陈出新，企业才能在弥补了部分固定成本的基础上获得利润。因此，由于信息产业创新存在高固定成本，电子产品在面世时往往价格较高，新产品需要依靠自己的创新特点以及高定价水平获取垄断利润，但是随着时间的推移，价格会逐渐下降，因为低可变成本能够保证在电子产品在较低的价格水平下获取利润。

②风险高。信息产业的创新风险主要来自两个方面：一方面是成本风险，信息产业自身技术、知识的复杂性决定了信息产业研发成功率较低，使创新活动承担着前期人力、物力、财力成本无法收回的风险，一旦研发失败，会形成高昂的沉没成本。另一方面是市场风险，信息产业的创新产出是多种形式的，既有技术类型的创新成果，又有实物类的产出成果，而活跃于创新活动前沿的信息产业有着惊人的创新速度，一旦技术类型的创新成果不能达到一定的市场传播效果，实物类的产出成果没能被市场接

纳，创新就会失败。

③科研费用高。信息产业的研发是一项资金、技术密集型的活动，需要综合多学科的知识、多领域的技术。因此，创新前期研发的费用投入比后期的生产成本高。相对于传统行业而言，信息产业的研发费用往往是销售额的5%以上，沿海开放城市的研发费用更高，甚至占销售额的15%～20%。

（2）从创新产出角度看

①规模经济显著。对信息产业而言，规模经济效应显著地体现在需求方身上，因为需求方在做购买决策时，往往存在"与胜者为伍"的心态，都希望自己挑选的产品能够带来最大的使用价值。因此，一旦产品吸引了一些需求者，需求者"与胜者为伍"的心态往往会使更多的需求者购买该产品，降低厂商的平均生产成本。这一类型的规模经济也被称为"需求方规模经济"，需求方规模经济同时满足了需求者与供给者双方的利益。

②网络外部性。网络外部性是信息产业创新独具的特点，是指用户从某产品的使用过程中获得的效用，它与用户的数量有关，用户数量越多，每个用户所得到的效用就越大。例如，使用互联网的人数越多，信息传播的效果就越好，每个人平摊的费用就越低，所有用户就越能从这种网络外部性中获益。

③创新成果对其他产业具有渗透性。信息产业的创新成果具有很强的渗透性，其研发成果可以被传统行业广泛应用。在微观层面，信息化社会的企业离不开信息产业的各种产品与服务的辅助，如信息技术在工业企业中的广泛应用、计算机在服务业的广泛普及等。在宏观层面，信息产业影响着一个行业、一类产业的发展，如信息技术在航天航空、公路、铁路及管道运输等领域的应用，对这些领域的迅速发展起着巨大的推动作用。

二 创新能力测度指标体系构建

1. 指标选取原则

（1）系统性与简明性相结合

信息产业创新能力的测度就是要系统衡量信息产业目前的创新程度以及创新能力，涉及信息产业内部产业发展与外部经济环境多方面的影响因素，因此测度指标的选取要求有足够大的覆盖范围，不仅能够反映信息产业创新能力的全部特征，而且能够体现各种环境对信息产业创新能力发展的影响力度。系统性并不意味着罗列与信息产业创新能力有关的每一项指标，信息产业创新能力的发展受诸多因素的影响，指标体系应该尽可能体现系统性、整体性，但是应避免指标的简单堆积，避免选取含义相同或相关性较强的指标。因此，在选取指标时要注重系统性与简明性相结合的原则，选取影响创新能力的主要因素指标，剔除重复的、可有可无的指标。

(2) 可行性与可比性相结合

可行性包括两方面内容：一是指标数据的可获得性，所有的指标数据都应该可以从统计年鉴或者专业年鉴中获取，没有现实数据支持的指标，即使体系足够完善，也没有应用价值；二是以定量指标为主，少取或者不取定性指标，因为定性指标包含的主观因素太强，使测度结果的说服力不强。可比性是指所选取的指标统计口径要统一，不仅能够用来进行纵向比较，体现信息产业创新能力在不同历史时期的发展程度，而且能够参与横向比较，反映不同区域之间的创新能力差异。因此，选取指标时应尽可能使用比率或者相对数。

(3) 现实性与过程性相结合

每一产业的发展过程都不是绝对静止的，都有累积、沉淀、腾飞的过程，信息产业也是如此。在选取信息产业创新能力指标时，现实性与过程性相结合的原则体现在：一是需要考虑信息产业发展过程中的信息滞后问题，如创新产出值反映的是上一期生产要素投入的贡献；二是所选指标应该不仅能够反映信息产业创新能力的现状，而且能够体现信息产业创新能力进一步提高的潜力空间以及可持续发展能力。

2. 指标选取说明

在遵循指标选取原则的基础上，指标的选取还需要考虑到信息产业创新能力的特点。信息产业创新投入能力有着固定成本高、风险高以及科研费用高的特点，如果要使建立的指标体系能较好地体现这三个特点，首先应侧重衡量信息产业创新过程中固定资本的投入量、科研开发经费的投入量以及科技人才的投入量，并分别从物力、财力、人力三方面的投入来体现信息产业创新活动的风险以及成本费用。除此之外，信息产业在创新产出能力方面具有规模经济显著、网络外部性，以及创新成果对其他产业的高渗透性的特点，这些特点决定了信息产业创新能力的测度指标体系不仅要能够反映创新成果产出量及信息产业的整体发展水平,而且能够体现其对区域经济、区域市场的影响。因此,本研究针对信息产业创新能力的特点,从组成信息产业创新能力的三个要素的角度选取指标,每一类指标的具体说明如下。

(1) 创新投入能力指标

创新投入能力指标从三方面进行选取,分别是人力、财力和物力方面。对信息产业而言,创新人才的投入尤其重要,人才是创新的源泉,是推动创新发展的主体力量。本研究用 R&D 人员全时当量以及科技人员占从业人员比重来表示创新人才的投入。R&D 人员全时当量是 R&D 全时人员工作量与非全时人员按实际工作时间折算的工作量之和;科技人员占从业人员比重指从事信息产业科技活动的人员占信息产业从业人员的百分比。信息产业的创新活动是一项资金密集型活动,离不开经费的支持,经费投入指标用 R&D 经费内部支出、引进技术经费支出以及新产品开发经费支出来表示。物力的投入用新增固定资产占总产值比重来表示。

(2) 创新产出能力指标

创新产出能力指标是衡量信息产业创新过程中利用创新资源将新知识、新技术转化为创新成果的能力。本研究通过新知识产出、新产品产出以及产业发展整体水平三方面来体现信息产业创新产出能力。其中,新知识产出用专利申请数、拥有发明专利数表示,新产品产出用新产品产出能力、新产品收入比重以及新产品产出效率表示,产业发展整体水平用利润占总产值比重以及利税表示。由于创新产出能力会受经济景气情况的影响,本研究对大部分创新产出能力指标采用相对值进行衡量,相对值能较好地避免经济景气情况对创新产出值的影响。

$$新产品产出能力 = 新产品产值／当年价总产值$$
$$新产品收入比重 = 新产品销售收入／主营业务收入$$
$$新产品产出效率 = 新产品产值／新产品开发经费支出$$

(3) 创新环境支撑能力指标

创新环境支撑能力指标主要是衡量教育、经济发展水平对信息产业创新的支撑力度。本研究主要从三个方面来综合衡量信息产业的创新环境,分别是创新人员、创新经费以及创新市场。创新人员因素用三个指标表达:科技活动人员数、普通高等学校数、每万人在校大学生数;创新经费因素用高技术产业引进技术经费支出总和、高技术产业新产品开发经费支出以及高技术产业 R&D 经费内部支出表示;创新市场因素用高技术产业新产品产值、科技机构数、技术市场成交合同数、技术市场成交合同额来表示。其中，部分指标参考全国优秀硕博士论文。

3. 信息产业创新能力测度指标体系

目前国内外尚未建立一个权威的、统一的、专门的针对信息产业创新能力测度的指标体系，不同的学者对指标体系的建立有不同的观点，因此，本研究从信息产业创新特点出发，依据指标选取原则，在借鉴国内外学者对信息产业创新能力研究的基础上，构建了信息产业创新能力测度指标体系，具体见表4–2。

表4–2 信息产业创新能力测度指标体系

一级指标	二级指标	符号
创新投入能力	R&D人员全时当量(人年)	X_1
	科技人员占从业人员比重(%)	X_2
	R&D经费内部支出(万元)	X_3
	引进技术经费支出(万元)	X_4
	新产品开发经费支出(万元)	X_5
	新增固定资产占总产值比重(%)	X_6
创新产出能力	专利申请数(项)	Y_1
	拥有发明专利数(项)	Y_2
	新产品产出能力(%)	Y_3
	新产品收入比重(%)	Y_4
	新产品产出效率(%)	Y_5
	利税(亿元)	Y_6
	利润总额占总产值比重(%)	Y_7
创新环境支撑能力	科技活动人员数(人)	E_1
	普通高等学校数(所)	E_2
	每万人在校大学生数(人)	E_3
	高技术产业新产品产值(万元)	E_4
	科技机构数(个)	E_5
	技术市场成交合同数(项)	E_6
	技术市场成交合同额(万元)	E_7
	高技术产业引进技术经费支出总和(万元)	E_8
	高技术产业新产品开发经费支出(万元)	E_9
	高技术产业R&D经费内部支出(万元)	E_{10}

三 创新能力测度方法

1. 测度方法选择

(1) 权重确定方式的选择

目前,测度方法根据权重确定方式主要分为三种类型:第一种是主观赋权法,如德尔菲法、改进的功效系数法,这类方法受主观因素的影响明显,使得到的结论不能真实地反映原有事物之间的关系;第二种是主观与客观相结合的赋权法,如层次分析法、模糊综合评价法;第三种是客观赋权法,如因子分析法、主成分分析法,这类测度方法的指标权重完全是通过数据之间的相关关系确定的,可以排除主观因素的影响。各类主要的测度方法的优点与缺陷见表4-3。

表4-3 常用测度方法优劣势比较

测度方法	优势	劣势
层次分析法	可以结合定性定量指标,进行系统测度	主观因素太强,评价因素规模不能过大
模糊综合评价法	模型简洁,可以进行等级评定	不能处理指标间信息重叠的问题
数据包络分析法	不受主观因素影响	只能应用于同期有代表性单元之间的数据比较,无法测量多个单元不同时期的效率变化
主成分分析法	能够避免主观因素的影响	评价得计算烦琐,各主成分现实意义不明显
因子分析法	客观性好	综合测度结果中可能包括重叠信息

综上所述,客观赋权法更具有科学性,结论更具有说服力,应采用主成分分析法或因子分析法对指标赋权,可以选择因子分析法来对区域信息产业创新能力进行测度。

(2) 测度方式的选择

测度方式主要有两种选择:一种是从产业的角度出发,分为产业内部测度及产业外部测度。产业内部测度以子产业间的关系为基础,衡量影响产业创新能力发展的主要内部因素;产业外部测度以相关产业或时间序列为基础,以相关产业为基础的外部测度主要衡量产业间的影响因素,以时间序列为基础的外部测度主要衡量产业创新能力的发展趋势。另一种是从空间的维度出发,分为纵向测度和横向测度。纵向测度是按照时间序列分析产业创新能力；横向测度是在同一时间针对不同的测度对象测度产业创新能力。一般认为，探寻区域信息产业创新能力的发展态势及其在全国的发展水平，选取纵向测度和横向测度相结合的方式较为合适。

2. 因子分析法的基本原理

因子分析法是多元统计分析方法的重要分支，主要用来对多变量的相关性进行研究分析，基本原理是用少数变量表示原始变量的主要信息，以达到浓缩数据、降维的目的。进行因子分析的主要目的有两个：一是通过因子模型的构建进行多变量的降维，并依据因子模型中的参数值对因子进行解释；二是利用得到的公因子做进一步分析。因子分析法通过研究多个变量的协方差矩阵或相关系数矩阵，找到能表达综合信息的几个变量，再根据相关性将变量归纳为不同的公共因子，使得每一个公共因子所表达的变量具有较高的相关性。因子分析法有以下几个特点：①公共因子的数量比原有指标变量的数量少，对公共因子的分析能简化对原有指标的分析过程。②因子分析是对原始变量所含信息的重构，不是对原变量进行取舍，因此能够反映原始变量的大部分信息，不会造成信息丢失。③提取的公共因子具有经济意义，可以结合经济学理论或者现实情况对其进行分析，即该公共因子是对原始变量信息的综合反映。

假设有原始变量 X_1，X_2，$\cdots$，X_m，原始变量与公共因子的关系可以用以下模型表示：

$$X_1 = a_{11}F_1 + a_{12}F_2 + \cdots + a_{1p}F_p + e_1$$
$$X_2 = a_{21}F_1 + a_{22}F_2 + \cdots + a_{2p}F_p + e_2$$
$$\vdots$$
$$X_m = a_{m1}F_1 + a_{m2}F_2 + \cdots + a_{mp}F_p + e_m$$

该模型被称为因子模型，其中，$F_1 \sim F_p$（$p<m$）是各原始变量都包含的因子，被称为共性因子，要寻找的公共因子为 $F = (F_1, F_2, \cdots, F_p)^T$。$e_1 \sim e_m$ 为 m 个特殊因子，代表除公共因子以外的影响因素。$A(a_{ij})$ 为因子载荷矩阵，a_{ij} 是因子载荷，即公共因子 F_j 和变量 X_i 的相关系数，反映了 X_i 对 F_j 的依赖程度，即第 i 个变量 X_i 对第 j 个公共因子 F_j 的重要程度。$\sum_{j=1}^{m} a_{ij}^2$ 为变量共同度，反映全部公共因子对原有变量 X_i 的总方差的贡献，即原始变量 X_i 的信息能够被公共因子表达的程度。为了能够结合现实意义对

F_i 进行解释，需要观察 F_i 在哪些变量上具有较大的载荷值，如果不容易解释和命名，需要对因子模型进行旋转，旋转后可以得到易于解释的因子。得到公共因子后，可以用回归法、巴特利特法或者 Anderson-Rubin 法求出因子得分的数学模型，将每个公共因子以变量的线性形式表达，得出因子的综合得分，从而对测度对象进行综合评价。

3. 因子分析法的基本步骤

（1）指标标准化处理

在大多数情况下，搜集到的指标数据有不同的量纲，使各指标数据不可比，因此在进行因子分析之前，需要对各指标数据进行标准化。标准化又称无量纲化，目前在国际上使用较为普遍的是 Z-score 法，经过标准化处理后的数据，均值为 0，方差为 1。

（2）相关性分析及统计检验

进行因子分析之前，需要检验原始数据之间是否有相关关系，如果原变量之间相互独立，就不适用因子分析法。通常采用相关系数矩阵或协方差矩阵进行相关性分析，相关系数矩阵可以表示为 $R_{ij} = (r_{ij})_{p \times p}$，其中，

$$r_{ij} = \frac{\sum_{a=1}^{n}(X_{ai} - \overline{X}_i)(X_{aj} - \overline{X}_j)}{\sqrt{\sum_{a=1}^{n}(X_{ai} - \overline{X}_i)^2}\sqrt{\sum_{a=1}^{n}(X_{aj} - \overline{X}_j)^2}} = \frac{1}{n}\sum_{a=1}^{n}X_{ai}X_{aj}$$

因子分析的适用性检验通常采用 KMO（Kaiser-Meyer-Olkin）法和巴特利特球形检验法（Bartlett test of sphericity）。KMO 统计量取值介于 0 和 1；当 KMO 统计量在 0.5 以下时，原有变量不适宜应用因子分析法进行处理；当 KMO 统计量大于 0.5 时，因子分析法能取得较好的分析效果。巴特利特球形检验法通过检验原始数据的相关矩阵是否为单位矩阵来判断原始数据之间是否相互独立，当巴特利特球形检验的 Sig. 低于 0.005 时，应拒绝原变量之间相互独立的假设。

（3）因子抽取

本研究通过计算样本数据的相关系数矩阵 R_{ij} 的特征根和特征向量，按照方差累积贡献率来确定抽取的因子个数。抽取方法主要有主成分分析法、极大似然法、最小二乘法以及 α 因子抽取法等。其中，应用最为广泛的方法是主成分分析法，本研究也使用这一方法。

（4）对因子命名

经过步骤3可以得到初始因子载荷矩阵，但初始因子载荷矩阵中公共因子的载荷比较分散，不易于解释。因子分析的目的之一是通过解释公共因子的经济意义来分析现实问题，因此，需要对初始因子载荷阵进行旋转，得到公共因子更加明确的经济意义，旋转方法有最大方差法、直接Oblimin法、最大四次方值法、最大平衡值法。本研究采用最大方差法对因子进行正交旋转，旋转后的因子和原始变量之间的关系被重新分配，相关系数为0~1，因子载荷绝对值尽可能接近0或1，以便更容易解释。

（5）计算各样本的因子得分

因子分析最终的目的是降维，在进一步的分析中用较少的变量表达原始变量的信息。利用成分得分系数矩阵求出各个样本的因子得分，就能用少数因子代替原有变量。

第五章　区域信息产业的集群发展

第一节　区域信息产业集群概述

一　区域信息产业集群的内涵

区域信息产业集群指大量整机制造企业、元器件制造企业和信息服务企业及相关支撑企事业（包括政府部门、科研院所、高校、金融等服务性行业机构），在一定地域范围内集聚的一种空间经济组织形式。区域信息产业集群属于创新型产业集群、知识或技术密集型产业集群、现代型产业集群。

区域信息产业集群的主要特点有5个：一是信息产业主体要素地域化集聚表现明显，尤其是高等教育机构的集中是区域信息产业集群的一大特征；二是虽然集群内绝大部分信息企业属于中小企业，但其通过某种价值或附加值的生产链关联在一起，从事产品开发、生产和销售等经营活动，从而使整个集群具有显著的规模优势和很高的市场占有率，获得整体大于局部之和的竞争力；三是集群内的信息企业大多是高度专业化的制造企业；四是集群成员之间供需关系的连接，能够实现采购本地化，从而形成整个集群的成本优势；五是区域内外的竞争可带来本区域信息产业集群效率的提升，从而推动市场规模扩大，促进本区域经济繁荣。

二　区域信息产业集群的充要条件

1. 必要条件

①生产过程的可分性。生产过程的可分性指生产过程可以清晰地分解为几个不同的阶段或工序。只有生产过程可分，分工与专业化才有可能形成。如果生产过程不可分，那么产品生产只能由一个企业来完成，产业集

群就无法形成。

②产品的可运输性。可运输性的产品包括制造品和服务，服务的流动方式是服务提供者与其工作器具一起转移。如果产品不能移动，则企业的区位选择将取决于产品消费者的位置，那么产业集群也就难以形成。

2. 充分条件

①较长的价值链。产业价值链受技术与利润双重因素的影响。产业价值链越长，该产业的竞争力就越取决于各专业活动的协调和合作程度。

②产品与市场差异化明显。产品与市场的差异化既能有效避免同类企业的无序竞争，又能提高企业专业化水平，刺激产品创新。差异化可以满足消费者的各种差别需求，因而可以吸引更多的消费者，扩大市场规模，市场规模的扩大又可促进产业集聚。

③网络化创新。网络化创新是一种不同创新主体间通过面对面的交流和连续的、重复的接触，形成知识传播的网络，从而开展创新的模式。这种创新模式特别有利于"缄默知识"和"勃性知识"的传播，并且，创新活动变成了内生的、逐步的、可预见的。如果一个产业主要靠网络化的方式开展创新，那么产业集群就容易形成，区域信息产业集群更是如此。

④市场环境多变。产业对市场变化越敏感，就越容易形成集群。实证分析证明，中小企业的经营管理灵活、生产调整成本小，更适应市场的变化。相反，大型企业对市场的反应要迟钝得多。因此，如果产业面对的市场变化莫测，且市场变化对产业生存有重要影响，那么该产业形成集群的可能性就会大大增加。一般情况下，在区域内，信息产业面临的是一个多变的市场环境，且企业大多为中小规模的，对市场变化十分敏感，较容易形成集群。

第二节 区域信息产业集群模式选择

一 可供区域信息产业选择的集群模式

1. 一般模式

①轴轮式产业集群，即在区域内，众多相关中小信息企业围绕一个大

型（或特大型，下同）信息成品商形成的信息产业集群。这类集群既可以是生产型集群，又可以是服务型集群，集群的核心——大型信息成品商，既可以是元器件制造商，又可以是整机制造商、软件制造商、信息服务商，但核心只有一家企业。这类集群的组织比较集中。

②多核式产业集群，即在区域内，众多小信息企业围绕两三个大型信息成品商形成的产业集群。这类集群可以是生产型集群或服务型集群，集群的核心——大型信息成品商，可以是元器件制造商、整机制造商、软件制造商、信息服务商，但核心可以是多家企业。这类集群的组织相对而言比较松散，其要求该区域信息企业数量比较多。

③网状产业集群，即在区域内，由众多中小信息企业在业务上交叉联系，无序地聚集在一起形成的产业集群。这类集群可以是生产型集群或服务型集群，其企业间有一定的业务关联，但并无核心企业与核心产品，集群的组织最为松散。

④混合式产业集群，即在区域内，由多核式与网状产业集群混合形成的产业集群。集群内部既存在几个核心信息企业及众多相关的中小信息企业，又存在大量没有合作关系的中小信息企业。

2. 有外资介入的模式

有外资介入的模式亦称嵌入式产业集群或外源型产业集群。其由境外信息大企业转移加工制造环节而形成，以 OEM（代工）为主要业务，具有"两头在外"、产品销售基本以国际市场为主、处于产业低端、企业间缺乏紧密的分工协作等特征。有外资介入的模式一般有以下三种。

①外资企业整体游走型产业集群。在这种信息产业集群中，供应链上的企业有一定的地缘关系，外资控制着整个生产供应链，外资企业根据内外的经济环境来确定企业的位置。当核心信息企业的位置确定后，与核心信息企业有业务关系的企业也会随之布局，整个生产供应链就会发生整体转移，进而形成新的产业集群。我国东莞和昆山的信息产业选择的就是这种集群形式。

②外资企业关联型产业集群。核心信息企业确定了地理位置后，就会吸引一些与其有一定上下游产业关系的信息企业，同时也会吸引一些与其有一定竞争关系的企业到该区域聚集，从而形成信息产业集群。我国苏州和深圳的信息产业选择的就是这种集群形式。

③外资企业嵌入型产业集群。外资企业嵌入型产业集群指外资从供应链的顶端嵌入那些配套企业比较完善、销售渠道和市场网络有一定基础、产品品质相对于国际产品偏低的区域而形成的产业集群。我国北京和青岛的信息产业选择的就是这种集群形式。

二 区域信息产业集群模式选择的主要依据

1. 国家和地方对信息产业发展的战略布局

从国家层面看,国家对信息产业发展有总体战略布局,其具体体现在工业和信息化部制定的全国信息产业中长期发展纲要和规划,以及各个五年规划上。从地方层面看,地方(区域)从经济发展、产业结构调整与升级的需要出发,会根据国家对信息产业发展的总体战略布局、本地区经济实际情况,编制本地区信息产业发展的中长期发展纲要和规划。区域信息产业集群发展模式首先要依据上述国家与地方的信息产业中长期发展纲要和规划的指导来选择。

2. 区位优势

区域信息产业集群发展模式的选择,既要考虑能否利用区位优势吸引核心企业长期驻足本地区,又要考虑能否利用区位优势吸引足够多的中小企业加盟集群,唯此集群才能产生巨大的功效。

3. 区域经济发展水平

区域经济发展水平一般表现在:产业的多样性、结构的合理性及其发展程度;基础设施的完备程度;政策规制的完善水平、管理能力水平。区域经济发展水平所形成的"硬环境"和"软环境"对产业转移、产业融合、产业集群有巨大的影响力,对吸引和留住信息产业集群所需的核心企业、众多中小企业,以及集群模式的选择同样意义重大。

4. 区域信息产业的状况

区域信息产业的发展状况表现为:行业协会、中介机构(为企业提供法律、财务、出口、员工培训等方面服务的组织)的运作与服务情况;信息产业的组织、结构、布局与政策;大型信息企业(产业中的核心企业)

的产品、服务方向、产业水平（高、中、低端）、运营能力及其绩效；中小信息企业的产品、服务方向、数量；产业集群及其运作能力；产业资本与商品市场；官、产、学、研、用协同创新情况。区域信息产业集群发展模式的选择离不开对区域信息产业状况的考虑。

第三节 区域信息产业集群的组织结构设计

集群组织结构是为适应一定的资源特点、社会经济结构、科学技术发展水平、社会生产力水平、市场环境状况以及企业管理水平，确保集群战略目标的实现，保证管理机构协调统一而对集群组织要素的联系方式做出的特定安排。它是组织者在创建区域信息产业集群时必须精心设计的。

一 产业集群组织的关键要素及组织描述

对企业来说，市场机遇就是顾客需求，这种需求具有时间性、约束性及效益风险性等特征。在产业集群的组织设计中，首先要考虑市场机遇的需求，按照由市场机遇确定的集群组织目标选择合作企业。本研究认为产业集群组织的关键要素有：组织目标、核心能力、合作伙伴关系、组织原则、集群模式。

（1）组织目标

用 G 表示产业集群组织系统的目标集合：

$$G = \{G_1, G_2, \cdots, G_n\}$$

其中，G_i（$i=1, 2, \cdots, n$）表示各集群中相应企业应完成的目标。

（2）核心能力

只有具备一定核心能力的企业，才有可能加入相应的产业集群，核心能力是合作伙伴选择的第一要素。核心能力是一组先进技术的组合，是企业抓住机遇、参与竞争依赖的能力。可以用 C 表示各成员企业所具有的核心能力的集合：

$$C = \{C_1, C_2, \cdots, C_n\}$$

其中，C_i（$i=1, 2, \cdots, n$）表示各成员企业具备的核心能力。

（3）合作伙伴关系

产业集群是各合作企业为了抓住市场机遇而形成的组织。可以用 R 表示产业集群组织系统中合作伙伴之间的相互关系集：

$$R = \{R_1, R_2, R_3, R_4, R_5\}$$

合作伙伴之间的关系主要有：R_1，信息交互；R_2，信息共享；R_3，信息反馈；R_4，柔性决策；R_5，协作方式。

（4）组织原则

组织原则中的每一项条款都是集群系统的一条承约，原则之间具有相互关联和相互制约的作用，其公式表示如下。

$$O_p = f(C_1, C_2, C_3)$$

其中，O_p 表示组织原则；C_1 表示协作控制原则；C_2 表示冲突调解原则；C_3 表示信息准确传递原则，包括信息交互的内容、范围和权限等方面的原则。

（5）集群模式

集群模式可以用如下公式表示。

$$M = \{M_1, M_2, \cdots, M_n\}$$

（6）产业集群组织结构描述

产业集群的组织结构可集合以上要素，用如下模型来加以描述。

$$O_M = \{G, C, R, O_P, M\}$$

其中，O_M 表示组织模型。

二　组织设计要求及其原则

1. 要求

①产业集群的组织设计要面对新的市场机遇，能迅速地实现各成员企业核心能力的有效集成，对市场做出快速响应，生产出高质量的产品。②产业集群是一种临时性的网络组织，所以其组织设计要注重对集群模式的选择、组织关键要素的耦合、各成员企业的选择、具体运行机制的选择。③产业集群的组织设计要与市场机遇同步。

2. 原则

①以抓住和利用市场机遇为根本目标。②设计的结果要能保证达到

系统的设计目标，同时也要有利于产业集群资源集成能力的增强。③以核心能力集成的方法和途径为设计重点。④将设计方案与设计活动同步实施。

三　组织结构具体设计模式

根据上述集群组织的关键要素分析，以及集群组织设计的要求及原则，可以将信息产业集群组织结构分为三个层次，即目标层、核心能力层、集群模式层。在目标层，主导企业对机遇市场进行分析，将机遇市场分为不同的组织目标；在核心能力层，主导企业对组织目标进行细分以确定所需的核心能力，再根据目标所需的核心能力去招标，选择具有相应核心能力的企业；在集群模式层，这些企业依据集群组织设计的要求及原则，确定合作的关系，从而选择适合自身的集群模式。

第四节　区域信息产业集群业务流程运行设计

为了保障区域信息产业集群能够实现目标，抓住市场机遇，让组织能够更好地发挥其优化资源配置的作用，必须对区域信息产业集群业务流程运行进行精心设计。集群运行必须适应市场机遇，而市场机遇又是动态的，所以信息产业集群业务流程的运行设计也应是动态的。可以依据"螺旋式推进原则"对区域信息产业集群的业务流程做出运行设计，按照"目标确定-运行设计-评价-调整"的模式进行，以此对区域信息产业集群的业务流程不断进行优化重组和再造，调整来自各成员企业组织单元的耦合方式，确保提高产业集群运行的柔性、敏捷性和组织管理效率。

区域信息产业集群业务流程运行在设计时应满足如下要求：一是业务流程运行设计要围绕目标展开，为此，设计者需要对集群及其成员企业的市场机遇和所拥有的资源状况进行细致分析，明确集群的总体目标和成员企业各关键业务过程的分目标。二是各业务流程运行方案的风险要尽可能低，为此，需要对运行方案的各个环节开展风险评估。三是要结合市场环境分析，对区域信息产业集群的运行状态定期开展评价，以发现问题。四是要分析出现问题的成因，并"对症下药"地对业务流程进行修正性的重新设计，以此调整区域信息产业集群的运行状态，达成其预期目标。

在整个区域信息产业集群业务流程的运行过程中，主导企业或核心企业要监控好核心资源的配置和目标完成情况，客观、准确地评价集群组织运行的情况，并对此进行分析总结，不断完善和改进组织的运行体系，以保证集群中的企业能够长期合作。

第六章　东产西迁与区域信息产业创新发展

第一节　我国东产西迁经济国策的提出

一　东产西迁的提出

1. 理论依据

产业转移一般从劳动密集型产业开始，进而扩展至资本、技术密集型产业，通常主要从发达国家（地区）向较发达国家（地区），再由较发达国家（地区）向欠发达国家（地区）渐次转移。[①] 产业转移是优化生产力空间布局、推进产业结构调整、形成合理产业分工体系的有效途径，是加快经济发展方式转变的必然要求。

2. 现实背景

我国东部发达地区经过长期高速发展，资源日益紧张，土地、劳动力、能源等生产要素成本大幅度上升，而中西部地区具有资源丰富、生产要素成本低、市场潜力大的优势，积极承接国内外产业转移，不仅有利于加速中西部地区新型工业化和城镇化进程，促进区域协调发展，而且有利于推动东部沿海地区经济转型升级，在全国范围内优化产业分工格局。东产西迁是我国加快经济结构调整和发展方式转变的重要途径，是深入实施西部大开发和中部崛起战略的一项重大国策。

[①] 张继焦：《中国东部与中西部之间的产业转移：影响因素分析》，《贵州社会科学》2011年第1期。

二　国家对东产西迁的指导意见

国务院《关于中西部地区承接产业转移的指导意见》对我国东产西迁提出了指导意见，具体如下。

1. 指导思想

深入贯彻落实科学发展观，紧紧抓住国际国内产业分工调整的重大机遇，以市场为导向，以自愿合作为前提，以结构调整为主线，以体制机制创新为动力，着力改善投资环境，促进产业集中布局，提升配套服务水平；着力在承接中发展，提高自主创新能力，促进产业优化升级；着力加强环境保护，节约集约利用资源，促进可持续发展；着力引导劳动力就地就近转移就业，促进产业和人口集聚，加快城镇化步伐；着力深化区域合作，促进要素自由流动，实现东中西部地区良性互动，逐步形成分工合理、特色鲜明、优势互补的现代产业体系，不断增强中西部地区自我发展能力。

2. 基本原则

①坚持市场导向，减少行政干预。遵循市场规律，尊重各类企业在产业转移中的主体地位，充分发挥市场配置资源的基础性作用；注重规划和政策引导，改善投资环境，完善公共服务，规范招商引资行为。

②加强分类指导，坚持因地制宜。国家、地区和行业协会对东产西迁要制定战略布局，开展分类指导，引导产业转移与集聚；各地要从实际情况出发，立足比较优势，合理确定产业承接发展重点，防止低水平重复建设。

③坚持节能环保，严格产业准入。中西部地区要积极发展循环经济，推进节能减排，促进资源节约集约利用，提高产业承载能力；东部发达地区要加强生态建设，注重环境保护，强化污染防治，严禁将污染产业和落后生产能力转移到中西部地区。

④坚持深化改革，创新体制机制。深化重点领域和关键环节改革，优化发展环境，增强发展活力和动力，突破发展瓶颈；加强区域间的互动合作，扩大对内对外开放，建立利益共享机制，以实现东部发达地区与中西部地区的良性竞争、互利共赢。

第二节 东产西迁的制约因素及其存在的问题

一 制约因素[①]

①中西部地区产业配套能力差，发展综合成本高。中西部地区产业配套能力不强也是承接产业转移的一个重要制约因素。其主要表现在：一是许多项目之间在原材料、产品方面的协作关联度不高；二是产业同构化现象较明显，产业特色不鲜明，部分项目无法与现代产业形成有效配套。与产业配套的服务业不够发达，市场中介发育不完善，投资融资难，一些地区交通不便，物流成本较高，总体上经济发展的成本高。

②地方财政较弱，引资难。不少中西部地区财政收入规模小，财政负担重，政府从土地出让中获得的收益甚微，无力补贴招商成本。在引资政策上，相比于东部发达地区，中西部地区并没有多少优惠，一些地区区位优势、资源优势不大，引资困难。

③引资存在"JQK"现象，投资环境有待改善。在中西部投资的一些私营投资者把政府部门在投融资中的一些不良做法称为"JQK"（对"钩、圈、揩"的戏称，一些地方政府部门在吸引企业尤其是民企投资时，先通过各种方式吸引企业上"钩"，然后"圈"住企业，层层"揩油"）。良好的投资环境（尤其是政府服务环境）是扩大东产西迁规模的重要条件，从现实情况看，许多地区的这类环境有待改善。此外，人才匮乏同样成为中西部地区承接东部地区产业转移的瓶颈。

二 存在的主要问题

①在国家层面缺乏宏观引导与统一规划。我国缺乏分类指导和调控各地区发展的政策，宏观引导力度不够，中西部吸引产业转移缺乏政策优势。国家产业政策区域差异不大，与东部地区相比，中西部地区发展劳动密集型产业得到的政策支持较少。

②产业转出地面临两难境地。东部地区在产业转移方面存在顾虑，不

[①] 车晓蕙、孟华：《三大因素制约东部产业向中西部转移》，《经济参考报》2007年9月21日。

够积极。产业转出虽然可以为高端产业的进入腾出空间,实现当地产业的转型升级,但在高端产业培育壮大起来之前就盲目地迫使中低端产业向外转移,势必导致当地产业的空心化。东部发达地方政府面临艰难的选择,对产业转出变得"慎重",不急于将产业转移到中西部地区,而是将其转移到本省份的经济相对落后地区。

③产业转入地面临的问题。一是许多中西部地区经济发展落后、产业基础较弱、配套能力不强,在很大程度上弱化了其劳动力及土地等成本优势。二是一些地方政府在招商过程中"饥不择食",不顾实际情况盲目承接产业转移,导致"消化不良";招商行为不规范,行政效率低,服务意识不强,审批程序烦琐,政府有失诚信,使东部发达地区在做产业转移决策时顾虑重重,转移效率低下。三是普遍存在专业人才供应不足、技术资源缺乏、普通工人流动性大、招工难等问题。上述问题在较大程度上制约了东部发达地区产业向中西部地区的转移。

第三节 东产西迁给区域信息产业发展带来的机遇和挑战

一 机遇

1. 国家层面

其一,云计算、大数据、移动互联网、物联网等领域的技术与业务创新给信息技术业务开展提供了更广阔的空间,为我国信息产业发展的提速提供了难得的机遇。其二,业态创新和模式创新的重要性在世界范围内越发显著,技术创新不再是提升产业竞争力的唯一途径。其三,爆棚的信息消费需求为支撑产业发展创造了市场空间,信息消费已成为扩大内需的新引擎,市场潜力巨大。

2. 产业转出地层面

其一,东部发达地区信息产业的高、中、低端产品,在国内外市场占有一席之地,产品销售额逐年增加,这些优势为信息产业的转出积累了"本钱"。其二,信息产业发展壮大需要不断进行结构调整与升级,而中西部地区信息产业链的空缺、广阔的消费市场与丰富的人才储备，为东部地区产业的转出准备了有利的条件。其三，现代产业的集聚化发展态势及其要求，为产业转移提供了广阔空间和必要条件。

3. 产业转入地层面

其一，产业链条整体西移是信息产业发展的大方向，积极西迁的不仅包括内资企业，而且包括许多三资企业。其二，相对于东部发达地区，一些中西部地区具有以国家基础性工业基地、新兴能源等为代表的"后发优势"，其可以成为信息产业发展的助推器。其三，在2014年6月25日的国务院常务会议上，国家制定了促进东部产业西迁的五项政策，包括：一是营造良好的承接产业转移"硬环境"和"软环境"的政策；二是发挥市场主导作用的政策；三是发挥资源禀赋和区位优势、强化资源型产业布局导向的政策；四是深化产业国际合作的政策；五是实施差别化区域产业发展的政策。这些政策的实施对加速产业西迁具有重大的推动作用。

二 挑战

1. 国家层面

其一，信息产业核心技术掌控不足、主导权和话语权不多，将增大信息产业自主发展的难度，我国信息产业拥有的部分优势将被削弱。其二，对由云计算、大数据、移动互联网和物联网等新一代信息技术引发的信息产业特征质的变化状况认识不够，将造成国家无法及时捕捉新的发展契机。其三，产业生态体系缺失将影响信息技术产业的持续创新发展，缺乏重大民用项目支撑，仅靠国家重大项目来支撑整个国家信息产业的发展远远不够。

2. 产业转出地层面

其一，东产西迁是一个新生事物，国家东产西迁的全局有待规划，促进东产西迁的有关政策有待落实与验证，地方产业调整及产业承接鼓励政策有待进一步制定和落实。这些因素使产业转移面临着巨大的风险。其二，产业互动缺乏经验，效果不够明显。当前在我国，不论是信息产业内部零部件、整机、软件、服务四个部门之间的互动，还是信息产业与其他产业之间的融合互动，都有待大力加强，这将给产业转移增加难度。其三，缺乏良好的市场环境。西部地区市场规则的执行不力，使假冒伪劣信息产品泛滥，严重打击了转移企业的信心，使转移企业决策犹豫。

3. 产业转入地层面

其一，产业发展不完备，产业配套能力弱，区位处于劣势。其具体表现为：一是与信息产业密切相关的高新技术产业、电力装备业、家电制造业等不够完备，使产业互动着力点少或效果差；二是与信息产业配套的加工制造业、服务业能力弱，制约了电子信息企业的转入；三是大多数西部地区经济地理条件差，不具有区位经济优势。其二，在积极招商引资的同时，扶持和壮大本土企业，培育自己的产业"龙头"，是地方政府面临的一大考验。其三，中西部电子信息产业链缺失带来的市场争夺战已迫在眉睫。此外，市场规模太小的局限性同样影响着西部众多电子制造企业的发展。区域内企业的采购团队对本土信息企业销售额的提升"帮助有限"。市场环境有待进一步整治，中西部地区在市场法律法规的制定与执行，以及市场的导向、规范化与监管等方面还需要加大整治力度。

第七章 基于两化融合的区域信息产业创新发展

第一节 工业化与信息化

一 工业化

1. 工业化的内涵

传统理论认为,工业化指工业在一国或地区经济中的比重不断提高,取代农业成为经济主体的过程,亦指在一个国家或地区国民经济中,工业生产活动取得主导地位的发展过程。现代理论认为,工业化是一国或地区随着工业发展、人均收入增长和经济结构转换发生连续变化的过程,工业发展是工业化的显著特征之一,人均收入的增长和经济结构的转换是工业化推进的主要标志。工业化通常被定义为工业或第二产业产值(或收入)在国民生产总值(或国民收入)中比重不断上升的过程,或工业就业人数在总就业人数中比重不断上升的过程。工业化水平是衡量一个国家或地区经济社会发展水平的重要标志。

2. 新型工业化的概念与特点

所谓新型工业化,就是坚持以信息化带动工业化,以工业化促进信息化,就是科技含量高、经济效益好、资源消耗低、环境污染少、人力资源优势得到充分发挥的现代工业化。与传统工业化相比,新型工业化具有能够增强可持续发展能力、在信息化带动下能够实现跨越式发展,以及能够充分发挥人力资源优势三个突出的特点。

3. 我国"走新型工业化道路"诉求的提出

工业化是现代化的基础和前提,高度发达的工业社会是现代化的重要标志。十六大提出："以信息化带动工业化，以工业化促进信息化，走出一条科技含量高、经济效益好、资源消耗低、环境污染少、人力资源优势得到充分发挥的新型工业化路子。"走新型工业化道路是中国顺应世界科技经济发展的必然选择，是由中国基本国情决定的。

二　信息化

1. 信息化的内涵

信息化思想最早由日本社会科学家梅倬忠夫在《信息产业论》一书中提出，该书不仅率先提出了"信息社会"是人类社会未来的发展趋势，而且向人们全面展示了"信息革命"的发展前景，并勾勒了"信息社会"的宏伟蓝图。但关于"信息化"这一内涵，学者们的界定有所不同，主要观点有以下几种：日本学者大岛在《论信息产业》中指出，信息化是通信现代化、计算机化和行为合理化的总称；伊藤阳彦提出，信息化发展过程是从物质生产占主导地位的社会向信息产业占主导地位的社会转变。中国经济学家林毅夫等人指出，信息化是建立在信息产业发展与信息技术在社会经济各部门扩散的基础之上，运用信息技术改造传统的经济、社会结构的过程；王亚平从信息产业方面着手，指出信息化是加快信息技术的发展及其产业化的过程；中国信息化专家吕新奎在《中国信息化》一书中指出，"信息化是人类社会发展的一个高级进程，它的核心是通过全体社会成员的共同努力，在经济和社会各个领域充分应用基于现代信息技术的先进社会生产工具，创造信息时代社会生产力，推动社会生产关系和上层建筑的改革，使国家的综合实力、社会的文明素质和人民的生活质量全面达到现代化水平"。

2. 信息产业与信息化在我国国民经济、国家安全和社会生活中的作用

①支柱作用。信息产业是国民经济的支柱产业。其支柱作用体现在两个方面：一是信息产业在国民经济各产业中居前列，信息产业已发展成最大的产业；二是信息产业以3倍于国民经济的速度发展，增加值在国内生产总值中的比重不断攀升，对国民经济的直接贡献率不断提高，间接贡献率稳步提高，信息产业已成为国民经济强劲的增长点。

②基础作用。信息产业是关系国家经济命脉和国家安全的战略性和基础性产业。这一作用亦体现在两个方面：第一，信息技术和装备是国防现代化建设的重要保障，信息产业已经成为我国争夺科技、经济、军事主导权和制高点的战略性产业；第二，网络是国民经济的基础设施，网络及其安全是国家安全的重要内容。

③先导作用。信息产业是国家经济的先导产业。这一作用体现在以下四个方面：一是信息产业作为高新技术产业群的主要组成部分，是带动其他高新技术产业腾飞的龙头产业；二是信息产业的发展已经成为世界各国经济发展的主要动力和社会再生产的基础；三是信息技术的广泛应用，将缩短技术创新的周期，极大地提高国家的知识创新能力；四是信息产业的不断拓展，信息技术向国民经济各领域的不断渗透，将创造新的产业门类。

④核心作用。信息产业是推进国家信息化、促进国民经济增长方式转变的核心产业。这一作用体现在以下三个方面：第一，网络和信息技术装备是国家信息化的物质基础和主要动力；第二，信息技术的普及和信息产品的广泛应用，将推动社会生产、生活方式的转变；第三，信息产业的发展将大量降低物资消耗和交易成本，对实现中国经济集约式发展具有重要推动作用。

第二节　信息化与工业化融合的理论方法

一　两化融合概述

1. 两化融合的内涵

信息化与工业化的融合（简称"两化融合"）是信息化和工业化的高层次深度结合，是以信息化带动工业化、以工业化促进信息化，走新型工业化道路。信息化与工业化的融合本质上就是信息产业与工业融合，打破技术边界，形成融合空间的动态过程。两化融合的核心是以信息化为支撑，追求产业的可持续发展。

2. 两化融合的效应

（1）协同效应

两化融合的协同效应，表现为以下两个方面：其一，两化融合可以提升工业和信息产业的经济效益，为传统产业的技术创新提供契机。两化融合过程中工业内部每个企业可以采用其外部同一资源（原材料、设备、管理、技术、信息），并积极创造条件实现内外资源的优化配置，进而降低生产运营成本、刺激技术创新、提高劳动生产效率。其二，两化融合产生竞争关系，可维护市场的正常秩序，创造和谐共享的竞争环境。

（2）范围经济效应

范围经济指的是"当一个行业或企业以同一种资源（或者同样的资源量）生产一种以上的产出品时，生产活动维度增加（即生产范围在横向上的拓展）所带来的效益增进（或利润上升，或成本节省）"。两化融合所产生的范围经济效应主要表现在以下两个方面：一方面，两化融合可以促使工业和信息产业内部各个行业企业产品的多样化、个性化。如果选择多种类的产品，就可以有效地分散市场风险，这也迫使企业产生范围经济。另一方面，信息化催生了网络扩散效应，使得生产维度增加。当今社会是一个互相合作、分工详细的社会，信息技术逐步融入了工业领域，使信息部门和工业部门合作的领域更加宽广。信息产业使得工业内部企业之间形成横向与纵向产业链，使得信息化发展更加顺畅。与此同时，信息技术的快速发展，使得行业之间、企业之间、生产者之间、委托人与代理人之间的信息流动更加顺畅，增强了信息沟通，使得管理成本减少，在一定程度上避免了信息不对称带来的社会损失。

3. 我国两化融合诉求的提出

工业化是当今社会经济发展的核心内容和物质基础，其发展水平是一个国家或地区现代化程度和综合实力的重要体现。我国是在新的历史背景下走工业化道路的，西方发达国家传统工业化道路在中国已经行不通。信息经济时期的到来使得信息技术逐渐成了世界经济的新增长点、国际竞争的制高点以及传统工业的再生动力。但我国工业化水平与世界发达地区工业化水平的差距较大，且起步较晚，我国已经不能按照常规的发展道路来实现赶超。在这种发展背景下，我国要同时完成工业化和信息化双重任务，最好的方式就是将工业化和信息化有机结合起来，互动发展。因此，两化融合是我国走新型工业化道路的重要基础和条件。

二 两化融合的基础

1. 工业化是两化融合的基础和保障

（1）工业化为两化融合提供了前期的稳定物质基础

工业部门中先进的制造技术和发达制造业为信息化的发展提供了稳定的物质基础。信息产品需要高端精密的设备和相应的制造技术，这些都来源于钢铁、机械、化工和交通等行业。归根结底，工业化是信息化的物质基础和主要载体；信息化是工业化发展到一定阶段产生的。若没有工业化为信息化提供物质基础和保证，就没有持续发展的信息技术，更不会推动两化融合发展。

（2）工业化为两化融合创造了有效需求，扩大了市场的容量，充实了人才储备库

根据钱纳里《工业化和经济增长的比较研究》一书中的相关理论，人均总产值水平与工业化发展的阶段之间的关系是正相关的，即工业化程度越高，人均总产值越高。两化融合需要大量的专业技术人员，这样才会富有灵活性和创造性，信息经济学家乌家培曾说："工业化形成的技术工人队伍及随着产业高级化形成的白领管理阶层，特别是电脑操作员、程序员、系统分析师、编程人员和网络管理人员等，极大地促进了信息化人力资源的发展。"这更加印证了人力资源对促进两化融合的重要影响。

2. 信息化为两化融合提供了再生动力和保证

（1）信息化为两化融合提供了内在的再生动力

信息技术的外溢效应对工业化具有巨大的推动作用。现今市场的大量需求沿着多元化、个性化趋势发展，产品和服务的生产节奏明显加快，面临竞争激烈的格局，企业要获得竞争优势、得到丰厚的利润，应具备相应的灵活性和多样性，这迫使企业在更大的范围内搜集、整理、加工、传递、利用信息资源。

工业化背景下的市场环境对企业的信息技术提出了新的需求，需要企业采用更先进、更科学、更合理的生产方式、管理模式、经营方式、组织方式，极大地提高自身效率，从而带动工业化的发展。

(2) 信息化为两化融合提供了保证

①信息化在带动工业化过程中派生了大量的投资和消费需求，为两化融合提供了大量的就业机会，增加了从业人员的收入，进而增加了人均GDP，从宏观层面提高了人们的生活质量。

②信息化促进了工业化传统观念的变革，提高了工业化发展过程中的劳动生产效率和管理效率。信息化具有高度效率倍增性，可提高工业化进程中所有资源的利用效率。

③信息化提升了工业整体的实力和国际竞争力。信息化大大提高了工业化过程中各产业的综合素质和整体竞争力。

3. 两化融合中的政府行为要求

一个国家的战略规划要在经济发展过程中付诸实践，需要政府的引导和支持。政府应当充分发挥其宏观调控功能，制定相关的政策和措施，使发展战略和规划得以正常实施。因此，推动两化融合发展的主体是政府。政府需要协调资金、劳动力、技术以及人力资源在信息化与工业化相关产业之间进行合理配置，为两化融合创造有利的条件，在这一过程中还要积极引导传统工业部门进行信息化改造，间接或直接为信息化创造新的需求。在两化融合的初期，政府要积极制定相关的政策、措施，调整与完善原有法律法规，构建新的管理政策体制。政府和市场在推进信息化和工业化融合的过程中起着至关重要的作用。

三　两化融合的总体框架与一般方法

1. 两化融合的总体框架

两化融合的内容包括技术融合、产品融合、业务融合、产业衍生四个方面。

①技术融合。技术融合指工业技术与电子信息技术相互结合而产生新的技术，推动工业企业技术进步。例如，在工业生产过程中进行计算机控制，从而产生集散控制技术、现场总线技术等。

②产品融合。产品融合指电子信息技术或电子产品融入工业产品，以增加产品的电子信息技术含量，提高产品的附加值。例如，对普通机床进行数控化改造，增加数控系统，就成了数控机床；普通家电采用变频电

机、液晶显示屏、温控装置等，就成了信息家电或智能家电；普通玩具增加控制芯片、操作杆等，就成了遥控玩具。

③业务融合。业务融合指信息技术应用到生产经营与管理的各个环节，促进生产、商业模式和管理创新。例如，利用 ERP 软件，可以提高成本核算效率；建立呼叫中心，可为客户提供 24 小时的不间断服务；利用计算机进行药物筛选，可提高新药研发效率。

④产业衍生。产业衍生指信息化和工业化融合之后可以产生新的产业。例如，智能工业，其涵盖生产过程控制、生产环境监测、制造供应链跟踪、产品全生命周期监测，有利于促进安全生产和节能减排。

2. 两化融合的一般方法

(1) 物理方法

在传统产业与信息化融合中，使用物理方法改造最成功的当属沃尔玛引入条形码技术。这种方法在国内也有非常成功的案例，如北大方正研制的计算机汉字激光照排系统等。在两化融合中运用信息化对工业化进行物理方法的融合，前提是主导者或为业界领袖或掌握核心技术，其作用将是根本性地改变工业化的面貌，并生成新的产业形态。但一般认为，对大部分区域、工业行业、企业和流程来说，采用物理方法进行融合可能不是十分合适。

(2) 化学方法

所谓化学方法，就是将工业化看成某类元素，将信息化也看成某类元素，两类元素在一定条件下发生反应。在这里，工业化这类元素可能是行业、企业或流程等，信息化这类元素可能是信息技术或信息服务等。

在传统产业与信息化融合中，使用化学方法改造最成功的当属 UPS 采用服务外包方式，为相关企业解决售后服务难题。这种方法在国内也有非常成功的应用，如财务软件的使用。在不改变财务规则的前提下，目前国内企业已基本采用财务软件进行财务管理，逐步使我国企业财务管理从手工处理转变为自动处理。

在两化融合中运用信息化对工业化进行化学方法的融合，前提是工业化提出需求，而信息化对应又能提供相应的技术支撑，其作用是逐步地改变工业化的面貌，使工业化达到一个新的高度。一般认为，对大部分区域、工业行业、企业和流程来说，采用化学方法进行融合可能是合适的。

四 两化融合的维度、融合模式、推进模式与发展阶段

1. 三个维度

维度一，推进主体。由政府主导制定政策、确定发展规划，并由基层企事业单位实施，然后再由企事业单位总结经验自下而上反映实际工作中出现的问题，加强交流协作，上下互动实现政府和企业的无缝对接。

维度二，推进阶段。鉴于我国的经济发展现状，两化融合必然要经历阶段性发展，不能一蹴而就。在两化融合的初始建设阶段，应通过试点示范，总结成功经验，树立典型，推而广之，重点领域包括基础设施建设、中小企业信息化、重点行业信息化、两化融合技术攻关、公共服务体系和政策支撑体系建设；在稳步推进阶段，应进一步夯实两化融合基础条件，在企业生产经营管理的全过程、三次产业、政府公共服务和社会信息化领域全面推进两化融合；在成熟发展阶段，使信息资源及信息技术真正成为推动经济发展和社会进步的内在要素，全面实现信息化与工业化的融合。

维度三，推进区域。除了现有的国家级试点示范区以外，还要适时增加国家级两化融合试验区，特别是将更多的中西部落后地区纳入试点范围，同时鼓励有条件的地方开展建立省级两化融合试点示范，通过树立典型，建立有地方特色的两化融合模式，避免"一刀切"。

2. 融合模式[①]

模式一，企业－产业互动模式。企业－产业互动模式指企业信息化受制于该企业所属行业的信息化水平，成功的企业信息化可以促进同行业其他企业的信息化建设。不同的资本和技术密集度产业对信息化的需求不同，产出效果也存在较大差异。

模式二，挑战－应对模式。挑战－应对模式指企业在发展过程中遇到制约因素，或面临市场竞争压力，为了打破这种制约、提高市场竞争力而开展信息化建设。挑战－应对模式是一种企业自发的信息化建设模式，企业开展信息化建设的动力比较强。挑战－应对模式也是中国企业最为常见

---

① 金江军：《两化融合的理论体系》，《信息化建设》2009年第4期。

的信息化建设模式。当企业产能达到一定规模时，传统方式就会遇到发展瓶颈，企业会意识到必须采用信息化手段来突破这个瓶颈。

模式三，雁行模式。雁行模式可以分为区域间雁行模式、行业间雁行模式、行业内雁行模式、企业内雁行模式四种。区域间雁行模式指在不同地区之间形成序列化的信息化差距，行业或企业信息化水平高的地区带动行业或企业信息化水平低的地区；行业间雁行模式指在不同行业之间形成序列化的信息化差距，信息化水平高的行业带动信息化水平低的行业；行业内雁行模式指在行业内部不同企业之间形成序列化的信息化差距，信息化先进企业带动信息化落后企业；企业内雁行模式指在企业不同部门、不同分支机构之间形成序列化的信息化差距，信息化水平高者带动信息化水平低者，例如，海尔集团首先在冰箱本部实施 MRP Ⅱ，然后逐步将 MRP Ⅱ 推广到其他三个大事业本部。

模式四，区域集群模式。一些地方政府主动地为其辖区内企业创造信息化建设的各种有利条件，或者在某个自然形成的经济区域内企业之间相互影响，使某个区域的企业信息化或行业信息化程度明显提高。例如，20 世纪 90 年代以来，珠三角地区面临产业升级等问题，该区域企业在信息化建设方面相互学习、相互模仿，共同推动了该区域信息化发展。

模式五，政府主导模式。早期的企业信息化，往往是政府主导的。在计划经济时代，政府为了提高国有企业的信息化水平，往往由政府出资从国外引入先进的信息系统，但由于企业缺乏信息化建设的内在动力，这种做法的效果往往不理想。

上述五种模式的特点和适用范围见表 7-1。

表 7-1　两化融合发展模式

模式	特点	适用范围
企业-产业互动模式	企业信息化与所属行业信息化之间相互制约	对信息化依赖比较大的行业
挑战-应对模式	企业受到内外部压力自发进行信息化建设	成长型企业
雁行模式	不同企业、行业、区域在信息化方面形成序列化的差距	存在龙头企业的行业
区域集群模式	企业间相互学习、相互模仿	产业集聚地区
政府主导模式	信息化建设由政府出资	国有企业

3. 推进模式

①社会推进模式。全面推进社会领域信息化，特别是包括就业、教育、医疗、卫生、社会保障等关乎国计民生的重点领域的信息化，利用信息化推进公共服务均等化。

②区域推进模式。兼顾发达地区和落后地区，支持和鼓励跨区域的公共信息服务平台和两化融合平台建设。兼顾城市和农村，加快农村信息化建设，使两化融合惠及农村。这样，通过信息技术实现资源配置的优化，以及社会－区域－产业－企业的分层两化融合推进过程，实现经济发展、社会稳定、区域和谐。

③产业推进模式。以推进工业领域的两化融合为重点，通过信息技术全面改造提升传统产业，逐步推进农业和服务业的两化融合，同时借鉴工业化的成功经验和模式促进信息产业发展，促进信息技术进步。

④企业推进模式。支持企业将先进信息技术应用于从工业生产到销售服务的各个流程，逐步实现信息化在企业生产经营过程的全覆盖。

4. 发展阶段

①初始级阶段。信息技术开始导入，处于尝试和起步阶段，能够提供初始的支持，尚未呈现明显的信息技术绩效。

②基本级阶段。信息技术正式导入，能够满足基本需求，但功能实现或技术应用不够完善。

③适应级阶段。信息技术应用趋于全面，能够满足现状需求，业务支持能力较强，呈现一定的信息技术绩效。

④成熟级阶段。信息技术全面应用，形成完善的信息化体系，规划、建设、管理、维护较为规范，信息技术绩效较明显。

⑤优化级阶段。信息化建设与业务流程再造相结合，信息技术与管理创新相结合，信息技术绩效非常明显。

第三节 工业化与信息化水平测度

一 工业化水平测量方法

工业化水平是衡量一个国家或地区经济社会发展水平的重要标志。

根据产业经济学与发展经济学的有关理论，在判断一个国家或地区工业化发展阶段时，可以从人均 GDP 水平、工业总产值占 GDP 比重、三次产业产值结构水平（三次产业产值所占比重）、三次产业就业结构（三次产业从业人口比重）、工业结构变动、人口城镇化率这几个指标来考察。结合国内外的实际研究，在这些指标中，最基本也最常用的是人均 GDP 水平、三次产业产值结构水平、三次产业就业结构、人口城镇化率。

二 信息化水平测量方法

21 世纪伊始，信息社会世界峰会（WSIS）就提出要建立一个能够反映全球信息社会发展水平的指数。2009 年，WSIS 提出了信息化发展指数（IDI），这一信息化测度方法得到了全球的广泛认可和应用。

我国国家统计局科研所信息化水平的国际比较研究课题组指出，信息化发展指数指标设定有两个突出特点：首先，希望通过信息化测量各项指标的确立，促使国民对信息化有更全面、更深刻的认识和理解；其次，更大程度上从定性和定量两个方面确定目标体系，使指标更加具有科学性和代表性。信息化发展指数从基础设施、使用、知识、环境与效果和信息消费 5 个子分类指标来全面度量、总结并评价各地区信息化发展水平。信息化发展指数逐渐成了衡量区域信息化发展的一种有效综合评价方法。具体信息化发展指数指标测度方法如下。

1. 信息化发展指数指标体系的构建

笔者参考杨京英等《2009 年中国信息化发展指数（IDI）研究报告》（《北京邮电大学学报》2009 年第 6 期）、*Measuring the Information Society - The ICT Development Index* 2009 以及国家统计局科研所信息化水平的国际比较研究课题组提供的相关资料，列出了信息化发展指数的指标体系，具体见表 7 - 2。

2. 信息化发展指数的计算方法与步骤

信息化发展指数的计算步骤分为以下三步。

表 7-2 信息化发展指数指标体系

总指数	分类指数	序号	具体指标
信息化发展指数	基础设施指数	1	固定电话拥有率（部/百人）
		2	移动电话拥有率（部/百人）
		3	计算机拥有率（台/百人）
		4	电视机拥有率（台/百人）
	使用指数	5	互联网使用率（户/百人）
	知识指数	6	教育指数（成人识字率×2/3+平均教育年限×1/3）
	环境与效果指数	7	信息产业增加值占 GDP 比重（%）*
		8	信息产业研究与开发经费占 GDP 比重（%）**
		9	人均总产值（美元/人）
	信息消费指数	10	信息消费指数（%）

注：*利用第三产业增加值占 GDP 比重替代。**信息产业研究与开发经费测量相对困难，但统计年鉴中的全部研究与开发经费主要还是指信息产业所用经费，虽有误差但可以忽略不计，故利用全部研究与开发经费占 GDP 比重来替代。

①对表 7-2 中的 10 个具体指标数据进行标准化，标准化公式为

$$\frac{D_i - D_{\min}}{D_{\max} - D_{\min}}$$

其中，D_i 代表指标变量的初始数据；$D_{\min}$ 代表指标变量数据中的最小值；$D_{\max}$ 代表指标变量数据中的最大值。

②加权平均计算信息化发展指数的子分类指标。

③加权计算总指数。原始公式为 $I = \sum_{i=1}^{n} \lambda_i P_i$。测算区域信息化发展指数的具体计算公式一般可以转化为

$$IDI = \sum_{i=1}^{N} \lambda_i \left(\sum_{J=1}^{M} \lambda_{ij} P_{ij} \right)$$

其中，IDI 为某一区域信息化发展指数；P_{ij} 指第 i 类指标中的第 j 个指标标准化后的数值；λ_{ij} 指第 j 个指标在第 i 类指数中的权重；λ_i 指第 i 类指数在总指数中的权重；N 为信息化发展指数分类的个数；M 表示信息化水平第 i 类指数的指标个数。

笔者根据德尔菲法与专家评价与打分法，请研究信息化衡量问题的有关专家进行评分，再运用加权平均的方式加以处理，得到各分类指数的权重：基础设施指数和使用指数权重均为25%；知识指数、环境与效果指数权重均为20%；信息消费指数权重为10%。

第四节　区域两化融合的理论与实践

一　两化融合水平的测度

两化融合水平可以采用刘力强等人提出的模型（简称"方法一"）或张新等人提出的模型（简称"方法二"）进行测度，具体方法选择主要视数据采集的可能性而定。

1. 方法一[①]

（1）两化融合水平评价指标体系构建

两化融合水平评价指标体系见表7－3。

表7－3　两化融合水平评价指标体系

一级指标	二级指标	三级指标
两化融合水平	社会信息化普及水平	X_1万人国际互联网用户数
		X_2百人固定电话和移动电话用户数
		X_3网民普及率
		X_4网站数量占比
		X_5万人 R&D 人员数
		X_6万人大专学历以上人数
		X_7万人专业技术人员数
		X_8百户居民计算机拥有量

---

① 刘力强等：《我国区域两化融合水平评价模型及实证研究》，《科技进步与对策》2014年第9期。

续表

一级指标	二级指标	三级指标
两化融合水平	信息产业发展水平	X_9 信息产业总产值占比
		X_{10} 信息产业总产值占 GDP 比重
		X_{11} 规模以上信息制造业固定资产投资占比
		X_{12} 信息业从业人员数占比
		X_{13} 软件企业数占比
		X_{14} 信息制造业出口交货值占比
		X_{15} 信息系统集成服务收入占比
		X_{16} 信息技术咨询服务收入占比
	新型工业化水平	X_{17} 第二产业劳动生产率
		X_{18} 城镇化率
		X_{19} 万元 GDP 能耗
		X_{20} 工业增加值占 GDP 比重
		X_{21} 工业成本费用利润率
	产业融合水平	X_{22} 信息制造业总产值占工业总产值比重
		X_{23} 信息制造业固定资产投资占工业固定投资
		X_{24} 高新技术产业化水平
		X_{25} 信息制造业从业人数占工业从业人数比重
		X_{26} 高新技术增加值占工业增加值的比重
		X_{27} 高新技术产业劳动生产率

（2）评价模型

评价指标及其模型可采用多层感知神经网络模型和粗糙集理论来设计与构建。由于多层感知神经网络模型存在"维数灾难"问题，有必要在模型构造前对其输入维数进行简化，进而解决其运行效率和可扩展性方面的问题；而粗糙集理论在处理该类问题时可以通过属性约简有效地实现降维。考虑到两者在评价过程中的互补性，可先基于粗糙集理论对两化融合水平评价指标体系进行指标约简，再运用多层感知神经网络模型对两化融合水平进行评价。

2. 方法二[1]

（1）两化融合水平评价指标体系构建

两化融合水平评价指标体系见表 7 – 4。

---

[1] 张新等：《区域两化融合的水平的评价方法及应用》，《山东大学学报（理学版）》2012 年第 3 期。

表 7-4 两化融合水平评价指标体系

一级指标	二级指标	三级指标
信息化水平	信息产业发展水平	X_{111}信息产业增加值占 GDP 比例
		X_{112}就业人数占总就业人数比例
	社会信息化普及水平	X_{121}人均电信业务量
		X_{122}百人互联网用户
产业融合水平	信息制造业发展水平	X_{211}固定资产占工业固定资产比例
		X_{212}产值占工业总产值比例
		X_{213}从业人员占工业从业人员比例
	产业渗透水平	X_{221}单位工业产出消耗信息产业值
		X_{222}单位信息产业消耗工业品值
		X_{223}信息学技术人员占工业从业人数比例
	深度融合水平	X_{231}数字化工业产品的产值
		X_{232}高新产业增加值占工业增加值比例
		X_{233}高新产业从业人员占工业从业人员比例
		X_{234}高新产业固定资产占工业固定资产比例
新型工业化水平	产业结构水平	X_{311}第二、第三产业增加值占 GDP 比例
		X_{312}生产性服务业占第三产业比例
	社会经济效益	X_{321}城镇化率
		X_{322}全员劳动生产率
		X_{323}万元 GDP 能耗

（2）两化融合水平评价指标权重的确定

权重是影响评价结果非常重要的因素，两化融合水平评价指标权重的确定可采用层次分析法。该方法把定性的判断和定量的计算方法相结合，根据主观判断给出判别矩阵，然后利用数学方法给出权重的估算方法和一致性判别准则，根据一致性判别准则确定判别矩阵的误差是否在可接受范围。

二　区域两化融合的推进

1. 两化融合推进举措的三个层次

推进两化融合要从宏观（区域）、中观（行业）和微观（企业）三个层次进行。

①区域层次。其推进举措主要是：各级地方工业和信息化主管部门

制定两化融合政策；编制两化融合发展规划；组织开展两化融合试验区、示范区等建设；组织实施一批两化融合项目；开展两化融合培训和交流。

②行业层次。其推进举措主要是：各级地方工业和信息化主管部门推进信息化与本地支柱产业、重点产业的融合发展；各大行业协会对本行业企业信息化建设进行指导，开展两化融合宣传、培训，总结推广两化融合经验；开展本行业两化融合评估工作。

③企业层次。其推进举措主要是：企业围绕工业产品研发设计、生产过程控制、企业管理、市场营销、技术改造等环节推进两化融合；工业和信息化部门从应用的角度推进中小企业信息化，组织实施中小企业信息化工程。

2. 地方政府推进两化融合的一般方法[①]

(1) 建立健全区域两化融合的体制机制

一是要成立区域"两化融合发展领导小组"和"两化融合发展领导小组办公室"，统一部署本区域两化融合推进工作。二是要建立"两化融合联席会议制度"，建立"政府宏观指导有力、市场主体作用充分发挥、各部门密切配合"的两化融合推进机制，及时解决两化融合推进中遇到的实际问题。

(2) 加大对区域两化融合工作的扶持力度

一是在信息化方面要完善本区域与两化融合推进工作配套的财政、税收、金融、土地、人才、政府采购等有关政策，将两化融合工作与技改、自主创新、节能减排、专利信息服务等工作结合起来。二是要加大对本区域优秀企业或代表性企业的扶持力度，采取无偿资助、贴息补助、税收返还等方式对两化融合试点示范项目予以资金扶持。三是要出台针对本区域从事工业电子产品制造、工业软件研发、系统集成、电子商务、信息技术培训、信息技术咨询、信息技术监理等方面的两化融合支撑机构的优惠政策，扶持一批本地两化融合支撑机构，引进一批实力较强的两化融合支撑机构。

---

① 金江军：《地方信息化与工业化融合推进方法研究》，《现代工业经济和信息化》2011年第7期。

（3）健全区域投融资体系，确保两化融合资金的重点投入

一是要建立和完善以政府投入为引导、以企业投入为主体、以社会投入为重要来源的两化融合多元化投融资体系。二是要在本区域设立两化融合专项资金，并结合现有各类有关专项资金（如技改资金、中小企业发展资金、科技三项经费等），重点支持两化融合试点示范项目建设、两化融合衍生产业培育、两化融合支撑机构扶持等。

（4）壮大区域两化融合的人才队伍

一是要对本区域政府主管部门相关人员、企业中层以上管理人员进行两化融合专题培训，提高其将信息化与具体业务相结合的能力。二是要针对本区域两化融合人才需求特点，与高校相关院系联合培养两化融合专业人才。基于以上两点，壮大本区域两化融合的人才队伍，为区域两化融合工作顺利开展提供人力资源保障。

（5）积极营造区域两化融合的良好氛围

一是要利用电视、网络、报刊、广播等多种媒体，广泛宣传两化融合的意义。二是要组织开展两化融合专题会议、培训、展览、参观、考察等交流活动，以此促进两化融合知识传播。三是要组织专题调研，及时总结成功案例的经验，推广两化融合的技术成果。

三 我国两化融合试验区的建设实践

我国两化融合试验区的建设实践情况见表7-5与表7-6。

表7-5 八大国家级两化融合试验区建设情况

区域＼要素	行业领域	措施内容	配套政策
上海	钢铁、石化、汽车、装备、航空、船舶	实施"1010工程"，即建设10个重点产业、10个重点工程；建设4个两化融合研究中心；建设4个重点试验室；实施22个两化融合试验项目	《上海市推进信息化与工业化融合行动计划（2009~2011年）》《关于推进信息化与工业化融合促进产业能级提升的实施意见》《上海市推进信息化与工业化融合研究中心和重点试验室2010年工作指导计划》等
南京	电子信息、石油化工、汽车制造、钢铁	提出三年两化融合滚动项目计划，开展重点项目带动、龙头企业试验，信息化载体建设300个两化融合重点项目、30家试验企业	《南京市信息化和工业化融合发展重点项目指导目录（2009~2011年）》《南京市两化融合试验区实施规划》《南京市信息化和工业化融合试验区建设方案》等

续表

区域 \ 要素	行业领域	措施内容	配套政策
广州	汽车、石油化工、船舶、信息、装备	提出"138计划",即明确一个目标、推进三大领域渗透融合、组织实施八大重点工程,以"五化"推动"三化"	《推进信息化和工业化融合(2010~2012年)行动计划》《关于加快推进信息化和工业化深度融合的实施意见》,以及"六个一"保障措施相关政策等
珠三角	机床、汽车、船舶、重型机械设备、家电	实施"4个100"试验工程、现代制造业科技服务工程、信息技术创新工程、网络协同制造工程、新兴产业培育工程、电子商务工程、物联网工程	《推进信息化和工业化融合(2010~2012年)行动计划》《珠江三角洲地区改革发展规划纲要(2008~2020年)》《珠江三角洲地区国家级信息化和工业化融合试验区实施方案》等
青岛	家电、纺织、石化、饮食、汽车、船舶、机械、钢铁	培育10家两化融合试验企业、10家两化融合试验服务机构,开展20个两化融合试验项目	《山东省信息化与工业化融合"四个一百"工程培育和认定实施方案》《山东省推进信息化与工业化融合的实施方案》《青岛市关于加快信息化与工业化融合发展的意见》《青岛市2011年信息产业专项资金项目申报指南》等
呼包鄂	乳制品、煤炭	实施龙头企业信息化试验工程等六大工程,建设中小企业信息化服务平台等九大平台,培育50家两化融合试验企业、100家两化融合重点企业	《呼包鄂地区信息化和工业化融合创新试验区2009年工作安排》《内蒙古呼包鄂地区信息化和工业化融合创新试验区实施意见》等
唐山	钢铁、煤炭、电力、建材、机械、化工	开展"数字曹妃甸"建设工程、重点行业骨干企业信息化改造提升试验工程等八大重点工程,实施煤矿井下重大事故危险源识别检测及灾变预测预警等五大项目	《唐山暨曹妃甸信息化和工业化融合试验区实施规划》《共同推进信息化与工业化融合试验区建设合作协议》等
重庆	钢铁、汽车、摩托车	围绕汽车、摩托车等六大支柱产业,实施新产品网络化协同设计开发工程、工业装备数字化提升工程等九大工程项目	《关于加快推进信息化和工业化融合的意见》《两化融合案例及选型指南》等

资料来源:易明、李奎《信息化与工业化融合的模式选择及政策建议》,《宏观经济研究》2011年第9期。

表7-6 八大国家级两化融合试验区推进模式及优劣势分析

区域\要素	发展模式	优劣势分析
上海	深度与广度融合并重,统筹规划与分类推进相结合;点、线、块、面联动相互促进,以产业能级提升为目标;坚持两化融合模式创新	工业基础好,生产性服务业发达,信息产业基础设施水平较高,教育和科技资源丰富;部分企业管理和创新能力不够,信息服务业的配套能力不强,生产性服务业成本较高
南京	通过规划引领、龙头企业试验、重点项目实施、信息平台建设,提高信息化水平;转变工业经济发展方式,促进产业结构升级,即工业优化分离、数据库平台开发、协同设计构建商务平台	工业体系完善,产业布局合理,产学研用推进效果明显,信息产业尤其是三网融合发展迅速;信息化发展战略与企业整体发展不协调,投资强度较低,信息化建设"重硬轻软"
广州	分别从企业、产业、区域、社会四个层面共同推进两化融合,企业推动产业,改变产业发展模式,构建现代化工业体系	支柱产业优势较大,产业集群效应明显,第三产业尤其是以信息服务业为代表的咨询服务业发展较好;装备制造业领域的发展不够,城市与乡镇工业化发展差距大
珠三角	从企业、行业、区域三个层面着力,以试验带动为手段,以点带面,逐步深入,带动各行业、各领域信息技术与工业技术的相互融合	产业集群效应突出,企业发展达到较高水平,区域范围广泛信息化平台构建效果明显;以中小企业为主,企业内部信息化动机不强,地域广泛以致两化融合成本较高
青岛	以现代服务业带动工程、中小企业信息化服务工程等四大工程为依托,建立面向六大行业的信息化公共服务平台	龙头企业带动作用明显,电子产业发展较快,旅游资源丰富;信息产业发展基础薄弱,产业结构不合理
呼包鄂	结合区域经济一体化发展战略,打破行政区划,注重政企合作,围绕产业结构优化升级和转变经济增长方式的主线,打破区域界限,着力建设公共服务平台,创新服务和管理新机制	区域一体化发展的动力较强,整体产出及效益较高;交通信息等网络尚不完善,科技贡献率及工业企业发展的信息化程度较低,区域内部发展水平差异较大,城乡间的融合发展相对滞后,生态基础薄弱
唐山	构建企业、行业的基础性信息服务平台,重点建设试验工程和项目,为两化融合打造坚实的基础	以唐山市的重化工业为依托,工业发展势头强劲,环渤海的地理位置有利于发展港口和临港工业;基础设施有待进一步完善,信息化产业较为薄弱,建设周期较长
重庆	转变经济增长方式,以优化资源配置、培育新兴产业为主线,实现产业集约、信息化与工业化互动、信息产业与工业高度耦合、创新融合	长江上游的经济中心和综合交通枢纽;工业结构单一,信息产业规模总体偏小,与工业的耦合度不高,产业集聚度和产业链关联度不高,软件产业规模偏小

资料来源:易明、李奎《信息化与工业化融合的模式选择及政策建议》,《宏观经济研究》2011年第9期。

第八章　区域信息产业创新发展对策

第一节　促进区域信息产业集群发展的对策

一　政府层面的对策[①]

1. 将培育创新型信息产业集群作为促进产业结构转型升级的重要途径

其一，区域要在国家发改委出台的《关于促进产业集群发展的若干意见》的指导下，按照科学发展观的要求，遵循产业集群发展的基本规律，强化组织领导，促进协调发展，加强规划引导，优化产业布局，充分调动区域信息产业创新发展的积极性和创造性，大力实施区域信息产业集群创新发展战略，强化区域创新系统建设，把培育创新型信息产业集群作为促进产业结构转型升级、提高区域经济竞争力的重要途径。其二，对那些没有形成信息产业集群的区域来说，要集约利用土地等资源要素，向信息产业集群发展方向演化。对那些已形成信息产业集群的区域，则要向以高附加值产业和品牌产品为主要内容的创新型信息产业集群转型升级。

2. 大力引进和培育创新型信息企业和人才

其一，要通过政策引导等多种手段，大力引进、培育创新型信息企业，如从国内外引进创新型信息企业特别是"种子型"创新型信息企业、本区域培育起来的创新型信息"种子企业"，并将其融入本区域的产业集

[①]《促进创新型产业集群发展的对策》，http://wenku.baidu.com/link? url = J7kmO4qC-e-If5fJ1TWDvhbLWHReRjR9YXEVIrinb3v_ CRLeywO8x2EOTGaCaKV0K9jpz6shFmqg8OZHkqnz9bnfjKnMfHIuv2Dee5S_ oYy。

群。其二，发展重点信息企业的配套企业，对其提供必要的政策扶持。其三，建立吸纳和使用创新型企业家队伍的制度和机制，努力创造优秀创新型企业家人尽其才的优良环境。其四，积极实施人才战略，建立良性的引才、育才、用才机制。其五，要有计划地推进区域教育体系建设，为创新型信息产业集群提供源源不断的人才支持。

3. 建立有利于创新型产业集群成长的政策和制度环境

其一，完善产权保护特别是知识产权保护的法律体系，促进区域和信息企业自主创新。其二，要改革行政管理体制和城乡分割体制，打破地区垄断，理顺扭曲的价格机制尤其是要素价格形成机制，建立全国统一市场，为创新型信息产业集群开辟更广阔的要素来源渠道。其三，促进社会诚信建设，培育鼓励创业和创新、宽容失败、支持人才合理流动的区域创新文化，塑造区域品牌等。

4. 建立有利于创新型信息产业集群成长的服务体系

政府和非政府组织要为创新型信息产业集群的发育成长提供以下几方面的服务：其一，鼓励银企合作，发展风险投资，规范信用担保，完善金融服务体系。其二，鼓励高等院校和科研机构为集群内企业提供智力服务。其三，鼓励在集群内建设一批技术创新服务中心、创业服务中心、教育培训机构、信息服务中心等。其四，鼓励集群内企业开展区域整体营销，推进区域产业品牌建设。其五，鼓励行业协会维护企业权益。

二 产业层面的对策

1. 完善集群产业链，巩固信息产业集群

完善产业链是产业发展的重要途径。为此，区域要致力于延伸信息产业链，培育更大的信息产业集群。其一，要整合资源，促使信息产业链从主要集中在产品制造过程，发展为涵盖产品设计、生产、销售、服务的全过程，以提高信息产业集群的根植性。其二，要坚持规模化、集约化、市场化的原则，培育龙头信息企业，带动信息产业集聚。区域信息产业集群可依托龙头信息企业，修复和完善信息产业链。

2. 由产品链、产业链集群转变为创新链集群

"创新链集群"经历了产品链集群、产业链集群、区域集群阶段后，必然向创新性集群阶段发展。由产品链集群、产业链集群、区域集群转变为创新链集群，将区域的比较优势转化为竞争优势，是全球经济一体化的必然趋势。

3. 在区域集群、特色集群的基础上，在全球价值链上攀登

"在全球价值链上攀登"指我国的信息产业集群应在全球生产网络中的不同价值环节上寻找最佳区位。为此，需要引导外商对我国进行高水平投资，争取使我国企业尽早进入信息产业国际化生产链条中附加值较大、科技含量较高的环节。

4. 加强自主创新，强化标准意识

我国信息技术发展战略应从技术引进向技术引进与自主创新相结合转变，特别是应大力发展具有自主知识产权的核心技术。为此，我国区域信息产业要加强科技创新，增强竞争能力，鼓励企业在产品设计、生产制造等环节采用先进信息技术，提升工业设计水平，大力推广应用先进制造技术，促进传统产业集群由委托加工向自主设计加工、自主品牌生产转变。目前，我国信息产业领域尚有许多标准的"空白地"，为了改变这种现状，我国区域信息产业必须加快建设以企业为主体、以市场为导向、产学研相结合的产业集群技术创新体系，支持产业集群开展重点共性技术开发，鼓励采用国际标准和制定有自主知识产权的先进标准。

5. 健全信息产业集群发展的支撑体系

支撑体系是维持信息产业集群不断发展的强大后盾，信息产业集群的支撑体系主要包括共性技术开发和服务平台等配套基础设施体系、投融资体系、诚信体系，以及人才引进与培育体系等。

6. 加强中小企业建设

加强集群内本土中小信息企业建设，不断增强本土中小信息企业的实

力，提升本土中小信息企业自主创新能力，进而提高信息产业集群的整体竞争力，这是信息产业集群长足发展的必要保障。

7. 制定企业发展战略

区域的各信息企业应明确树立自己的发展战略，进行企业发展定位，在确认自身优势后再进行研发生产。同时，企业应强化与其他主体，如大学科研机构、地方政府、中介服务机构的联系，建立合理的信息网络与合作机制，开展协同创新，利用多元化、差异化的生产与市场模式来促进企业的快速发展。

第二节 东产西迁背景下的区域信息产业发展对策

一 政府层面的对策

1. 制定区域信息产业发展战略

区域信息产业主管政府部门、行业协会以及核心企业要协同起来，一道根据国家信息产业的发展规划、东产西迁的形势和本区域经济（尤其是信息产业）发展的需要与现实，编制本区域信息产业中长期发展战略规划，以此为本区域信息产业发展引领正确的方向。

2. 制定与完善信息产业转移政策、规制

在国务院《关于中西部地区承接产业转移的指导意见》的指导下，国家和地方（包括产业转出地和产业承接地）要在财税、金融、投资、土地等方面制定详细的政策、规制。例如，应制定"宏观调控基本法""产业政策制定法"，以及产业转移鼓励政策、产业（企业）引进规定与鼓励政策等，使从中央到地方的产业转移工作有法可依、有章可循。此外，还要建立并完善区域信息产业协调发展机制，为区域产业转移及信息产业发展提供政策引导和制度保障，保障区域信息产业健康发展。

3. 设立专门机构统一引领、协调和处理信息产业转移与承接

地方政府要在东产西迁和信息产业发展上发挥主导作用。为此，地方

政府部门要设立一个专门的机构来统一引领、协调和处理信息产业转移与承接，例如，落实本区域的信息产业发展规划，引领本区域信息产业的集群组建，协调本区域有关信息产业转移与承接的经营管理事宜。

4. 营造东产西迁与信息产业发展的良好环境

除上述政策与规制环境外，地方政府还要为东产西迁和信息产业发展营造良好的硬软环境。其中，硬环境主要包括农业、交通、城镇基础设施、水利、能源、通信、文化教育、医疗卫生等方面的条件；软环境主要包括政府与行业协会的管理机制、市场化资源配置机制、人才引进与培养机制等。

5. 制定科学的地方领导绩效评价体系

应根据本区域信息产业经济发展的水平，制定科学的区域领导绩效评价标准及体系。一般而论，在信息产业发展的前期，应重点考核 GDP 增长率、固定资产投资增长率等反映经济增长速度的指标，同时应考核技术和资本密集型产业产值增长率等反映经济增长质量的指标；在信息产业发展的中期阶段，经济增长速度指标与经济增长质量指标应并重考核；在信息产业发展的后期阶段，应重点考核反映经济增长质量的指标，同时考核反映经济增长速度的指标。

二 产业层面的对策

1. 建立区域统一市场

在东产西迁进程中，区域信息行业协会和政府主管部门要致力于建立区域信息产业的统一市场。具体举措如下：其一，培育一体化信息消费品市场、资本市场、科技教育市场；其二，通过高校合作和科研合作，培育一体化的劳动力市场；其三，统一规划和建设市场网络，使商品、技术、资金、劳动力和人才、产权、信息等都实现无障碍流动。总之，就是要建立规模不等、层次不同、功能各异的市场体系，构成完整的区域市场体系，形成相互依赖、相互协作的信息产业统一大市场格局。

2. 因地制宜地承接产业转移，将产业转移与产业结构调整相结合

在承接产业转移过程中，地方政府信息产业主管部门和行业协会应注

意产业转移来源地多元化，与本地的产业结构调整相结合，利用产业转移促进产业结构的优化升级，推动本地区潜在优势向现实优势转化，走可持续发展的承接产业转移之路。

3. 围绕优势资源，积极引入高新技术

区域在进行信息产业转移承接中要做好在区位、配套产业、生产要素等方面优势资源的开发利用，围绕优势资源，带动信息产业配套建设，借助相关产业的互动，不断吸引更多信息资源要素进入。此外，区域在围绕优势资源吸引区域外信息企业进入时，要注重引入先进技术，提高信息产品的科技含量和附加值，并提升自身科研创新能力，不断拓展产业链条，增强本区域信息产业集群的综合竞争力。

4. 充分发挥区域集聚作用，发展集聚经济

地方政府信息产业主管部门和行业协会要积极推进本区域信息产业集群的建设，从地区和行业两个方面积极规划信息产业集群发展，发挥信息产业集群在承接产业转移中的载体功能和集聚作用。一句话，就是要加强本区域的信息产业集群建设，发挥其对整个区域经济的辐射作用。

第三节　推进区域两化融合的对策

一　经济管理层面的对策

1. 根据需求与条件，切实推进两化融合

地方政府和企业要深入分析自身条件和对两化融合的实际需求，并在推进两化融合过程中做好总体规划，制定明确、量化的目标和切实可行的政策，将两化融合与产业、企业的发展需求和客观条件结合起来，切实推进两化融合。

2. 加强宏观政策调控

国家政策体制对区域两化融合有十分密切的关系和直接的影响。对此，地方政府要做到：第一，实行区域综合财政政策，打破行政区划界限，创造优良的开发环境，出台关于促进节能减排、现代服务业发展的税收优惠政策，为地区信息化发展带来更大便利。第二，重视通过法规制度建设保障对信息化建设的投入，如修订地方科技进步条例等，做好科技投入的制度性安排，突破发展的"资金瓶颈"。

3. 发挥区域特色优势

我国东部地区工业、经济、信息产业较发达，目前，两化融合主要是利用信息技术进一步调整工业企业的能源结构，进一步降低能源消耗、提高能源利用率。我国中西部地区的经济发展水平与东部发达地区存在巨大差距。因此，中西部地区在两化融合的进程中，要根据区域信息化、工业化发展水平的特性，结合地方产业特点和发挥区域特色优势，出台一些适合本区域两化融合的政策、举措，完善区域创新体系，推动区域间信息产业的良性互动发展。

4. 建立两化融合的激励机制

在两化融合激励机制的建设中，地方政府需要注意：其一，以拉动企业对两化融合的需求为动力，为企业提供资金、技术支持；其二，根据企业规模，建立不同的融合激励机制，如科研减税、专项资助资金机制。

5. 开展融合型人才工程建设

融合型人才工程建设的主要内容是：其一，制定相关政策，鼓励、吸引信息人才流向中西部地区，从国外高薪聘请一些专家学者进驻中西部龙头企业，建立综合的高级信息管理人才储备库。其二，鼓励高校和职业技术院校面向"两化"融合市场需求，积极调整学科和专业设置，培养相关人才。其三，加强大学与企业的合作，建立正规的信息化职业教育培训体系。其四，推动高校和各类社会培训机构建设 IT 及融合型人才实训基地，有计划、有重点地开展企业管理人员、专业技术人员和高级技工培训。

二 技术经济层面的对策

1. 实行差异化融合

实行差异化融合需要做到：第一，根据区域工业化发展水平，确定推行两化融合的重点产业,一般宜优先考虑现代制造业和现代服务业。第二,根据产业性质、技术特征等,建立两化融合的示范产业与示范企业。

2. 加强基础性融合

加强基础性融合的要求主要包括:其一,要有针对性地开发基础性系统软件、专业性计算机,以满足专业领域的技术要求。其二,要加大我国高端设计技术、新材料的开发力度,将不同产业之间的技术基础单元紧密关联起来,从而促进两化融合。

3. 重点推进企业内部的技术融合与产品融合

一是要强化信息技术与传统工业技术之间的关联。根据企业需求,开发和利用智能工业技术,如广集散控制、现场总线控制、柔性制造和敏捷制造等技术,实现智能工业技术与传统工业技术的有效对接,提高生产装备与信息技术的融合程度。二是要积极推进集成信息产品、信息技术与传统产品的融合,促进信息技术融入产品,提高产品机电一体化、数字化、智能化和网络化程度。

4. 推进企业内部的业务融合

一是要利用计算机辅助设计、计算机辅助制造、仿真、虚拟样机和产品数据等先进技术,对产品生产的工艺流程进行改造,发展虚拟制造、总装制造、转移制造和全球协作制造等新型模式。二是要利用网络应用平台,促进设计、生产、销售、管理等业务流程的两化融合,积极实现企业业务流程跨系统、跨专业、跨区域的集成,积极促进各种资源要素的集聚和重组,提升企业客户关系管理、供应链管理水平。

5. 加快面向产业集群的信息化公共服务平台建设

其一,地方政府要提高两化融合对区域经济建设重要性的思想认识,健全领导机制,强化政策引导。其二,地方政府要搭建信息化公共服务平台,以推进国家级两化融合试验区、产业集群示范工程建设为契机,加强对已认定服务机构和公共平台的信息化改造,进一步提升服务水平。

第四节　提升区域信息产业创新能力的对策

一　创新投入能力方面的对策

1. 着眼于产业结构升级

当前，随着新兴市场的迅速崛起、产业分工的进一步细化，产业的全球性竞争进一步加剧，信息技术面临数字化、网络化、智能化转型，信息技术各门类间的界限日趋模糊，相互渗透不断加剧。对此形势，区域要想抢占新一轮产业发展的先机，就必须进一步加快产业结构调整，在科学发展观的指导下，正确把握全球信息产业的发展趋势和我国的需求状况，着眼于高端信息产品市场，努力调整优化区域信息产业结构和产品结构，增强自主创新能力，研究开发具有自主知识产权的新技术，从整体上提高我国信息产业在全世界的竞争能力。

2. 确立以企业为主体、相关机构相互支撑的多元创新体系

在信息产业创新能力的提升过程中，企业不仅是创新体系运行的核心，而且是创新活动得以持续进行的行为主体。其一，企业活跃在生产经营创新活动第一线，企业创新水平的高低、自主创新意识的强弱，往往决定着整个产业创新能力的大小。其二，企业的命运与市场的机制联系紧密，企业既可以向市场输出自己的自主创新成果以获取高额利润，又可以从市场引进先进科技创新成果以提高生产经营效率。其三，创新不仅需要多学科、跨领域的科学知识，而且需要结合产业中不同企业的特点来进行，任何脱离企业基础活动的创新成果都是没有应用价值的。

在确立企业的创新主体地位的同时，也要认识到科研机构和高校在创新活动中的重要作用：科研机构和高校在两方面起着重要作用：第一，科研机构和高校拥有科研人才，科研人才是创新的重要力量；第二，科研机构和高校拥有创新成果，创新成果是创新产出的雏形。因此，不能让科技人才、科技成果游离于市场之外，要将科研机构和高校融入创新体系，促进产学研的合作，增强创新成果的转化能力。

3. 完善人才激励机制

其一，信息产业人才更看重的是未来发展前景和职业发展规划，因此，制定吸引信息产业人才的战略措施以及相关政策是区域提升信息产业创新能力的必由之路。应建立有效的股权激励机制，鼓励信息产业人才以技术、专利、发明等为要素入股，参与利润分配；吸引区外著名大学及科研机构到本区域设立研究生院及博士后工作站，充实本区域在自主研发方面的实力；营造一个开放的人才发展环境，确保产业链、资金链以及人才链各个环节的有效衔接，保障信息产业创新活动的人才投入。

其二，要发挥区域独特的宜居人文环境优势，吸引、留住人才。现代人才对人居环境愈加重视，宜居的人文环境是人才愿意与一个地方亲近并留下的先决条件。尤其是在当今空气污染日益严重的情况下，人与自然和谐相处的地方，当然是有吸引力的。

二 创新产出能力方面的对策

1. 实施品牌战略，增强自主品牌竞争力

其一，政府通过政策的指导性作用确定信息产业中需要加大创新力度的行业，对这些行业进行财政补贴，对有突出创新贡献的企业给予一定的财政鼓励，引导企业树立自主创新意识，将技术引进与技术研发相结合，在引进先进技术的基础上建立自主品牌。这种做法一方面可以节约时间和费用，快速提升创新能力，缩短与信息产业发达地区创新水平的差距；另一方面可以在此基础上进行二次创新，结合本土信息产业发展实际情况以及市场的需求状况，进行有针对性的技术突破，增强自主品牌的生命力。

其二，扶持创新意识强烈、有创新能力的企业优先发展，率先创立自主品牌。一方面设立创新发展基金，从资金方面提供财政支持；另一方面鼓励有能力的企业抓住上市融资机遇，创立自主品牌，并在此基础上加强企业与科研院所的联系，使市场需求与创新活动有机结合，进一步增强自主品牌的竞争力。

其三，在品牌战略的实施过程中，企业起着决定性作用。首先，企业要在认清市场规律及经济形势的前提下，调整产品结构，使之符合经济发

展形势并且与市场需求接轨。其次，有独立创新能力的企业应以市场为导向，在政策的指引下有序开展创新活动，充分利用各种融资方式加大资金投入力度，重视科技创新人才的培养与引进，集中力量进行自主品牌的创立；创新能力不足的企业可以由贴牌生产逐渐向自创品牌过渡，虽然贴牌生产科技含量与产品附加值都较低，但是可以吸引大型企业投资，扩大企业规模，在增强实力的基础上，企业可以以技术引进或委托研发的形式进行自主创新。

其四，提高自主品牌的竞争力。自主品牌的创立与竞争力的增强都不是一蹴而就的事情，需要在投入大量的人力、物力、财力的同时承担高风险。因此，政府和企业只有联手，从树立自主创新的意识入手，才能从根本上全面实施品牌战略。

2. 强化产业集聚效应，提高创新效率

产业集聚效应不仅被认为是增强产业竞争力的有效手段之一，而且对提升产业创新能力有重要影响。美国硅谷、日本筑波科学城、韩国大德科技园，都是通过产业集聚实现产业竞争力及创新能力大幅度提升的。产业园区是产业集聚实现的载体，主要通过吸附人才、鼓励企业资源共享、扩大企业规模的方式促进园区内企业的发展。①区域应抓住东部地区信息产业梯次转移的机遇，主动承接转移产业，扩大信息产业的发展规模。②在扩大规模的基础上，根据产业链的形式对企业的发展前景进行评估，对产业集聚的地理分布进行规划，合理引导企业进入园区；利用产业园区的集聚优势，搭建产业集聚区域的信息产业创新服务平台，通过创新服务平台使区域资源向优势环境集中，为产业园区的创新活动提供后勤服务，便于政府、科研院所、园区内企业形成技术联盟，在提高产业创新效率的基础上带动信息产业创新能力的提升。

三 创新环境支撑能力方面的对策

1. 推动协同创新机制形成

以协同创新的方式开展创新研发活动，是当今世界科技创新领域的新范式。协同创新通常以协同合作的形式展开，针对广西信息产业创新发展效率不高、人才激励机制不健全的具体特点，应该从以下两方面促进协同合作。

其一，要促进企业间的协同合作。企业间的协同创新从产业链的角度来看可以分为两类：一类是垂直方向的企业间协同合作，包括供应商与生产商、生产商与需求方之间的协同合作，这种类型的协同合作更容易促成，收到的协同效应往往也是最大的，因为产业链垂直方向上的企业了解彼此的需求与供给，在了解的基础上开展的协同更加具有针对性，创新成果也更容易产业化。另一类是水平方向的企业间协同合作，产业链水平方向的企业间一般具有竞争关系，在新产品能带来垄断利润的动力驱动下，不安于现状的企业会通过不断创新来壮大自己，使水平方向的企业间形成"优胜劣汰"的机制，从而促进创新资源在企业间的优化配置。但是仅仅竞争很难实现个体利益的最大化，竞争过程中往往蕴含着协同合作的因素，如一个企业单靠自身的力量无法完成新技术研发任务，可以通过与水平企业的协同合作、利益共享，获得最大化利益，进而推动产业整体创新能力的进一步提升。

其二，促进官产学研的协同合作。一方面，政府可以提供信用支持。政府调控能力比较强的国家往往拥有较高的政府信用，如我国，由政府牵线搭桥促成的企业、科研机构及高校之间的合作创新、委托创新或共建创新，其信用水平会比中介机构介绍或自发形成的高，创新过程也比较容易规范。另一方面，政府的参与能够优化创新要素的配置，政府能够对创新过程中技术、信息的配置进行优化，引导人才从高校及科研机构流向企业，鼓励研发机构将创新理论与企业的应用创新相结合，进一步推动产学研之间协同创新能力的提升。

2. 保护信息产业知识产权

其一，完善市场竞争环境。政府相关立法部门要加大对恶性竞争的打击力度，严厉打击盗版等假冒伪劣行为，为区域信息企业提供公平、合法、合理的竞争环境，以促进区域信息产业健康发展。

其二，保护创新成果。信息产业创新是一项高投入、高风险的活动，一旦创新项目获得成功，往往会在技术研究和应用方面涉及知识产权及技术秘密保护问题。目前信息产业正面临技术竞争激烈、人才流失严重等问题，企业对知识产权的保护需求日渐强烈，有效的知识产权保护制度不仅可以保护创新成果，而且能够保护创新主体对创新活动的热情与积极性。

其三，知识产权保护的途径。保护知识产权最有效的途径是将创新成果申请为专利，使创新成果转化为实用型的竞争优势。专利申请的类型大致可分为两类：一类为自创型，即以自身创新能力为根基，将研发成果申请为专利；另一类为跟随型，即借鉴已有的先进技术，在其基础上进行再创新，将修改、完善后的创新成果申请为外围专利。对信息产业层次低、产业链短、信息化发展缓慢的区域而言，一方面要提高自主创新能力，申请和保护自创专利，另一方面要重视外围专利的研发与申请。

第九章 区域信息产业创新发展的战略管理

第一节 产业发展战略

一 产业发展战略的内容

①区域功能定位。产业规划的研究必须对区域整体发展战略有准确的把握。区域功能定位主要是对规划区以前所做的相关规划或者政府工作计划进行深入分析、研究，确定规划区的区域功能定位、区域功能布局等。

②产业战略定位。产业战略定位主要是基于区域功能定位的总体结论性意见，对规划区的产业发展从产业细分门类视角进行深入讨论，确定规划区的产业门类、产业结构、产业布局及产业目标，描绘规划区的产业蓝图。

③产业发展策略。产业战略定位解决的是产业发展的方向和目标问题，而产业发展策略关注的是为达到既定的产业发展目标所应采取的发展策略和产业政策，以便为各产业职能部门提供最直接的工作方向和思路。

④重点项目策划。重点项目策划主要是从行政区属的角度进行落地的产业项目策划，内容包括总体概述、重要性分析、可行性分析、开发理念、项目设计、运营建议等。重点项目策划并不是漫无边际的，产业项目作为产业规划中较直接的落地成果之一，是区域功能定位、产业定位和功能布局等的重要承载者。

⑤规划实施方案。规划实施方案是实现产业发展规划的计划和路径。规划实施方案的提出，主要涉及战略阶段的划分、发展模式的确立、推进措施的建议等。

二 产业发展战略类型及其选择

1. 产业发展战略的类型

(1) 平衡发展战略与非平衡发展战略

平衡发展战略指通过国民经济各部门的相互配合、相互支持、全面发展来实现工业化或现代化的一种产业发展战略。非平衡发展战略指将有限的资源有选择地集中配置在某些产业部门和地区,首先使这些部门和地区得到发展,然后再通过产业间、地区间的联系效应与驱动效应,带动其他产业部门和地区发展,从而实现整个经济发展的一种产业发展战略。

(2) 进口替代战略与出口促进战略

进口替代战略是一种内向型工业化战略。这种战略的实质,是以本国或地区生产的工业制成品来满足本国或本地区的消费需求,取代进口工业制成品,并通过进口替代工业的发展逐步实现本国或本地区的工业化。出口促进战略是一种典型的外向型工业化战略,亦称出口导向型战略。这种战略的特点是,发展本国或本地区面向出口的工业,并将其产品投放到国际市场,用工业制成品的出口来代替原材料、农矿等初级产品的出口,以推动本国或本地区工业化的发展。

(3) 进口替代与出口促进相结合的发展战略

有些国家在积极扩充国内市场需求的基础上,不断提高进口替代的广度和深度,并逐步实行对外开放和鼓励出口制成品的政策,实行进口替代与出口促进相结合的发展战略。

此外,还有优先发展重工业、优先发展轻工业等战略类型。

2. 产业发展战略选择的原则

①前瞻性原则。产业要紧跟新科技革命的轨迹,着力选择那些能引领科技潮流的、产业联动系数大的、综合效益好的产业。

②现实性原则。产业发展要充分考虑不同地区自身现有的经济基础和产业结构及其发展水平,做到有所为有所不为,选择那些本地区最具比较优势且能够实现率先突破的产业。

③市场需求性原则。产业发展要考虑国内外市场的开拓和需求状况,应选择那些市场前景广阔的产业。

④技术创新原则。产业发展要考虑行业的核心技术、经济技术效益，应选择那些自主创新能力强、科技含量较高，或具有巨大的吸纳技术进步潜力、能够创造较高劳动生产率和较高附加值、促进产业内部升级的产业。

⑤产业集聚原则。产业发展要考虑产业链和产业群，应选择那些产业基础好、具有快速成长能力、能较快形成产业链和产业群的产业。

⑥低碳化与生态化原则。产业发展要考虑环境保护、低碳经济的要求，应尽可能选择那些清洁、高效和有利于保护生态环境的产业。

第二节　区域经济发展战略

一　区域经济发展战略概述

1. 基本内涵

区域经济发展战略指决策者在对今后中长期内本区域经济社会发展状况做出估计与预测后，结合本区域经济社会发展中各方面的因素及其关系，对区域经济发展的指导思想、目标、重点以及必须采取的对策做出的总筹划和总决策。区域经济发展战略具有区域全局性、战略性、长期性、稳定性、政策性等特点。

2. 制定与实施区域经济发展战略的现实意义

制定与实施区域经济发展战略是实现经济和社会目标的客观需要。其实质是顺应经济发展的客观规律，通过实施非均衡发展战略，发挥资源优势，逐步缩小地区间发展差距，逐步形成地区经济协调发展的新格局，并为最终实现共同富裕奠定基础。

二　我国实行区域经济发展战略的主要取向及选择

1. 战略取向类型

我国区域经济发展战略取向的类型主要有三种：其一，区域经济协调发展型。该类型以"坚持区域经济协调发展，逐步缩小地区间发展差距"

为基本指导方针，按照市场经济规律、经济内在联系及地理自然特色，突破行政界限，在已有经济布局的基础上，使区域经济朝着以中心城市和交通要道为依托、形成多个跨省份的经济区域的方向发展。其二，多极增长发展型。该类型在地理上选择某个省份，应用政策导向、要素集聚等手段，将其培养成区域新的经济增长极。其三，沿江经济带互动协调发展型。该类型以"黄金水道"资源的开发利用为先导，通过建立沿江经济带生产经营联合体、市场联合体，协调区域资源要素市场内部关系，实现区域经济的可持续发展。

2. 取向的选择

上述三种取向都有其合理性、科学性和可行性。考虑到当前我国区域经济发展中非均衡的客观事实，从全局出发，我国区域经济发展战略总体上宜选择区域经济协调发展型取向，重点放在如何促进区域经济的协调发展上。同时，考虑到我国地理区位特点、区域发展中的公平与效率问题，我国区域经济发展战略在局部可以选择多极增长发展型或沿江经济带互动协调发展型取向。

三 我国经济区的划分

1. 七大经济区

"九五"计划把我国按地理区位划分为七个跨省份的经济区，具体如下：①长江三角洲和沿江经济区，包括江苏、浙江、上海三个省份和长江三峡以下沿江地区，其是全国最大的经济技术核心区，农副产品资源优势明显，以轻纺工业为主，轻重工业均较发达；②东南沿海经济区，包括广东、福建和海南三省，其是改革开放的前沿、经济特区集中的地带；③环渤海经济区，包括北京、天津、河北、山东、山西、辽宁五省（市）和内蒙古中部，是国家政策引导发展的重点区域；④东北经济区，包括辽宁、吉林、黑龙江三省和内蒙古东部，其地处东北亚开放地带，石油、化工、矿冶机电设备、交通运输设备制造等在全国居突出地位；⑤中部五省经济区，包括河南、湖北、湖南、安徽和江西五省，其是东部与西部的过渡带和上海、广州和连云港三个对外开放"窗口"的连接地带，水土光热等自然条件优越，农业发达，是中国的重要农业基地；⑥大西南经济区，包括四川、重庆、贵州、云南、广西和西藏,其资源组合条件良好,但资源开发程度较低,属中国面向东南亚和南亚开放的前沿;⑦西北经济区,包括陕西、甘肃、青海、宁夏、新疆和内蒙古西部,其生态环境脆弱,但自然资源尤其是能源、矿产等资源丰富,少数民族集中,经济总体发展水平偏低,是中国通往中亚、西亚乃至欧洲的重要门户。

2. 九大经济区[①]

目前在我国已经或正在形成九大经济区域:①东北经济区,以沈阳、大连、哈尔滨、长春为中心,包括黑龙江、吉林、辽宁和内蒙古东部;②西北经济区,以西安、兰州为中心,包括陕西、甘肃、宁夏、青海、新疆;③华北经济区,以北京、天津为中心,包括北京、天津、河北、山西及内蒙古的中西部;④黄河中下游经济区,以济南、青岛为中心,包括山东以及河南、河北、山西部分地区;⑤长江下游经济区,以上海、南京、杭州等城市为中心,包括上海、江苏、浙江,以及安徽和江西的部分地区;⑥中南经济区,以武汉为中心,包括湖北、湖南、河南南部、陕西南部和江西部分地区;⑦西南经济区,以重庆、成都为中心,包括四川、重庆、贵州、云南、西藏;⑧华南经济区,包括香港、澳门、广东、海南、广西、湖南南部和江西西部;⑨闽台经济区,主要包括台湾和福建。

3. 九大都市区[②]

目前,上述九大经济区的都市区已经或正在形成。九大都市区分别是:①大上海都市区,以上海为中心,以南京、杭州为次中心,包括上海、南京、杭州、无锡、常州、苏州、南通、扬州、镇江、宁波、温州、嘉兴、湖州、绍兴、金华、舟山、台州等;②大北京都市区,以北京、天津为中心,包括北京、天津、石家庄、唐山、秦皇岛、保定、张家口、承德、廊坊等;③大香港都市区,以香港、澳门、广州、深圳为中心,包括香港、澳门、广州、深圳、珠海、佛山、江门、惠州、清远、东莞、中山等;④青济都市区,以青岛、济南为中心,包括青岛、济南、淄博、东

---

① 《我国区域经济新格局:九大经济区和九大都市区》,http://www.chinaacc.com/new/184/186/2005/12/ad2307143201922150027480.htm。
② 《我国区域经济新格局:九大经济区和九大都市区》,http://www.chinaacc.com/new/184/186/2005/12/ad2307143201922150027480.htm。

营、烟台、潍坊、泰安、威海、日照、莱芜等；⑤大武汉都市区；⑥沈大都市区；⑦成渝都市区；⑧关中都市区；⑨大台北都市区。

第三节 区域信息产业创新发展战略规划的制定与实施

一 国家对信息产业发展的总体规划

国家信息产业发展战略对区域信息产业创新发展具有重要的指导和约束作用，因此，区域信息产业创新发展必须置于国家信息产业发展战略的总体框架之下。《信息产业发展规划》和《2006～2020年国家信息化发展战略》对我国的信息产业发展战略做出了总体安排。

1.《信息产业发展规划》的主要内容[①]

2013年2月7日，工业和信息化部、国家发展和改革委员会联合印发了《信息产业发展规划》，在指导思想、基本原则、发展目标、发展重点四个方面对我国的信息产业发展做了整体规划。

（1）指导思想

以推进信息产业转型升级为主线，以培育发展新一代信息技术产业为主攻方向，加强自主创新，突破核心技术，加快发展宽带网络，提高装备保障水平，拓展应用服务，完善体制机制，着力推进信息产业发展向创新驱动型转变，着力推进网络设施向下一代信息基础设施升级，推动信息化和工业化深度融合，促进经济社会可持续发展。

（2）基本原则

①坚持创新驱动。围绕突破一批核心关键技术，着力完善创新环境，强化企业主体地位，实施知识产权战略和标准战略，推动信息技术创新与市场机制、管理体制、商业模式创新的有机结合，促进产业发展向创新驱动型转变。

②坚持市场引导。要适应我国经济发展方式转变和社会进步的内在需求，深化信息技术应用，拓展信息网络服务，开发先进适用产品，培育新

---

① 工业和信息化部、国家发展和改革委员会：《信息产业发展规划》，2013。

兴消费领域，积极扩大信息产品和服务市场，带动产业结构的优化升级。

③坚持开放合作。建立更加开放和有序的市场环境，坚持"引进来"和"走出去"相结合，深化技术交流与合作，提升利用外资水平，充分利用全球资源，积极参与国际分工，提升产业发展的国际化水平。

④坚持融合发展。统筹推进下一代信息基础设施建设，促进网络、设备、终端、软件、服务的互动发展，推动生产型制造向服务型制造转变，形成产业竞争新优势和融合发展新格局。加强信息技术与传统产业技术的综合集成，推动信息化和工业化深度融合。

（3）发展目标

到2015年，信息产业向创新驱动型转变取得突破性进展，宽带、融合、安全、泛在的下一代国家信息基础设施初步建成，具有较强国际竞争力的电子信息产品制造业和较强创新能力的软件产业体系基本形成，信息服务覆盖城乡、普惠全民。具体目标如下所示。

①产业规模方面。信息产业业务总收入实现16万亿元左右，其中，通信业业务收入达1.5万亿元、规模以上电子信息产品制造业业务收入超过10万亿元、软件业业务收入为4万亿元左右，信息产业增加值年均增长超过10%。

②结构调整方面。电信非话音业务收入占通信业业务收入的比重超过60%，自主可控、附加值高的信息通信产业体系初步建立。新一代信息技术产业销售额年均增长率超过20%，基础电子产业业务收入占信息产业业务总收入的比重在30%左右，软件业业务收入占比超过25%。培育10家以上营业收入超千亿元的大型骨干企业，创建50个新型工业化产业示范基地。

③技术创新方面。电子信息百强企业研发经费投入强度超过5%。集成电路芯片制造业规模生产技术达到32/28纳米工艺水平，新型平板显示面板产量满足国内彩电整机需求量的80%以上，自主开发的移动智能终端及操作系统实现规模应用，网络操作系统、关键领域嵌入式系统、重点行业解决方案等实现自主可控，全面掌握下一代信息网络技术。在LTE Advanced等领域国际主流标准中，我国基本专利所占比例在5%左右。

④网络建设方面。城市和农村家庭的宽带接入平均速率分别为每秒20MB和4MB以上，互联网国际出口带宽每秒达6500GB。第三代移动通信技术（3G）网络覆盖城乡，LTE实现规模商用，基于互联网协议第6版

（IPv6）的下一代互联网实现规模商用，有线电视数字化整体转换基本完成，地面数字电视全面推广应用。重点领域的物联网示范应用取得积极进展。三网融合全面推广。形成适应下一代信息网络发展的安全保障体系，自主可控的信息安全服务体系基本建立。

⑤信息服务方面。电话用户突破 14 亿人，其中 3G 用户超过 4.5 亿人。互联网网民超过 8 亿人，固定宽带接入户均普及率超过 50%，初步实现"村村通宽带"。软件服务和信息增值服务的业务种类日益丰富，信息产业的综合服务能力显著增强。

（4）发展重点

①信息基础设施。主要包括：第一，光纤宽带。加速光纤接入网络建设，完善宽带城域网和骨干网。第二，新一代移动通信网。加快推动 3G 网络建设，统筹推进新一代移动通信发展演进，有序推进宽带无线城市建设。第三，互联网。加快向下一代互联网演进，优化互联网网络设施和应用设施布局。第四，国际通信网络。优化国际通信网络布局，完善海外网络服务提供点和国际业务出入口局分布。第五，应急通信。加强应急通信顶层设计，构建天、空、地一体的应急通信保障网络。

②信息产品制造业。主要包括：第一，基础电子产业。提升集成电路产业的可持续发展能力，增强新型显示器件产业的国际竞争力，推进电子元器件产业的转型升级，提升发光二极管（LED）产业的竞争力，强化电子材料产业的国内保障能力，实现电子专用设备仪器产业的重点突破。第二，电子整机产业。发展高速宽带化的通信设备制造业，构建数字化的视听产业体系，打造面向网络新应用的计算机产业。第三，应用电子产业。提高装备电子国内保障能力，培育能源电子产业，积极发展民生电子产业，建立可持续发展的太阳能电池产业体系。

③软件产业。主要包括：第一，基础软件。依托国家科技重大专项，加强基础软件核心技术研发，重点支持多核中央处理器（CPU）的高可信服务器操作系统，安全易用桌面操作系统与手机操作系统，高可靠、高性能的大型通用数据库管理系统，以及支持网络服务的中间件、办公套件等基础软件的开发应用。着重在新一代搜索引擎及浏览器、网络化操作系统、智能海量数据资源中心等网络化基础软件等领域取得突破。第二，应用软件。提升工业软件竞争力，构建自主可控的信息安全软件体系，加快发展嵌入式软件。

④信息服务业。主要包括：推进基础电信业转型；推进三网融合；发展新型网络信息服务；推进移动互联网创新突破；探索社会化、商业化的物联网信息服务模式；发展云计算技术与服务；提高信息技术服务水平。

2.《2006～2020年国家信息化发展战略》的主要内容

（1）国家信息化发展思路

①指导思想。坚持以信息化带动工业化、以工业化促进信息化；坚持以改革开放和科技创新为动力，大力推进信息化，充分发挥信息化在促进经济、政治、文化、社会和军事等领域发展方面的重要作用；不断提高国家信息化水平，走中国特色的信息化道路，促进我国经济社会又快又好发展。

②战略方针。要坚持面向市场、务求实效、统筹规划、资源共享、立足创新、军民结合、深化应用、安全可靠。要以需求为主导，充分发挥市场机制配置资源的基础性作用，探索成本低、实效好的信息化发展模式。要以科学发展观为统领，以改革开放为动力，努力实现网络、应用、技术和产业的良性互动，促进网络融合，实现资源优化配置和信息共享。要把制度创新与技术创新放在同等重要的位置，完善体制机制，推动原始创新，加强集成创新，增强引进、消化、吸收、再创新能力。要以人为本，惠及全民，创造广大群众用得上、用得起、用得好的信息化发展环境。要推动军民结合、协调发展。要高度重视信息安全，正确处理安全与发展之间的关系，以安全保发展，在发展中求安全。

（2）国家信息化发展目标

①总体战略目标。到2020年，我国信息化发展的总体战略目标是：信息产业结构全面优化，信息技术自主创新能力显著增强，国民信息技术应用能力显著提高，国民经济和社会信息化取得明显成效，新型工业化发展模式初步确立，综合信息基础设施基本普及，国家信息化发展的制度环境和政策体系基本完善，国家信息安全保障水平大幅提高，信息社会基础坚实。

②具体战略目标。到2020年，我国信息化发展的具体战略目标是：其一，充分利用信息技术，提升网络普及水平、信息资源开发利用水平和信息安全保障水平，促进我国经济增长方式由主要依靠资本和资源投入向主要依靠科技进步和提高劳动者素质转变，提高经济增长的质量和效益。其

二，实现信息技术自主创新、信息产业发展的跨越，有效利用国际国内两个市场、两种资源，增强对引进技术的消化与吸收能力，掌握一批核心技术，突破一批关键技术，实现信息技术从跟踪、引进到自主创新的跨越，实现信息产业由大变强。其三，广泛应用信息技术，促进经济增长方式的根本转变，改造和提升传统产业，发展信息服务业，推动经济结构战略性调整；深化应用信息技术，努力降低单位产品物耗、能耗，加大对环境污染的监控和治理力度，服务循环经济发展。其四，确立科学的信息资源观，把信息资源提升到与能源、材料同等重要的地位，为发展知识密集型产业创造条件。其五，抓住网络技术转型的机遇，基本建成国际领先、多网融合、安全可靠的综合信息基础设施，信息安全的长效机制基本形成，国家信息安全保障体系较为完善，信息安全保障能力显著增强。其六，网络成为先进文化传播的重要渠道，社会主义先进文化的感召力和中华民族优秀文化的国际影响力显著增强，人民群众受教育水平和信息技术应用技能显著提高。其七，增强政府公共服务能力、国民信息技术应用能力、社会主义先进文化传播能力，电子政务应用和服务体系日臻完善，社会管理与公共服务密切结合，网络化公共服务能力显著增强。其八，提高有中国特色的军事变革能力，国防和军队信息化建设取得重大进展，信息化条件下的防卫作战能力显著增强。

（3）推进国家信息化发展的战略行动、计划安排和保障措施

①战略行动

第一，提高信息产业的竞争力。其一，建立完善的创新体系。建立以企业为主体的技术创新体系，官产学研用结合，强化集成创新与协同创新。其二，突破核心技术与关键技术。突出自主创新，实现信息技术关键领域的自主创新，选择具有高度技术关联性和产业带动性的产品与项目，促进引进、消化、吸收、再创新，集聚力量，攻克难关，突破关键技术，逐步由外围向核心逼近，推动原始创新，力争跨越核心技术门槛。其三，培育有核心竞争能力的信息产业。加强政府引导，突破集成电路、软件、关键电子元器件、关键工艺装备等基础产业的发展瓶颈，提高信息产业在全球产业链中的地位，逐步形成技术领先、基础雄厚、自主发展能力强的信息产业。其四，优化经营结构，提升经营能力。引导信息企业资产重组、跨国并购，推动形成产业联盟，加快培育和发展具有核心能力的大型信息公司和拥有技术专长的中小信息企业，形成竞争优势。加快"走出

去"步伐，鼓励信息运营企业和制造企业联手拓展国际市场。

第二，完善综合信息基础设施。其一，推动网络融合，在信息业务、网络和终端等层面推进三网融合，应用光电传感、射频识别等技术扩展网络功能，发展并完善综合信息基础设施，稳步实现向下一代信息网络的转型。其二，优化网络结构，提高网络性能，推进综合基础信息平台的发展。其三，发展多种形式的宽带接入，大力推动互联网的应用普及。其四，建立和完善普遍服务制度，加强宏观管理，拓展多种渠道，推动普遍服务市场主体的多元化；加快制度建设，建立和完善以普遍服务基金为基础、相关优惠政策配套的补贴机制，逐步将普遍服务从基础电信和广播电视业务扩展到互联网业务。

第三，加强信息资源的开发利用。其一，建立和完善信息资源开发利用体系，加快人口、法人单位、地理空间等国家基础信息库的建设，拓展相关应用服务。其二，引导和规范政务信息资源的社会化增值开发利用，鼓励企业、其他社会组织和个人参与信息资源的公益性开发利用，完善知识产权保护制度。其三，大力发展以数字化、网络化为主要特征的现代信息服务业，促进信息资源的开发利用。其四，充分发挥信息资源开发利用对节约能源、资源的作用，发挥信息流对人员流、物质流和资金流的引导作用，促进经济增长方式的转变和资源节约型社会的建设。其五，加强全社会信息资源管理，规范生产、流通、金融、人口流动、生态环境等领域的信息采集和标准制定，加强对信息资源的严格管理，促进信息资源的优化配置。

第四，推进国民经济信息化。其一，强化两化融合，利用信息技术改造和提升传统产业。促进信息技术在能源、交通运输、冶金、机械和化工等行业的普及应用，推进设计研发信息化、生产装备数字化、生产过程智能化和经营管理网络化，充分运用信息技术推动对高能耗、高物耗和高污染行业的改造，大力扶持中小企业信息化建设。其二，加快服务业信息化步伐，优化政策法规环境，依托信息网络，加快发展网络增值服务、电子金融、现代物流、连锁经营、专业信息服务、咨询中介等新型服务业，大力发展电子商务，提高供应链管理和客户关系管理水平，降低物流成本和交易成本。其三，鼓励具备条件的地区率先发展知识密集型产业，推动经济结构战略性调整。其四，充分利用信息技术，加快东部地区知识和技术向中西部地区扩散，创造区域协调发展的新局面。其五，推进面向"三农"的信息服务。利用公共网络，采用多种接入手段，提高农村网络普及率；整合涉农信息资源，规范和完善公益性信息中介服务，建设城乡统筹的信息服务体系，为农民提供市场、科技、教育、卫生保健等信息服务，支持农村富余劳动力的合理有序流动。

第五，推行电子政务。其一，改善公共服务。逐步建立以公民和企业为对象、以互联网为基础、中央与地方相配合、多种技术手段相结合的电子政务公共服务体系。其二，重视推动电子政务公共服务延伸到街道、社区和乡村，逐步扩大服务范围，增加服务内容，提高服务质量。其三，强化综合监管，满足转变政府职能、提高行政效率、规范监管行为的需求，深化相应业务系统建设；围绕财政、税收、金融、工商、海关、国资监管、质检、食品药品安全等关键业务，统筹规划，分类指导，有序推进相关业务系统之间、中央与地方之间的信息共享，促进部门间业务协同，提高监管能力。其四，完善宏观调控、财政、金融等经济运行信息系统，提升国民经济预测、预警和监测水平，提高宏观调控决策的有效性。

第六，推进社会信息化。其一，加强社会管理，整合资源，形成全面覆盖、高效灵敏的社会管理信息网络，增强社会综合治理能力；协同共建，完善社会预警和应对突发事件的网络运行机制，增强对各种突发性事件的监控、决策和应急处置能力，保障国家安全、公共安全，维护社会稳定。其二，推进社区信息化，整合各类信息系统和资源，构建统一的社区信息平台，加强常住人口和流动人口的信息化管理，改善社区服务。其三，完善就业和社会保障信息服务体系，建设多层次、多功能的就业信息服务体系，加强就业信息统计、分析和发布工作，改善技能培训、就业指导和政策咨询服务，加快全国社会保障信息系统建设，提高工作效率和服务质量。其四，加快教育科研信息化步伐，提升基础教育、高等教育和职业教育的信息化水平，持续发展农村现代远程教育，实现优质教育资源共享；建立并完善全国教育与科研基础条件网络平台，提高教育与科研设备网络化利用水平，推动教育与科研资源的共享。其五，加强医疗卫生信息化建设。建设并完善覆盖全国、快捷高效的公共卫生信息系统，增强防疫监控、应急处置和救治能力；推进医疗服务信息化，改进医院管理，开展远程医疗；统筹规划电子病历，促进医疗、医药和医保机构的信息共享与业务协同。

第七，提高国民信息技术应用能力。其一，提高国民信息技术应用能力，强化领导干部的信息化知识培训，普及政府公务人员的信息技术技能培训。其二，普及中小学信息技术教育，开展形式多样的信息化知识和技能普及活动，提高国民受教育水平和信息技术水平。其三，培养信息化人才。构建以学校教育为基础、以在职培训为重点、基础教育与职业教育相结合、公益培训与商业培训相互补充的信息化人才培养体系。

第八，建设国家信息安全保障体系。其一，全面加强国家信息安全保障体系建设，坚持积极防御、综合防范，探索和把握信息化与信息安全的内在规律，主动应对信息安全挑战，实现信息化与信息安全协调发展。其二，立足国情，综合平衡安全成本和风险，确保重点，优化信息安全资源配置。其三，建立和完善信息安全等级保护制度，重点保护基础信息网络和关乎国家安全、经济命脉、社会稳定的重要信息系统。其四，建设和完善信息安全监控体系，提高对网络安全事件的应对和防范能力，防止有害信息传播。高度重视信息安全应急处置工作，完善信息安全应急指挥和安全通报制度，不断完善信息安全应急处置预案。其五，大力增强国家信息安全保障能力，积极跟踪、研究和掌握国际信息安全领域的先进理论、前沿技术的发展动态，抓紧开展对信息技术产品漏洞、后门的发现研究，掌握核心安全技术，促进我国信息安全技术和产业的自主发展。其六，不断提高信息安全的法律保障能力、基础支撑能力、网络舆论宣传驾驭能力和我国在国际信息安全领域的影响力，建立和完善维护国家信息安全的长效机制。其七，加快信息安全人才培养，增强国民信息安全意识。

②计划安排

第一，关键信息技术自主创新计划。其一，瞄准集成电路、系统软件、关键应用软件、自主可控关键装备等领域的国际创新前沿，加大投入，重点突破，逐步掌握信息产业发展的主动权。其二，在具有研发基础与市场前景广阔的移动通信、数字电视、下一代信息网络、物联网等领域，优先启用具有自主知识产权的标准，加快信息产品的开发和推广应用，带动信息产业发展。

第二，网络媒体信息资源开发利用计划。其一，开发科技、教育、卫生、新闻出版、广播影视、文学艺术、"三农"、社保等领域的信息资源，提供人民群众生产生活所需的数字化信息服务，建成若干影响广泛的、强大的、协同关联的互联网骨干网站群。其二，注重研究互联网传播规律和新技术发展对网络传媒的深远影响，扶持国家重点新闻网站建设，鼓励公益性网络媒体信息资源的开发利用。其三，制定政策措施，引导和鼓励网络媒体信息资源建设，开发优秀的信息产品，全面营造健康的网络信息环境。

第三，电子商务行动计划。其一，制定和颁布中小企业信息化发展指南，分类指导，择优扶持，建设面向中小企业的公共信息服务平台，鼓励中小企业利用信息技术开展灵活多样的电子商务活动。其二，立足产业集聚地区，发挥专业信息服务企业的优势，承揽外包服务，帮助中小企业低成本、低风险地推进信息化建设。其三，以企业信息化为基础，以大型重点企业为龙头，通过供应链、客户关系管理等，引导中小企业积极参与，形成完整的电子商务价值链。其四，加快信用、认证、标准、支付和现代物流建设，完善结算清算信息系统，注重与国际接轨，探索多元化、多层次的电子商务发展方式。

第四，电子政务行动计划。其一，建立电子政务规划、预算、审批、评估综合协调机制，加强电子政务建设资金投入的审计和监督。其二，明确已建、在建及新建项目的关系，逐步形成统一规范的电子政务财政预算、基本建设、运行、维护管理和绩效评估制度。其三，整合电子政务网络，建设政务信息资源的交换体系，全面支撑经济调节、市场监管、社会管理和公共服务职能。其四，规范政务基础信息的采集和应用，构建政务信息资源目录体系，推动政府信息公开。

第五，缩小数字鸿沟计划。其一，坚持政府主导、社会参与，缩小区域之间、城乡之间和不同社会群体之间信息技术应用水平的差距，营造机会均等、协调发展的社会环境。其二，加大支持力度，综合运用各种手段，加快推进中西部地区的信息网络建设，普及信息服务。其三，把缩小城乡数字鸿沟作为统筹城乡经济社会发展的重要内容，推进农业信息化和现代农业建设，为建设社会主义新农村服务。其四，逐步在行政村和城镇社区设立免费或低价接入互联网的公共服务场所，提供电子政务、教育培训、医疗保健、养老救治等方面的信息服务。

第六，国民信息技能教育培训计划。其一，加大政府资金投入及政策扶持力度，吸引社会资金参与，把信息技能培训纳入国民经济和社会发展规划。其二，依托高等院校、中小学、邮局、科技馆、图书馆、文化站等公益性场所，以及全国文化信息资源共享工程、农村党员干部远程教育工程等，积极开展国民信息技能教育和培训。其三，在中小学普及信息技术教育，建立完善的信息技术基础课程体系，优化课程设置，丰富教学内容，提高师资水平，改善教学效果；推广新型教学模式，实现信息技术与教学过程的有机结合。

③保障措施

第一，完善信息化发展战略研究和政策体系。其一，紧密跟踪全球信息化发展进程，研究适应经济结构战略性调整、产业升级换代和转变经济增长方式的方法，动态调整信息化发展目标。其二，把推广信息技术应用作为修订和完善各类产业政策的重要研究内容，制定与完善基础电子产品、信息安全产品、信息服务等领域的产业政策；研究制定支持大型中央企业信息化发展的政策。其三，按照西部大开发、东北老工业基地振兴、中部崛起等的部署，把信息化作为促进区域协调发展的平衡器和助推器。

第二，深化信息化发展领域的体制改革。其一，研究探索适应网络融合与信息化发展需要的统一监管制度；以创造公平竞争环境和保护消费者利益为重点，加快转变监管理念，防范和制止不正当竞争。其二，逐步建立以市场调节为主的电信业务定价体系。其三，完善市场准入和退出机制，规范法人治理结构，推动运营服务市场的公平有效竞争。

第三，完善信息化推进体制。其一，要抓紧研究建立符合行政体制改革方向、分工合理、责任明确的信息化推进协调体制；加大政府部门间的协调力度，明确中央、地方政府在信息化建设方面的事权，加强中央对地方的业务指导。其二，各地区、各部门要因地制宜，加快编制信息化发展规划，制定科学的信息化统计指标体系，改进信息化绩效评估方法，完善国民经济和社会发展的统计核算体系。

第四，完善相关投融资政策。其一，加快研究制定信息化的投融资政策，积极引导非国有资本参与信息化建设。研究制定适应中小企业信息化发展的金融政策，完善相关的财税政策，完善风险投资机制和资本退出机制。其二，加大国家对信息化发展的资金投入，支持基础性标准制定、基础性信息资源开发、互联网公共服务场所建设、国民信息技能培训、跨部门业务系统协同和信息共享应用工程建设等。其三，健全和完善招投标、采购政策。逐步完善扶持信息产业发展的产业政策，完善并严格实施政府采购政策，优先采购国产信息技术产品和服务，实现技术应用与研发创新、产业发展的协同。

第五，加快制定应用规范和技术标准。其一，完善信息技术应用的技术体制，以及产业、产品等的技术规范和标准。其二，加快制定人口、法人单位、地理空间、物品编码等基础信息的标准，加强国际合作，积极参与国际标准制定。

第六，推进信息化法制建设。其一，妥善处理相关法律法规制定、修改、废止之间的关系，制定和完善信息基础设施、电子商务、电子政务、信息安全、政府信息公开、个人信息保护等方面的法律法规。其二，根据信息技术应用的需要，适时修订和完善知识产权、未成年人保护、电子证据等方面的法律法规。其三，加强信息化法制建设中的国际交流与合作，积极参与相关国际规则的研究和制定。

第七，加强互联网治理。其一，坚持积极发展、加强管理的原则，参与互联网治理的国际交流，推动建立公平的互联网国际治理机制。其二，加强行业自律，引导企业依法经营；理顺管理体制，明确管理责任，完善管理制度，形成适应互联网发展规律和特点的运行机制。其三，坚持法律、经济、技术手段与必要的行政手段相结合，构建政府、企业、行业协会和公民相互配合、相互协作、权利与义务对等的治理机制，营造积极健康的互联网发展环境。其四，依法打击利用互联网进行的各种违法犯罪活动，推动网络信息服务健康发展。

第八，加强信息化国际交流与合作。其一，密切关注世界信息化发展动向，建立和完善信息化国际交流合作机制。其二，坚持平等合作、互利共赢的原则，积极参与多边组织，大力促进双边合作。其三，统筹国内发展与对外开放，切实加强信息技术、信息资源、人才培养等领域的交流与合作。

第九，壮大信息化人才队伍。其一，尊重信息化人才成长规律，以信息化项目为依托，培养高级人才、创新型人才和复合型人才。其二，发挥市场机制在人才资源配置中的基础性作用，高度重视"走出去、引进来"工作，吸引海外人才，鼓励海外留学人员参与国家信息化建设。其三，研究和建立信息化人才统计制度，开展信息化人才需求调查，编制信息化人才规划，确定信息化人才工作重点。

二 我国区域信息产业发展态势

我国区域信息产业发展水平呈现了较强的空间集聚性。长三角地区、京津冀地区和珠三角地区信息产业发展水平高，其信息产业的产值占全国总量的比重高，而西部地区整体的信息产业发展水平低，两者之间的差距十分明显。2001~2011年，全国各省份信息产业发展水平呈现"东高西低"的状态，区域信息产业发展水平绝对差距逐年增大，相对差距上升后有所回落，信息产业发展水平为正的空间自相关，并形成高值和低值集聚区，区域信息产业发展水平呈现了两极分化的态势。

三 战略规划编制的基本原则

政府、行业协会作为区域信息产业创新发展战略制定的主导者，在制定区域信息产业创新发展战略时，需要考虑国内外信息产业的发展态势、国家信息产业发展的格局与规划，不仅要满足区域经济发展的需要，而且要遵循以下几个基本原则。

1. 科学发展原则

科学发展要求现代组织（包括国家与地方政府部门、事业单位和经济实体等）坚持以人为本，以及全面、协调、可持续的发展观，整合人才、知识、科技、创新的一切优势，积极谋求科学发展。区域信息产业创新发展战略应赢得各类专家和企业家的支持，这是区域信息产业创新发展战略得以切实有效地贯彻实施的必要条件。区域信息产业创新发展战略的制定与实施要符合区域的经济、政治、文化环境，要实事求是、因地制宜、有所为有所不为、突出特色，尽可能避免低端同质化发展，不能盲目照搬其他国家或地区的模式。

2. 产业融合与产业集聚原则

理论与实践证明，产业融合、产业集聚是区域信息产业创新发展的必由之路。在新的时代背景下，产业融合与产业集聚成了信息产业创新发展不可或缺的源泉。只有加强与不同地区、不同行业的合作，积极实现产业融合与产业集聚，才能丰富信息产业发展的内容和形式，从而拓宽发展的空间、渠道，提高信息产业的效益，从根本上解决我国信息产业经济规模过小、国际竞争力偏低的问题。

3. 开放包容原则

现代文化的一个重要内涵就是开放与包容，两者相互交织、不可分割。开放吸纳包容，包容则促进开放。开放、包容的发展环境，不仅有利于提高创新的水平和质量，而且有利于更好地凝聚和利用创新资源，分享其他国家（地区）及行业发展的先进创新模式和经验，开拓信息产业的市场空间和服务空间，提高信息产业的发展质量。

4. 创新创业原则

信息产业本质属于服务产业，创新既是现代服务业发展的灵魂，又是服务经济的活力所在。对区域信息产业发展而言，风险与利润是并存的，成功与失败的可能同在。因此，信息产业的发展更需要创业精神的支持。层次转化规律是发展信息产业的现实要求，在推动区域信息技术产业发展的过程中，要转变观念，不能一味地依靠一两个信息产业集群与一次性大量投入来上规模、上水平，要致力于创造和完善一个有利于信息技术中小项目迅速发展的环境，积极培育信息技术中小项目，并促进其发展。

5. 按规划编制流程制定原则

要编制一个科学的区域信息产业创新发展战略规划，就必须按照第二章所述的规划编制流程要求走完"程序"。

四 战略规划的实施组织与管控

区域信息产业创新发展战略规划只有经过系统实施才能够把美好愿景转化为现实。区域信息产业主管部门要想使战略规划得以完成，必须系统地强化战略实施过程的组织与管控。

1. 加强组织领导

组织领导是保证发展战略规划有效实施的关键。对主管部门而言，一是要在区域内设立一个专职机构，负责对战略规划实施进行统筹管理，协调区域内各事宜相关者之间的关系；二是要强化对区域信息产业创新发展战略规划中方针、策略、重大举措落实的指导；三是要对发展战略规划的目标及其任务进行分解，制订具体的年度发展计划。

2. 建立健全相关体制机制

区域信息产业的创新发展离不开政府、学校、科研院所、工商企业，以及金融与法律等服务企业的通力合作。为了规范这些事宜相关者的行为，调动其合作的积极性，必须要制定一整套科学合理的、配套的政策与有利于信息产业创新发展的体制机制。其体制机制主要包括组织机构及其运行规制、优惠政策、合作机制、行为规范、利益分享机制和管控机制等。

3. 强化宣传

区域信息产业主管部门要采取多种方式方法来强化舆论宣传工作，以此在区域内外，让社会各界知晓本区域信息产业创新发展的规划、政策、体制机制，吸引国内外著名企业、创新创业人才入区，规范合作行为，营造创新文化，调动各事宜相关者的积极性，保障区域信息产业创新发展规划的顺利实施。

4. 搞好管控

区域信息产业主管部门要建立科学的信息产业创新发展的管控体制机制，用以监督区域信息产业创新发展战略规划的实施进度，评价战略规划的实施效果，分析实施过程中出现的偏差及其产生的原因。管控体制机制是区域信息产业创新发展规划顺利实施的有力保障。

第十章　区域信息产业创新发展实证：以广西为例

第一节　广西信息产业概况

一　基本情况

1."十一五"末的情况[①]

到"十一五"末，广西已形成北海计算机、南宁通用电子、桂林通信与光伏等特色鲜明的产业发展格局。桂林、北海、南宁、柳州四大电子信息产业基地逐步建成，其电子信息产品结构逐渐向高技术、高端化、高附加值方向发展，已成为广西经济体系中初具规模的新兴产业。

广西信息基础设施不断完善，基础电信网络覆盖全区99.4%的行政村，基本实现村村通电话和互联网。信息化应用快速发展，2010年，全区电话用户数、互联网宽带接入端口数、上网人数分别达2923万户、493.9万个、1226万人，分别比2005年增长54.6%、293%、271%。全区电子政务网络基本建成，成为政府信息公开、政民互动、网上办事的便捷渠道；网络与信息安全管理不断加强；城市信息化水平不断提高，南宁、柳州等城市应急联动系统达到国内先进水平，南宁、玉林分别荣获2010年中国城市信息化"管理创新奖"和"成果应用奖"；信息技术在工业、农业、商贸、科技、海关、银行、税务以及文化教育、医疗卫生、劳动就业、旅游等领域得到了广泛应用。

2010年，广西电子信息设备制造业主营业务收入达211亿元，同比

[①] 广西壮族自治区工业和信息化委员会：《广西壮族自治区工业和信息化发展"十二五"规划》，2011。

增长99%；利润实现100亿元，同比增长90%；上缴税金3.074亿元，同比增长95%。广西软件业实现业务收入51.9亿元，同比增长24.8%，其中，软件产品收入30.7亿元，同比增长35.2%；信息技术咨询服务和信息技术增值服务收入分别为8.18亿元和0.87亿元，分别同比增长12.7%和9.6%；系统集成和支持服务实现收入12.15亿元，同比增长12.1%。

"十一五"期间，广西电子信息制造业产值年均增长53.2%，工业增加值年均增长42.7%，电子工业总产值增加值、销售收入在西部地区排第四位，在全国5个少数民族自治区中排第一位。

2. "十二五"以来的情况[①]

2013年，广西计算机、通信和其他电子设备制造业固定资产投资100.11亿元，同比增长18.9%；信息传输业、软件与信息技术服务业固定资产投资110.54.11亿元，同比增长13.4%。全年完成邮电业务总量392.8亿元，同比增长7.2%。其中，电信业务总量363.3亿元，同比增长6.1%；邮政业务总量29.57亿元，同比增长22.5%。全年局用交换机总容量为1829万部。年末固定电话用户数达546万户。其中，新增移动电话用户402万户，年末达3286万户。年末全区固定及移动电话用户总数达3832万户，同比增加348万户。

2014年，广西电子信息产业提前一年实现"十二五"产业发展目标。广西电子信息产业继续保持了快速发展态势，计算机、平板显示器、太阳能电池、半导体发光二极管（LED）、电子元器件、电线电缆等产品快速增长；北斗导航、云计算、移动互联网、工业软件、信息安全服务等重点项目成为产业新的增长点。据统计，2014年1~9月，广西电子信息制造业完成总产值1016.42亿元，同比增长44.7%；工业销售实现收入989.73亿元，同比增长44.6%；软件与信息技术服务业完成主营业务收入69.79亿元，同比增长2.69%，其中软件业务实现收入54.61亿元，同比增长5.81%。

目前，广西已初步形成以北海至桂林的高速公路为主轴，以北海、南宁、桂林3个市为区域中心的电子信息产业集聚区；梧州、贺州、钦州、

---

① 广西统计局：《2014年广西国民经济和社会发展统计公告》，2015。

玉林、柳州等市的电子信息产业逐步发展壮大。其中，北海市的产值占全行业的50%以上，南宁、桂林两市的产值占全行业的30%以上；南宁、桂林、柳州、北海4市的软件与信息技术服务业主营业务收入占全行业的95%以上。

二 发展诉求[①]

广西信息产业的发展诉求可见《广西壮族自治区工业和信息化发展"十二五"规划》和《广西壮族自治区新一代信息技术产业发展"十二五"规划》，其主要内容为："十二五"时期，广西将深入实施电子信息技术应用产业化、通信产业化等6大工程；大力发展新一代网络通信设备、云计算、物联网、新型平板显示、数字家庭、关键电子元器件等新一代信息技术；支持信息企业做大做强，加快培育和形成一批高端电子信息产品制造大型企业，着力把电子信息产业打造成支撑广西加快发展的14个千亿元产业之一；建成中国－东盟区域性信息交流中心和电子信息产业加工制造基地；到2015年，力争实现电子信息制造业销售收入1500亿元以上，完成工业增加值500多亿元。

1. 发展方向

（1）新一代信息技术的研发与应用

重点发展新一代移动通信、互联网，加快三网融合、物联网、云计算、云存储、三维矢量软件等新一代信息技术的研发和推广应用；加快互联网协议第6版（IPv6）和移动互联网商业化应用，推动专业信息服务业和电子支付、数字出版、电子阅读、网络视听、互动娱乐等互联网服务业发展；开展互联网前沿技术研发，积极开展传感器、智能信息处理等物联网瓶颈技术的研发。

（2）新一代信息技术产业化

大力推进物联网、网络和通信、新型显示、汽车电子、集成电路等产业发展；加快推进物联网先导应用和产业化，积极规划先导应用、技术攻关、网络部署、产业布局和安全防范等重大任务，实现应用、技术和产业

[①] 广西壮族自治区工业和信息化委员会：《广西壮族自治区新一代信息技术产业发展"十二五"规划》，2012。

协同快速发展；构建云计算公共服务平台，促进云计算关键技术研发和产业化。

2. 发展重点

按照国家加快培育和发展战略性新兴产业的重点方向，依托科技、人才、产业基础及优势，广西新一代信息技术产业的发展重点主要有如下几点。

（1）下一代移动通信网络

①加快推进高质高速的3G移动互联网工程建设，构建"数字广西"的基本框架，促进广西移动互联网硬件设计和软件产品开发，促进移动互联网终端产品的本地化生产，2015年带动超过100家移动互联网企业入驻广西，超过5000个创新型移动互联网产品上市推广。

②基于3G互联网的基础设施，建设对城市居民的网格化管理与服务平台。及时、全面、准确地分析社会热点及带有时段性、苗头性、倾向性的社会动态。探索研究"大小循环"，充分发挥区、街两级执法资源的效能，实现信息共享、执法联动，各部门及时、全面地掌握城市运行状况，提升城市环境管理水平。

③基于IPv6，兼容IPv4，主要针对安全、可控、可管的高性能超级计算环境、大容量数据中心、大信息量文献情报资源平台、网络科普和教育资源平台等应用需求，建立新型网络环境。开展高性能计算、科学数据管理、大科学工程科研支撑等实际应用示范。

④加速通信设备制造业大发展。加快第三代移动通信网络、新一代互联网和宽带光纤接入网建设，开发适应新一代移动通信网络特点和移动互联网需求的新应用、新业务，带动系统和终端产品的升级换代。以新一代网络建设为契机，重点发展光通信、数字微波通信的网络设备、通信设备和移动终端产品，大力发展数字电视的传输及接收终端产品、数字卫星电视接收产品等。

⑤基于IPv6，兼容IPv4，项目应具有较好的技术和应用基础，面向环境监测、智能交通、安全监控、农林水利等具有重要示范意义的行业领域，构建具有一定规模的新一代互联网应用平台。

（2）三网融合

①加强信息技术产品、下一代广播电视技术研发和制造，大力发展文

化创意、现代信息服务,积极建设三网融合共性技术研发基地等。

②重点打造三网融合产业链核心产业单元,以互动电视、有线宽带、手机等为信息访问点,结合物联网技术,以数字电视网关为信息的采集和汇聚点,开展家庭安防、家庭监护、家庭应急服务等智能家庭服务。

③加快发展数字新媒体业务。支持网络出版、手机出版、网络电视(IPTV)、手机电视等新兴服务业发展。

④积极推进下一代广播电视网(NGB)在广西的试点和实施,建立高效率的广播电视传输与双向化网络技术相结合的新型广播电视网络技术平台,在确保节目安全播出的同时,积极探索交互数字电视业务形态。

⑤重点支持骨干通信设备研发、生产企业发展。重点支持广电高新技术研发、运营企业发展,加大广播电视信息技术的创新力度,推动相关技术的市场化进程。重点培育微波通信设备、宽带无线激光传输系统、激光通信产品、数字电视通信系统、蓝光高清产品生产线、光机电等产业化项目。重点支持光纤通信、数字微波设备扩大产业规模,尽快建成新一代无线宽带通信设备等通信产品的生产和出口基地。

(3) 物联网

①重点推进物流信息化、智能交通、远程医疗等物联网示范工程建设,2015年将南宁建成国家级物联网应用示范基地,并引领全区形成完善的物联网产业链,实现物联网技术在全区各地、各行业推广应用。

②重点推进智能工业、精细农牧业、智能城市管理、智能交通、智能物流、智能医疗等应用示范工程建设,开展基于射频识别(RFID)技术的行业示范应用,带动传统产业升级。优先推进基于RFID技术的各类行业应用解决方案(制造、电力、电信等行业的生产过程管理系统,以及仓储管理系统、资产管理系统、物流管理系、一卡通系统、城市公交优先控制系统等),开展RFID相关技术研发。

③加强传感技术、无线传感网组网技术和无线通信技术等关键技术的研究,以产学研相结合的方式,掌握关键技术,建立研发中心和产业基地。

(4) 以云计算为代表的高端软件

①争取国家级大型数据中心、灾备中心、区域性云计算中心等大型项目落户广西,主动承担国家云计算基础设施核心支撑节点的建设。

②建设好中国联通南宁国际直达数据专用通道项目,使之成为中国 –

东盟区域性信息交流中心的国际互联网接入最高等级枢纽，具备为广西的工业园区、高新技术园区等大型园区提供与全球国际互联网高速连接的能力。

③建设广电视频 IDC 中心，形成区域媒体存储、分发、版权保护、监管的统一平台，建成广西新媒体业务的支撑服务平台，更好地促进广西文化发展。

④引进云计算产业链的硬件厂商、系统集成商，在广西建立中国电信云计算创新基地与网络服务器集群，集合互联网企业打造面向东盟的数据中心和呼叫中心，向各种不同类型客户提供在线软件服务、计算分析等不同类型的云计算外包服务。

⑤实施公共管理和服务云计算平台应用示范工程。利用云计算低成本、高共享率的平台优势，整合政府内部多个信息系统，建立健全政务信息共享交换的机制、规则、信息资源目录体系和技术标准，构建统一的公共管理和服务平台，构建智慧城市公共服务平台及示范应用。

⑥培育一批国内知名的软件企业和应用软件品牌，把南宁软件园、桂林高新区、北海高新软件园建成重要的工业软件、应用软件和嵌入式软件的开发生产基地，尽快形成软硬件一体化的嵌入式软件开发队伍和软件企业群。支持柳州市电子信息产业园建设，引进一批国内知名的软件企业及软件服务企业，支撑柳州国家级两化融合试验区建设。

⑦高端软件领域重点支持通用应用软件、行业专用软件、嵌入式软件、少数民族语言软件、面向东盟的小语种应用软件、动漫产品、数字化服务等的研发，大力发展软件外包服务和数字化服务，促进全区智能控制、智能家电、汽车电子、医疗电子、网络、通信、仪表等行业的高速发展。

（5）高性能集成电路

大力开发高性能集成电路产品。围绕移动互联网、三网融合、物联网、云计算、信息家电等新兴产业的应用需求，强化产业创新能力建设，以整机系统为驱动，大力开发高端通用芯片、网络通信芯片、数模混合芯片、数字电视芯片、RFID 芯片、信息安全芯片、传感器芯片等量大面广芯片，以及重点领域的专用集成电路产品。

（6）新型平板显示

突破数字电视系统级芯片关键技术，大力发展液晶玻璃基板、OLED/

PLED 材料和元器件，实现对合机、研磨机、光电检测系统等专用设备的产业化，提升平板显示产业整体实力。

三 发展形势

以下信息表明广西电子信息产业发展呈现一片利好形势。①

1. 电子信息产业跻身广西"千亿方阵"

广西电子信息产业主要包括电子信息制造业和软件与信息技术服务业，是广西"十二五"时期重点发展的 14 个千亿元产业之一。2014 年 11 月 26 日，从自治区工信委获悉，广西千亿元产业队伍又添新丁，电子信息产业成为"千亿方阵"中第十员大将，提前一年实现"十二五"产业发展目标，2014 年底其产业规模突破 1500 亿元。

2. 南宁、柳州、桂林、北海获批国家信息消费试点城市

根据工信部 2013 年 12 月 31 日的公告，南宁市、柳州市、桂林市被工信部确定为首批国家信息消费试点市。南宁市侧重于结合"智慧南宁"和打造面向东盟的区域性信息交流中心城市，重点推进电子商务、移动消费、面向东盟的信息消费，以及物流信息消费等示范性工程建设；柳州市侧重于突出"生态工业柳州"特色，协同展开纵深推进两化深度融合、加快第一产业和第三产业信息化发展、构建惠民型智慧城市和带动信息产业发展四大工程；桂林市重点培育发展以旅游信息化服务为代表的旅游信息消费产业，大力发展电子商务，推进两化深度融合。2015 年 1 月 4 日，工业和信息化部发布公告，确定 36 个市（县、区）为第二批国家信息消费试点市（县、区），北海市成功入列。

3. 《珠江－西江经济带发展规划》获国务院正式批复

2014 年 7 月 8 日，《珠江－西江经济带发展规划》获国务院正式批复，标志着珠江－西江经济带发展规划上升为国家战略。2014 年上半年，粤桂合作特别试验区积极对接世界 500 强、中国 500 强、知名大型企业和高新

---

① 《广西工信动态》2013~2014 年各期，广西壮族自治区工业和信息化委员会门户网站。

技术企业，注重引入税源型、研发型、生产性服务以及高科技项目，产业招商成效显著，试验区新增企业20家，项目总投资248.8亿元，招商引资实际到位资金13.3亿元。广西微软创新中心、安富利电子产业园、粤创裸眼3D生产基地等一批重大项目落户试验区；粤桂合作特别试验区股权交易中心、粤桂合作特别试验区环境交易所及一批金融机构纷纷进驻。此外，中节能环保装备产业园、新加坡高端装备制造产业园、广船国际万台电梯制造和高精度数控机床及电机生产项目、汉能光伏项目、深商控股电子产业园、德力西电气制造项目等正在洽谈。知名企业入驻为试验区的跨越式发展奠定了基础。

4. "电子信息·广西桂林"国家新型工业化产业示范基地正式授牌

2014年7月22日，桂林市创建的"电子信息·广西桂林"国家新型工业化产业示范基地作为广西唯一的电子信息类主导示范基地正式授牌，成为第五批"国家新型工业化产业示范基地"之一。

经过多年的发展，桂林的电子信息产业已形成较强的产业基础和较为完善的产业配套能力，形成了以通信设备、软件和信息服务、行业应用电子、光电光伏四大细分产业为主体的电子信息产业体系，具备了较完善的产业基础和配套能力；形成了以桂林国家高新区为核心，以西城经济开发区、八里街经济开发区、兴安县工业集中区为支撑和配套的电子信息产业发展格局。在未来几年，桂林市将以开展示范基地创建和国际旅游胜地建设工作为契机，将电子信息产业作为核心产业加以扶持，争取实现电子信息产业产值占工业总产值一半以上，并以此增强品牌影响力和竞争力，进一步推进两化深度融合，加快桂林市老工业基地的振兴调整步伐，引领带动全市经济社会转型发展。

5. 南宁、柳州、桂林市入选首批信息惠民国家试点城市

2014年6月12日，根据国家发改委、财政部、工信部等12部委《关于同意深圳市等80个城市建设信息惠民国家试点城市的通知》精神，南宁、柳州、桂林成为首批信息惠民国家试点城市。入选信息惠民国家试点城市有利于三市争取更多信息惠民工程的政策支持，促进信息化与民生领域应用的深度融合。

6. 中国电科集团将在广西建电子信息产业基地

2013年9月4日，中国电子科技集团与广西壮族自治区人民政府、桂林市人民政府签署战略合作协议。双方以西部大开发和中国电科集团在西南地区产业布局为契机，把中国电科集团雄厚科技资源与广西区位优势有机结合，紧紧围绕广西科技创新、产业合作和国际业务开拓的需求，积极寻求合作的共同点和着力点，协助广西建设我国沿海经济发展的新一极。根据协议，双方未来将共同推进光通信、软件与信息服务、"智慧城市"建设、公共安全等领域的合作；共同建立面向东盟的国际业务合作平台。此外，双方还将共同建设中国电科（广西）电子信息产业创新与服务基地，通过科技创新、产业孵化、资产整合等手段，推动产业发展和价值提升。

7. 北海电子信息产业走上爆发式增长的快车道

2011年12月7日，拥有330多项全球发明专利的世界著名数据存储类产品、系统和平台提供商朗科集团，在北海开工建设国际存储科技产业园，这项投资20亿元的项目集产品孵化、研发、设计、生产、销售和专业物流服务于一体，项目完成建设后，将实现产值200亿元以上、税收6.5亿元以上。

北海市工信委数据显示，2013年上半年该市电子工业产值同比增长56.8%，拉动该市工业增长16个百分点，成为拉动北部湾经济区快速发展的重要推手。分园区来看，在北海市工业园区，以显示器、电容器、电源器等为主体的电子信息产业板块完成产值71.6亿元，比上年同期增长64.72%；而在北海出口加工区，2013年上半年以激光头、微电机、显示器为主的电子信息制造业完成产值70.7亿元，同比增长49.5%。2013年上半年，北海市围绕产业链招商，仅工业园区就引进项目11个，总投资17亿元。作为广西重点发展的一项产业，电子信息产业是北海打造的千亿元三大优势产业之一。目前，包括全球最大的液晶显示器制造商冠捷科技，以及中国台湾的光宝集团和国钰电子在内的多家知名企业入驻北海，并实现良好发展。

广西北海电子信息产业建设提速。世界第一大音频产品整体解决方案提供商深圳市三诺电子有限公司在广西北海建设的一个电子信息产业园

（主要生产音频产品、电脑及周边产品、节能灯等），2013年7月1日宣告投产。该项目的投产将推动北海加快打造千亿元的电子信息产业。此外，三诺将立即启动北海三诺高新科技园项目二期建设，打造一个占地逾50公顷的电子信息整机先进制造园区。

2013年6月17日，由港资企业深圳惠科集团斥资14亿元建设的一个综合产业园在北海开工，项目投产后综合年产值将超过60亿元。北海的电子信息产业集聚效应正在不断增强，实现爆发式增长。

北海电子信息产业发展从无到有、从小到大、从弱到强，如今已集聚了全球最大的显示器生产企业、全球最大的音频设备生产商、全球存储行业领军企业……北海已经成为电子行业巨头抢滩登陆、集聚的"宝地"，产值从2009年的逾100亿元增长到了2012年的逾500亿元，预计到2015年，北海电子信息产业产值将达1050亿元。

第二节　广西信息产业业态分析

一　产业与行业结构

1. 产业结构

经过"十一五"以来的发展，广西电子信息设备制造业和软件业取得了较大的进步，其主要结构分别见表10-2-1与表10-2-2。

表10-2-1　广西电子信息设备制造业主要结构

主要优势行业	优势产品代表
计算机产品制造	桂林安全电脑
电子元件制造	北海片式电阻
电子测量仪器制造	桂林电子医疗仪器
家用试听设备制造	北海液晶电视
通信设备制造	桂林光纤通信设备
电子器件制造	南宁、柳州汽车电子产品

表 10-2-2　广西软件业主要结构

行业	优势领域	优势产品代表
软件制造	行业应用软件	电子商务软件
		汽车故障检测软件
		电力配网自动化管理软件
	嵌入式系统软件	通信嵌入式软件
		家电嵌入式软件
信息技术服务	计算机服务	计算机网络建设
	电信服务	通信网
	广播电视服务	广播电视光纤干线

2. 行业结构

目前，广西的信息企业主要聚集在桂林、北海、南宁和柳州这四个城市的信息产业园、高新技术开发区。广西信息产业优势行业的分布情况见表 10-2-3。

表 10-2-3　广西信息产业优势行业的分布情况

城市	产业园	优势行业或产品
桂林	国家信息产业园	集成电路、通信及网络产品、电子信息产品加工、通信和教育等应用软件
北海	电子信息产业基地	计算机整机、电力系统自动化及电气设备、液晶电视、电阻、嵌入式软件、手机、行业应用软件、测量仪
南宁	高新技术开发区	远程监控系统、行业应用软件、计算机产品、通信及网络产品、汽车电子产品、嵌入式软件
柳州	信息产业园	汽车电子产品、应用软件、系统集成、信息技术服务

①桂林。近年来，桂林聚集了来自国内外的信息产业类企业 100 多家，其大多开发和生产光纤通信、电子元器件、激光通信设备、军工电子及计算机软件等产品，总产值占广西电子信息产业的 70% 以上，到 2010 年，已形成 80 亿元的生产能力。目前，桂林已经有清华同方、国信科技、中软公司、托普公司等一批著名的信息企业落户产业园，重点以电子、软件、通信等产品为发展对象，预计年产值在 100 亿元以上。桂林铁山工业园是

电子信息产品加工区，主要发展电子元器件、集成电路和电子信息产品加工业。桂林软件园区则重点研发、生产各类通信、游戏和教育等应用软件。

②北海。2006年，北海挂牌成立了广西第一个信息产业基地。目前，北海信息产业已经拥有中国电子、广西长城计算机、银河科技、建兴光电、惠科电子、景光电子、中电兴发、深蓝科技等50余家电子信息企业，产品主要包括计算机整机、显示器、存储设备、激光头及光驱、液晶电视、电力系统自动化及电气设备、开关电源、压敏电阻、手机、测量仪、应用软件、嵌入式软件等，产业布局逐步形成。2009年以来，北海逐步形成了集计算机整机、存储、关键零部件、软件研发于一体的产业链，一些企业已经发展成了全区甚至全国的技术领先企业。

③南宁。主要研发和生产远程监控系统、行业应用软件、计算机产品、计算机外部设备、通信及网络产品、IC卡读写设备、汽车电子产品、电力电子、中间件及嵌入式软件等。

④柳州。截至2010年，入驻柳州信息产业园的企业已经有100多家，涵盖了汽车电子产品、系统集成、应用软件、信息技术服务等领域。

二 产业布局安排

1. 北海新一代电子信息制造业基地

依托中国电子科技集团北海产业园等平台，以新一代电子信息制造业为主，重点发展新型平板显示、新型元器件、云存储、计算机及零部件、数字电视、LED应用产品、船舶电子及数字播放设备等，以整机带动配套，建设北部湾新一代电子信息制造业基地；围绕三网融合、移动互联网、物联网、云计算、信息家电等新兴产业的应用需求，大力开发高性能集成电路产品；围绕三网融合，大力发展新型显示和数字视频技术相关产品。

2. 南宁高端软件、物联网、云计算产业基地

发挥南宁市建设广西"首善之区"和区域性国际城市优势，围绕数字终端设备制造，逐步壮大电子元器件产业规模，形成产业链。加快建设区域性物流商贸基地、加工制造基地、特色农业基地，以及国际综合交通枢

纽中心、信息交流中心、金融中心等，着力发展行业应用软件，创新信息服务业商业模式。借助南宁市完备的信息基础设施，不断提升城市信息网络服务能力，发挥首府的服务功能。重点发展物联网大规模产业化应用过程中出现的新兴服务业，推动交通、电力、物流、生产制造、节能减排、医疗卫生、社会服务等领域的物联网应用服务业发展。

3. 桂林通信、数字内容、物联网产业基地

重点发展新一代移动通信、新一代互联网、三网融合、物联网、云计算、集成电路和信息服务等。发挥桂林通信设备制造业优势，重点发展微波通信和光电通信系列的主机及部件、核心芯片，培育做强通信产业链；重点突破物联网一系列共性关键技术、产业化应用关键技术，建立广西物联网技术自主创新体系；积极发展智能交通软件、旅游服务软件和信息化产品、动漫网游等，组建动漫游戏孵化中心、数字内容产业研发中心、信息资源及数字媒体交易中心等；组织产业联盟、产业基地等，形成协同、联合掌握自主知识产权技术的产业链；大力推进两化融合，充分利用国家服务业综合改革试验区、国家旅游综合改革试点城市及国家级两化融合试验区建设的机遇，努力将桂林打造成广西信息化与工业化融合示范区，以及广西光电子、通信设备和软件生产基地。

4. 柳州应用新一代信息技术改造提升传统制造业产业基地

柳州围绕区域性工业，交通与产业服务中心，以及文化、教育、体育产业中心建设，重点发展工业软件、智能交通软件、物流管理软件、动漫游戏软件和社会信息化应用软件，推动"经济升级、城市转型"，促进国家级两化融合试验区建设。大力发展以汽车电子控制为核心的汽车电子产业，形成以汽车控制、安全驾驶、信息处理、智能交通、娱乐五个领域为主攻方向的生产基地，面向国内以及以东南亚为主的国际市场销售汽车电子产品。充分发挥传统制造业集聚的产业优势和两化融合示范城市的政策优势，应用新一代信息技术配套和服务传统制造业，突出行业应用，逐步形成特色产业群、产业链。

5. 贺州、钦州、梧州承接产业转移的电子信息产业基地

抓住承接国际及国内东部地区产业转移的良好契机，重点建设广西贺

州电子科技生态产业园，加强计算机、通信、数字视听产业的引进，大力发展中高压电子铝箔、铝电子产品生产和配套企业，推进铝电子产业集群发展。加快打造以河东电子产业园为基础的钦州高新技术开发区，积极引进和发展新型显示、高端电子元器件、汽车电子电器、数字音频产品等制造业，培育和发展软件、游戏、动漫产业，发展软件外包等。加快推进三网融合，促进物联网、云计算的研发和示范应用，大力建设东盟商贸物流基地。打造梧州掌上多媒体制造业及信息服务业，着力建设西江经济带电子信息产业制造中心、信息服务业中心和国家重要的移动互联网特色产业基地。

三 机遇与优势

1. 政策环境有利

新一代信息技术产业是国家确定重点发展的战略性新兴产业之一，其发展有望获得国家更多的政策支持。在《关于贯彻国家西部大开发发展战略进一步推进西部地区信息产业发展的意见》的实施中，国家将进一步加大对西部地区信息产业发展的支持力度。广西壮族自治区党委、政府做出了加快发展14个亿元产业和10个战略性新兴产业的重大战略部署，新一代信息技术被列入了10个战略性新兴产业之一。国家和广西发展战略性新兴产业的政策，为新一代信息技术产业的快速发展提供了一次难得的历史机遇。

2. 区位优势明显

广西是沟通珠江三角洲与西南各省份、珠江三角洲与中国－东盟自由贸易区的最重要桥梁、基地和平台，区位优势越来越突出，具有广阔的开发利用空间。良好的区位优势和完善的交通网络为承接国际和我国东部地区电子信息产业新一轮转移提供了有利的条件。

3. 发展空间广阔

近几年，尽管全球经济不景气，但是新一代信息技术产业的市场发展空间持续扩大，无论是电子元器件等电子核心基础制造产业，还是现代信息网络产业和现代信息服务产业，都一直保持了快速增长的态势。全球通信、视听产品的市场规模逐年扩大，产品结构也日趋多样化，极具发展前景。随着信息技术的不断发展，新一代信息技术产业将成为广西经济和社会发展的有力支撑，其产品和相应的服务都具有十分广阔的国际、国内市场。

4. 技术基础和产业基础基本具备

目前，广西新一代信息技术产业发展的技术基础、产业基础已基本具备，市场需求空间巨大，资源条件较好，政策环境进一步改善，具备了加快发展的基本条件。从技术基础看，广西不少新一代信息技术与发达省份相比差距不大，有些领域处于同等水平，具有同发优势；一些局部领域具有相对优势，如高性能集成电路、新型显示设备等。从产业基础看，广西已形成规模较大、体系相对完善的集成电路产业，物联网已开始在交通、物流、电网、环境监测、安防等领域应用。随着一大批国内外知名的电子信息企业落户广西，新一代信息技术产业的集聚发展效应将会逐步凸显。

5. 两化融合渐入佳境

2012年，广西信息化与工业化融合发展水平中的工业应用指数排全国第8位、西部地区第1位。2013年，广西信息化与工业化融合发展水平列全国第15位，较上年提升4位，列西部地区第2位。柳州、桂林作为国家级两化融合试验区，结合各自实际，加快发展现代产业体系，大力推进两化融合，获得第二批国家级两化融合试验区验收评价第2名。此排名说明，当前广西两化融合发展具备了加快发展的良好基础。

6. 信息化发展水平上升

根据《2013年中国信息化发展水平评估报告》，2012年全国信息化指数为74.84，广西信息化指数为69.01，列全国第16位、西部地区第3位。其中，广西信息通信技术应用指数为72.69（全国为70.55），列全国第9位、西部地区第1位。根据中国电子信息产业发展研究院发布的《2013年度中国信息化与工业化融合发展水平评估报告》，2012年全国信息化与工业化融合发展指数为61.95，广西为63.91，列全国第15位、西部地区第2位。

四 问题与挑战

1. 产业总体规模小，发展基础比较薄弱

与国内其他发达省份相比，广西新一代信息技术产业规模较小，资金投入不足，名牌产品不多，竞争优势不明显，产业总量占全区生成总值比重小，特别是缺乏具有强大核心竞争力的大企业，有影响力的大项目不多，上下游产业链较短。

2. 新一代信息技术产业生存、发展环境欠佳

目前，广西的社会信息化程度处于全国中等偏下水平，信息化程度与经济发展速度极不平衡。信息是重要战略性经济资源的观念尚未深入人心，信息产业与国民经济相关产业的相互作用不明显，致使信息资源的开发利用程度较低，信息服务业发展滞后。在政策服务及资金支持方面，力量也较为薄弱，2010年和2011年广西支持工业发展的财政扶持资金大多被用在了比较成熟和重点支持的产业，对新一代信息技术相关产业的支持较少。

3. 人才资源缺乏

虽然最近几年广西在人才资源开发、人才小高地建设、高层次人才引进等方面取得了明显的成绩，但是受经济、地区等因素的制约，人才短缺仍然是广西新一代信息技术产业发展的主要问题之一。首先，人才供需存在结构性矛盾，广西各类高等院校和科研院所面向新一代信息技术产业的人才培养体系比较滞后，新兴产业领域的高层次、高技能人才相对短缺，尤其是缺少创新人才、管理人才和技术领军人才，引进和培养的高端人才少。其次，吸引人才、留住人才的机制不够健全，人才的生活和工作环境有待改善，本地培养的人才尤其是高端人才流失比较严重。

4. 自主创新能力不强

受产业整体资金投入不足、创新人才缺乏的影响，广西企业技术研发和产业化能力较弱，自主创新能力不强，关键核心技术依然受制于人，拥有的发明专利少，自主创新产品不多。企业创新主体地位没有得到充分发挥,产业商业模式创新缓慢,市场开发能力、市场开拓意识和能动性不强。

5. 产业配套体系不健全

一方面,广西新一代信息技术产业链上下游及相关产业内在配套不健全,电子零配件等产品配套较为缺乏或不能满足产业发展要求,增加了企业成本,降低了企业生产效率。另一方面,现在物流、银行、公共技术服务平台等产业发展外在配套体系不完善,产业与物流体系的良性互动机制尚未建立,导致企业物流成本较高、融资较为困难等。

6. 专业园区建设滞后,未形成集聚效应

集群化发展是电子信息产业的内在规律和客观要求,建设高标准的专业园区是促进地方新一代信息技术产业发展的基本条件。广西至今没有建设物联网产业园、云计算产业园、视频影视创意产业总部基地等对新一代信息技术产业进行培育和孵化的专业园区,缺乏龙头企业支撑产业链,没有形成产业集群。

第三节　广西信息产业发展水平测度与提升对策

一　产业发展水平测度

本节用第四章构建的信息产业发展水平测度指标体系对2004~2010年广西信息产业发展情况进行了测度。产业增加值、产业固定资产投资总额、产业从业人数、电话普及率、互联网普及率和产业增加值占广西GDP的比重这六个指标的数据均来自历年《广西统计年鉴》,或根据其数据计算得来。考虑到数据搜集的可行性,以及数据的真实性、可靠性,本研究涉及的信息产业主要包括工业中的通信设备、电子计算机及其他电子设备制造业(电子信息产品制造业),以及第三产业中的通信及信息传输业、计算机服务和软件业。

1. 各指标原始数据

2004~2010年,广西信息产业各指标原始数据见表10-3-1。

表 10-3-1　2004~2010 年广西信息产业各测度指标的原始数值

年份	产业增加值（亿元）	产业固定资产投资总额（亿元）	产业从业人数（万人）	电话普及率（%）	互联网普及率（%）	产业增加值占广西 GDP 的比重（%）
2004	76.09	50.82	9.28	34.59	3.89	2.22
2005	108.17	44.80	9.64	38.53	6.02	2.72
2006	159.06	43.33	10.38	42.86	8.30	3.35
2007	197.54	48.06	13.80	45.43	10.53	3.39
2008	146.92	61.96	14.87	51.68	12.50	2.09
2009	185.57	134.74	16.73	56.82	16.56	2.39
2010	209.96	152.29	19.39	61.77	24.51	2.19

资料来源：历年《广西统计年鉴》。

2. 对原始数据进行无量纲化处理

采集的各个指标的原始数据单位不一致，为方便后面的计算分析，本研究对原始数据进行了无量纲化处理，处理后的数据见表 10-3-2。

表 10-3-2　2004~2010 年广西信息产业各测度指标无量纲化处理后的数值

年份	产业增加值	产业固定资产投资总额	产业从业人数	电话普及率	互联网普及率	产业增加值占广西 GDP 的比重
2004	0	0.07	0	0	0	0.10
2005	0.24	0.01	0.04	0.14	0.10	0.48
2006	0.62	0	0.11	0.30	0.21	0.97
2007	0.91	0.04	0.45	0.40	0.32	1.00
2008	0.53	0.17	0.55	0.63	0.42	0
2009	0.82	0.84	0.74	0.82	0.61	0.23
2010	1.00	1.00	1.00	1.00	1.00	0.08

3. 计算每年信息产业发展水平总得分

用第四章的相关公式，计算每年信息产业发展水平总得分，计算结果见表 10-3-3。

表 10-3-3 2004~2010 年广西信息产业发展水平总得分

年份	2004	2005	2006	2007	2008	2009	2010
总得分	0.03	0.24	0.54	0.73	0.36	0.63	0.75

4. 结果分析

广西信息产业在 2005 年、2006 年和 2007 年呈持续、快速增长的趋势，总得分从 2004 年的 0.03 升至 2007 年的 0.73，产业增加值由 76.09 亿元增长到 197.54 亿元，产业从业人数由 9.28 万人增加到 13.80 万人，产业增加值占广西 GDP 的比重由 2.22% 上升至 3.39%，电话普及率和互联网普及率也大幅提升，但是产业固定资产投资总额未逐年增加。受全球金融危机和前期固定资产投资不足的影响，2008 年广西信息产业增加值仅为 146.92 亿元，相比于 2007 年的 197.54 亿元下滑了 25.6%，信息产业增加值占广西 GDP 的比重降为 2.09%；随着全球经济回暖和信息产业固定资产投资总额的大幅度增长，广西信息产业增加值在 2009 年和 2010 年持续增长，但是产业增加值占广西 GDP 的比重并未呈现持续上升的势头。另外从图 10-3-1 可以发现，广西的电子信息产品制造业增加值明显较高，而计算机服务和软件业尚未真正发展起来，广西的信息产业增加值主要是由电子信息产品制造业和通信及信息传输业贡献的。

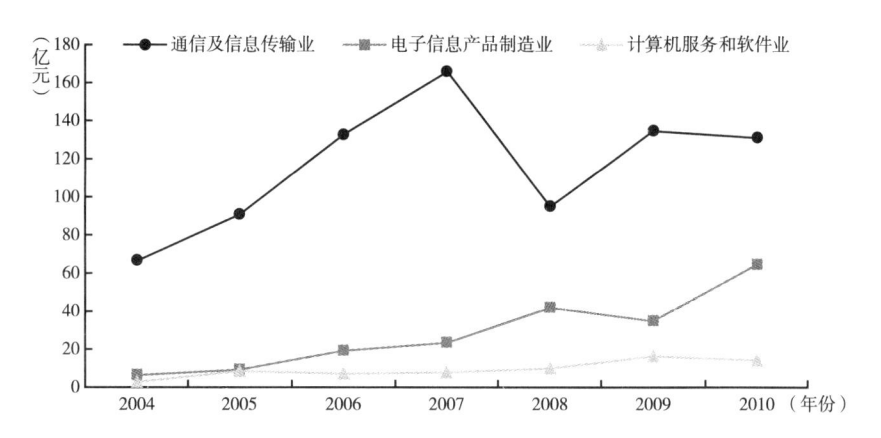

图 10-3-1 2004~2010 年广西信息产业主要构成产业的增加值走势

资料来源：历年《广西统计年鉴》。

二 广西信息产业与国内发达省份的比较

1. 比较

为了对广西信息产业发展水平有更宏观、更深刻的认识，本研究选取了北京、上海、广东、福建、山东与广西进行对比研究。分析主要借助了各省份信息产业增加值和广西信息产业增加值占各自GDP的比重两个主要指标。

从表10-3-4可以看出，广西信息产业发展与国内发达地区相比是非常落后的，广东信息产业增加值有5678.73亿元，北京、上海和山东均超过了1300亿元，而广西信息产业增加值仅为200多亿元；广东信息产业增加值占GDP的比重为12%，北京为10%，上海为8%，而广西仅为2%。无论是从信息产业规模，还是从信息产业增加值占GDP的比重上看，广西和国内发达省份都是无法相比的。

表10-3-4 2010年广西与国内发达省份信息产业数据比较

省份	通信及信息传输业、计算机服务和软件业增加值（亿元）	电子信息产品制造业增加值（亿元）	信息产业增加值（亿元）	GDP（亿元）	信息产业增加值占GDP的比重（%）
北京	1214.10	239.80	1453.90	14113.60	10
上海	675.98	690.76	1366.74	17165.98	8
广东	1372.39	4306.34	5678.73	46013.06	12
福建	344.19	522.97	867.16	14737.12	6
山东	474.59	954.58	1429.17	39169.92	4
广西	145.53	64.43	209.96	9569.85	2

资料来源：《北京统计年鉴（2011）》《上海统计年鉴（2011）》《广东统计年鉴（2011）》《福建统计年鉴（2011）》《山东统计年鉴（2011）》《广西统计年鉴（2011）》。

为使对比研究更具价值和意义，本研究进一步采用了信息产业增加值增长率和信息产业增加值占GDP比重增长率两个指标，来研究广西信息产业增长速度。由图10-3-2可以看出，2006~2010年广西信息产业增长速度变动最大，而国内发达省份信息产业增长速度虽有波动、调整，但变动幅度相对而言要小得多。由图10-3-3可以看出，与国内发达省份相比，2006~2010 年广西信息产业对 GDP 的贡献水平极不稳定。两图均说明广西信息产业还未步入持续增长阶段，与国内发达地区相比更易受外部经济环境影响而产生剧烈变动。由图 10-3-4 可以看出，2006~2010 年广西电子信息产品制造业总体增长速度比发达省份快；由图 10-3-5 可以看出，2006~2010 年广西电子信息产品制造业增加值占 GDP 比重增长速度也总体快于发达省份。造成这种现象的原因主要是国内发达省份正在进行产业结构升级，一些科技含量低、附加值低的劳动密集型电子信息产品制造业逐渐被转移到中西部地区，而广西近几年对外开放的步伐逐渐加快，地区经济快速发展，紧抓国内产业结构升级的机遇，逐渐培养了一批电子信息产品制造企业。

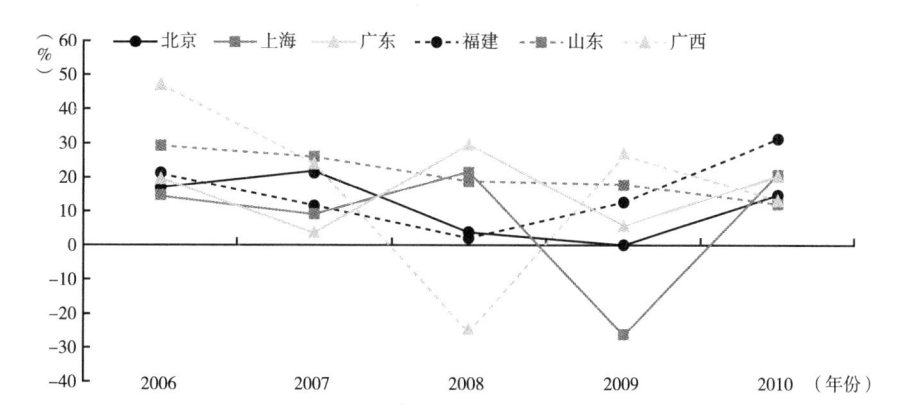

图 10-3-2　2006~2010 年广西与发达省份信息产业增加值增长率走势

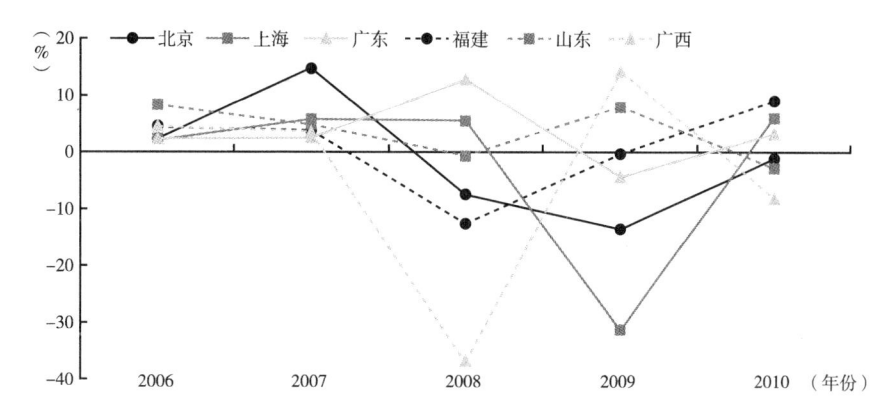

图 10-3-3　2006~2010 年广西与发达省份信息产业占地区 GDP 比重增长率走势

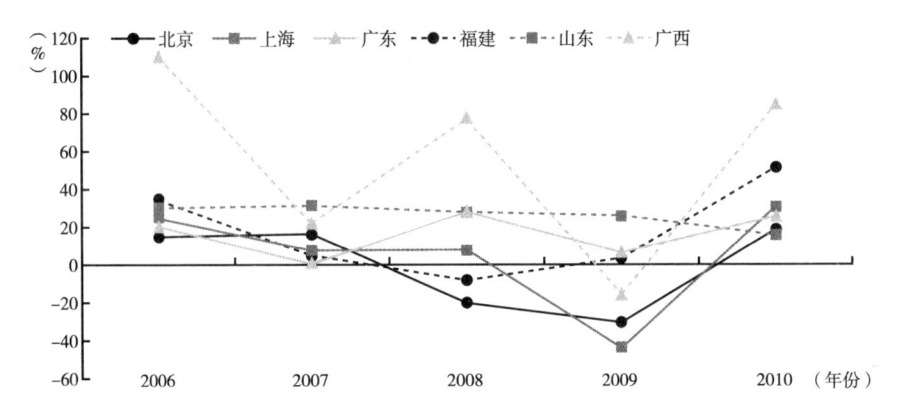

图 10-3-4 2006～2010 年广西与发达省份电子信息产品制造业增加值增长率走势

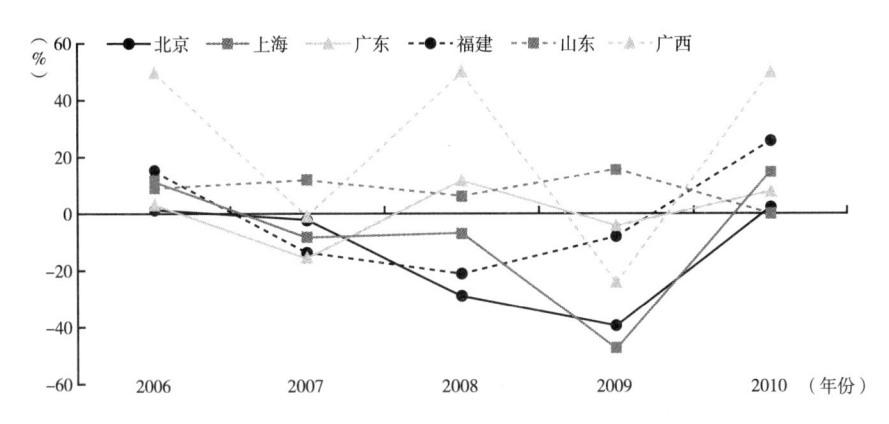

图 10-3-5 2006～2010 年广西与发达省份电子信息产品制造业增加值占 GDP 比重增长率走势

2. 比较结果分析

通过广西信息产业测度和广西与国内发达省份的定量对比研究可以得知，广西电子信息产业在 2005～2007 年有一个短暂的快速发展过程，产业规模有所扩大，但是受产业固定资产投资不足和 2008 年全球金融危机的影响，之后广西信息产业增长速度放慢，且低于广西整体经济增长速度。2006～2010 年广西电子信息产品制造业的增长速度总体是快于国内发达省份的，这主要是广西对外开放和积极承接沿海发达地区产业的结果，广西应保持这一良好势头，积极创造有利条件，将电子信息产品制造业做大、做强。

三 产业发展水平提升对策建议

1. 积极承接东部产业转移

改革开放以来，中国东部沿海发达地区经济持续快速增长，但受土地资源紧缺、劳动力成本上升、市场相对饱和等不利因素的制约，一部分资源密集型和劳动密集型企业发展陷入困境，面临着加快产业结构、产品结构升级的压力。广西要抓住国内产业结构调整的机遇，充分利用紧邻珠三角和东南亚的区位优势，发挥国家西部大开发政策、边境贸易政策、少数民族政策等多项优惠政策优势，为承接东部沿海地区，尤其是珠三角地区信息产业的转移做好各项准备工作。

①要积极改善承接东部产业转移的外部环境，加快软硬件环境建设。应加快基础设施建设的步伐，加大对跨区域交通网络的建设投入，使公路、铁路、水路及航空运输途径更加快捷、便利；加强信息网络基础设施建设，为产业承接及产业后续发展提供便捷的通信服务。

②应积极转变政府职能，优化投资软环境。转变领导干部的落后观念，积极推行符合市场经济要求的新思想、新观念、新意识和新管理方式，促进管理型政府向服务型政府转变，加大政策创新力度，优化行政审批程序，改进服务方式，提高行政效率。

③有计划、有重点地承接产业转移。目前，广西依托桂林、南宁和北海的高新区（产业园区）建立了电子信息产业基地，为避免区域内企业间的恶性竞争，各高新区（产业园区）要根据自身资源配置和产业发展现状，有重点地承接信息产业转移，引进的企业要和区域资源、可持续发展要求相匹配，做到有的放矢。

2. 重视产业集群化发展

广西信息产业在北海已经显现了集聚趋势，可以运用以下几个措施促进桂林、南宁、北海等地信息产业集群的形成。

①加大产业支持力度，营造和谐、宽松的投资环境。针对重大项目的引进设立专项服务机制，简化审批流程。在物流配套、基础设施、人力资源、土地资源等方面给予信息产业发展优先满足权，通过资源配置倾斜力度的不断加大，扶持信息产业快速发展。

②注重完善产业链。充分发挥现有龙头企业的引导优势，积极引进有发展潜力的项目，努力实现以强带弱、以一带多的发展目标。对于产业链中的薄弱环节，重点补缺补差，采用补链式招商的方法，积极解决企业相关配套问题，打造品质高、潜力强、辐射大、发展快的电子信息产业链。

③深化品牌意识，加快技术革新和产品开发步伐。依托宽松的政策环境和强有力的资金支持，企业应加快新技术、新产品的开发步伐，不断提高创新能力，加强创新体系建设，完善创新团队结构，在产品设计、生产、推广全过程强化品牌意识，注重培育知名产品，形成一批技术含量高、创新能力强、市场竞争力大的企业，推进电子信息产业集群的可持续发展。

④建设服务东盟的国际信息产业基地。努力抓住北部湾经济区建设的发展契机，扩大中国－东盟市场的交流，构建以北海、南宁为中心的国际化电子信息产业圈，发展电子信息产品出口贸易，拓展信息服务国际化外包业务，打造面向国际的信息服务外包基地，实现资金、人才、技术的全面融合发展。

3. 加大招商引资力度

中国－东盟自由贸易区与泛珠三角经济圈的构建为广西大力引进外资带来了机遇，广西要充分利用各项优惠政策加大招商引资力度。

①搞好招商引资的各种平台，每年制定具体的招商指标，同时实施招商奖励制度，有效地调动招商人员的积极性。对于信息产业大项目，要设立"绿色通道"，建立专门的服务平台。

②充分围绕中国－东盟博览会"四平台、一中心、一基地、一库"（电子信息商务平台、国际物流信息平台、国际电子支付平台、综合信息服务平台；数字认证中心；信息产业基地；商务数据库）目标，建设各种信息平台，以此加大广西对外的招商引资力度。

③在引进大项目方面，眼睛要紧盯世界500强企业，积极做好内地东部省份及港澳台地区的产业转移承接工作。在引进大资金方面，要主动加强对广东、港澳台地区以及东盟各国的引资，把大资金引向北海、南宁、桂林、柳州、梧州等重要城市。

4. 重点发展优势领域

广西应重点发展信息产业的优势领域。如南宁市在信息产品制造业方面，应重点发展投资类产品，巩固提高消费类产品，依靠技术创新体系，积极开发适销对路产品，淘汰落后产品，逐步提高优势产品比重；在软件业方面，优先支持具有自主知识产权的软件产品开发，重点面向国民经济和社会信息化的应用软件、网络建设与安全的支援软件以及与数字化设备相配套的嵌入式软件，抓住中国-东盟自由贸易区构建的机遇，加强与东盟各国的交流与合作，积极促进小语种应用软件入驻东南亚软件市场。而北海市在电子信息产品制造业方面，要重点发展高端计算机整机及零部件、多媒体设备、移动存储产品、手机及配套元件、半导体照明及光伏能源产品、新型电子元件产品和技术等；在软件业方面，要重点发展教育、通信、金融、电子信息制造等领域的应用软件。

5. 完善投融资体系

①政府需要加大对信息产业发展的重视程度，健全投融资政策，优化投融资环境。在投资政策和财务税收政策上对信息产业有所倾斜、有所偏重，加大对信息产业的科技经费扶持力度；发挥政策导向作用，促进外资、风险投资、民间投资、商业信贷等流入信息产业，调动创业者、投资者的积极性，并保护其经济利益；建立投融资和创业辅导服务平台，加快实现信息产业与金融资本高效结合，设立种子资金、担保基金等产业扶持资金，支持规模化生产的信息产业优质项目实施，扶持一批优秀企业迅速成长。

②建立高新技术产业的融资贴息和担保制度，发展信贷担保机构，有效缓解企业担保难问题；帮助符合条件的企业在中小企业板和境外资本市场上市融资；对现有产权交易市场进行整合和规范，支持企业进行产权融资，拓宽企业直接融资渠道。

③企业要建立良好的企业信誉，赢得金融机构的广泛信赖和支持。在银行信贷过程中，企业考虑的首要因素是信用，银行支持的往往是具有良好的盈利能力、偿贷能力和较高信用度的企业，建立良好的企业信用基础能够为企业的后续良好发展打下坚实的基础。

6. 加强企业技术创新能力

技术创新能力是制约我国高新技术企业发展和影响产业升级的主要因素，也是广西信息产业发展缓慢的重要原因。

①企业需要在技术创新中发挥主体作用。要把建立技术创新机制作为完善现代企业制度的重要内容，顺应产业技术发展趋势，编制符合自身发展需求、可操作的技术创新规划。积极寻求与区内和区外高校、科研机构的合作机会，借助对方的人力资源优势，联合开发影响企业发展的核心技术，有效降低研发成本和风险。广西信息产业微观企业规模较小，研发部门资源贫乏，建议通过对先进技术的模仿和吸收，逐步提高科技人员的自主研发能力。

②政府应充分利用政府采购这一工具，强制财政预算内的政府机构、相关企事业单位优先购买优质"区货""国货"，这一方面可扶持有自主创新能力的国内企业发展，另一方面有利于相关企业引进先进技术，促进区内信息产业的发展。

③政府要积极营造有利于技术创新的政策法规环境。通过实施支持信息产业微观企业技术创新的财税、金融及政府采购等倾斜优惠政策，调动企业自主创新的积极性。通过实行贷款贴息、税收减免和设立创新专项基金等具体措施，支持中小企业技术创新项目实施。加大知识产权管理和保护力度，一方面，政府要逐步完善相关法律体系，对企业、高校及科研院所的技术研究成果给予立法保护，充分尊重研究个体和机构的劳动成果；另一方面，政府需要加强知识产权法律的执行力度，采用定期和不定期检查的方式监督各地区、各部门贯彻实施，提高知识产权案件的处理效率，对不同程度的侵权行为予以相应的法律制裁。

7. 加快人才培养和引进

高科技人才是以信息产业为代表的高新技术产业快速发展的重要源泉，在知识密集型产业发展中起主导作用。信息产业的竞争是技术创新的竞争，最终是科技人才的竞争。落后地区人才缺乏是普遍存在的问题，随着中国-东盟自由贸易区与北部湾经济区的规划与建设，广西对外开放、开发的步伐加快，对人才的需求不断增大，但其经济基础比较薄弱，对人才的吸引力与沿海发达地区存在巨大差距，与湖南、湖北、四川等中西部省份相比也存在一定差距，为实现信息产业在区内集聚与发展，广西需要从以下几方面入手，加快人才培养和引进。

①政府需要充分利用广西地区的高校和科研机构培养人才。广西有近30所本科院校和独立学院、40多所高职（专科）院校，在充分规划、利

用教育资源方面，政府要做好引导，加大对理工类院校的资金支持力度，鼓励校企之间建立人才联合培养机制，这一方面能提升高校相关专业的社会适应性，另一方面可以加快企业人力资源储备。

②政府需要在紧缺性信息技术人才的落户、购房及子女教育问题上采取特殊的优惠政策，政府与企业紧密配合，注重现有人才的后续培养，加快建立人尽其才、才尽其用的激励机制和竞争机制，留住区内优秀人才，同时吸引区外、国外的高水平人才投身广西信息产业发展。

③大力推动科研院所、高校和相关企业之间的交流与合作，加快研究和引进先进技术，加速技术成果转化，推动产业的全面技术进步。制定《地区产业鼓励发展的新技术目录》，规范政府资助的范围，充分扩大信息技术人才的发展空间。

第四节 广西信息产业创新能力测度与提升对策

一 产业创新能力现状及其水平测度

1. 广西信息产业创新能力现状概述

随着西部大开发战略的深入实施、东部地区信息产业的梯次转移，广西信息产业已经具备了一定的规模和发展条件，特别是近年来，借助政策的扶持、投资的增加，广西信息产业发展水平和创新能力提升较快，2012年广西信息产业主营业务收入同比增长69.9%，专利申请数同比增长58.62%。随着政策、经济环境的不断优化，广西信息产业的创新能力将继续保持良好的发展态势。

（1）政策环境不断优化

随着政府和企业对信息产业创新能力要求的增强，提升信息产业创新能力已经成为共识，广西壮族自治区政府及区内各产业园先后出台多项政策、制定多项制度，在招商引资、税收优惠、人才待遇、环境保护等方面鼓励信息产业的发展，同时加大资金投入力度，增强对科技创新活动的资金支持。

例如，从研发经费的来源看，2012年广西研发内部支出经费总量为971539万元，来源于政府的金额为212500万元，来源于企业的金额为703549万元，而2005年该指标的数据仅为政府32549万元、企业105062

万元。图 10-4-1 显示了 2005 年、2010~2012 年政府和企业对广西信息产业研发活动资金支持的变化趋势。

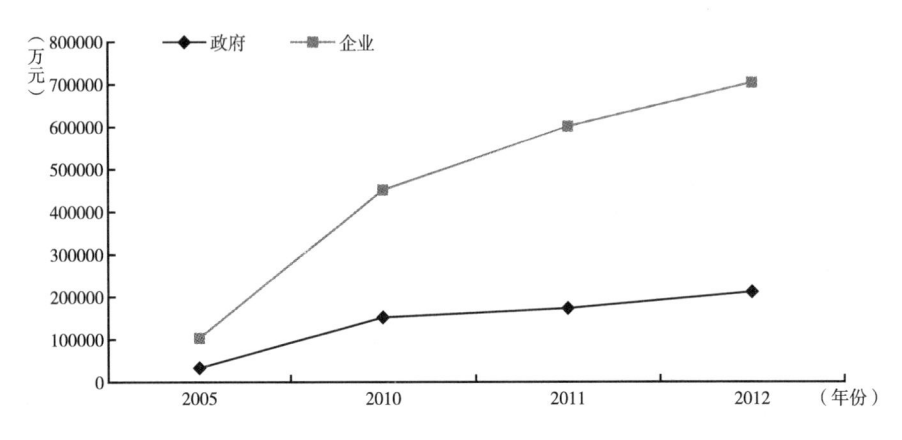

图 10-4-1 广西信息产业研发经费来源变化

资料来源：根据《中国高技术产业统计年鉴（2013）》数据整理。

（2）产业结构不断优化

广西信息产业已由过去单纯依靠电子设备制造业转向电子信息基础产业、现代信息网络产业和信息服务业三层次一体化发展的结构。广西积极承接东部电子产业转移，促进产业集群化、规模化发展，主要发展内容聚焦在通信网络、集成电路以及以云计算为核心的高端软件等领域。广西现已建成桂林、南宁、北海三个信息产业基地，其中，园区建设最为完善的为北海电子产业园，该园区由规划面积 3000 亩的中国电子北海产业园和规划面积 4000 亩的台湾（北海）电子产业园构成，是广西重点支持的 11 个重点产业园区之一。

尽管广西信息产业创新能力保持着良好的发展态势，但是作为后发地区，广西的信息产业创新能力仍然处于较低水平。2010 年，广西信息产业新产品产值占全国总水平的比例为 0.029%，2011 年为 0.167%，可见其新产品产能处于全国较低水平。虽然政府和企业在提升信息产业创新能力方面已达成共识，但总体来看，广西信息产业尚未形成以企业为主体、产学研相互结合的协同创新模式，缺少规模以上的龙头企业，信息产业的产业链短、层次低，信息化发展速度缓慢，信息化对工业化的带动力有限。三大信息产业基地在创新研发方面也取得了一些成绩，但仍然以电子信息产品制造业为主，缺少自主品牌，自主创新能力不强。

地处泛珠三角经济圈、西南经济圈和中国-东盟经济圈是广西信息产业发展的区位优势，如何利用好自身的优异条件，把握国家西部大开发深入实施带来的发展机遇，加快提升信息产业创新能力，是值得广西深入探索的问题。

2. 广西信息产业创新能力纵向测度

区域经济环境发展、产业规模、竞争实力经常处于动态的变化过程之中，区域信息产业创新能力的发展也经历着动态的演化过程，只有对信息产业在动态演化过程中创新潜力进行不断探索，才能找到具有区域经济特点的信息产业创新能力发展路径。因此，对信息产业创新能力的测度需要进行基于时间序列的纵向测度，用以反映信息产业创新能力发展的动态过程。

（1）标准化数据

通过查阅历年《中国高技术产业统计年鉴》《中国信息产业统计年鉴》《广西统计年鉴》，本研究收集到了广西信息产业创新能力指标体系各项指标的数据，由于纵向测度指标涉及的数据范围较广，缺少部分2012年的数据，纵向测度的时间范围定为2000~2011年，其中部分数据经过原始数据简单计算得到。

运用 SPSS 软件对样本指标数据进行处理，先对原始的创新投入能力、创新产出能力以及创新环境支撑能力的各个指标数据进行标准化处理，其中标准化后的指标用 Z_X、Z_Y 和 Z_E 表示，具体见表10-4-1。

表10-4-1（1） 2000~2011年广西信息产业创新投入能力纵向测度指标的标准化数据

年份	Z_{X_1}	Z_{X_2}	Z_{X_3}	Z_{X_4}	Z_{X_5}	Z_{X_6}
2000	-0.55986	0.7688	-0.76604	-0.75081	-0.68578	-0.44017
2001	-0.93625	1.1572	-0.66975	-0.59867	-0.64065	-1.15866
2002	-0.10468	1.7177	-0.58122	-0.49465	-0.74582	-1.28361
2003	-1.3039	-1.11508	-0.86427	-0.72914	-0.89149	0.49563
2004	-1.06756	-0.51505	-0.80661	-0.69951	-0.84999	-0.50536
2005	-0.31038	0.81483	-0.00717	-0.42854	0.18178	-0.18619
2006	0.07039	0.8302	-0.13937	-0.50006	-0.21352	-0.4035
2007	1.75543	-0.07934	0.17163	-0.39986	0.13544	-0.35732
2008	0.66125	-0.70624	0.30986	1.09328	0.3335	-0.3383
2009	-0.52922	-0.93192	0.42032	2.55934	0.39193	1.79814
2010	0.74003	-0.96639	0.12329	0.58208	0.22148	0.55267
2011	1.58474	-0.97471	2.80934	0.36654	2.76313	1.82666

表 10 – 4 – 1（2） 2000～2011 年广西信息产业创新产出能力纵向测度指标的标准化数据

年份	Z_{Y_1}	Z_{Y_2}	Z_{Y_3}	Z_{Y_4}	Z_{Y_5}	Z_{Y_6}	Z_{Y_7}
2000	-0.4847	-0.1091	1.9870	1.3616	0.9188	-0.5548	-0.5553
2001	-0.5628	-0.4662	0.8376	0.9982	-0.2337	-0.5294	-0.0559
2002	-0.4066	-0.4662	0.9660	1.4560	1.6403	-0.5501	-0.8550
2003	-0.5628	-0.4662	-1.2581	-1.3568	1.5083	-0.5285	-0.3213
2004	-0.5628	-0.2281	-1.1745	-1.2739	-0.9169	-0.5200	-0.2585
2005	-0.5237	-0.2281	-0.4311	-0.7159	-1.3305	-0.5285	-0.9463
2006	-0.3286	-0.1686	-0.3834	-0.0033	-0.4912	-0.4645	-0.7351
2007	-0.2895	-0.3472	-0.4461	-0.3696	-0.8295	-0.3129	-0.5410
2008	-0.5237	-0.4662	-0.1863	0.0482	-0.2258	-0.0239	-0.1130
2009	0.8816	0.2480	-0.1983	-0.2552	-0.5350	0.0071	0.4378
2010	0.5693	-0.4067	-0.8073	-0.9047	-0.5058	1.3156	1.7734
2011	2.7943	3.1047	1.0944	1.0154	1.0011	2.6899	2.1701

表 10 – 4 – 1（3） 2000～2011 年广西信息产业创新环境支撑能力纵向
测度指标的标准化数据

年份	Z_{E_1}	Z_{E_2}	Z_{E_3}	Z_{E_4}	Z_{E_5}	Z_{E_6}	Z_{E_7}	Z_{E_8}	Z_{E_9}	$Z_{E_{10}}$
2000	-0.85	-1.50	-1.41	-0.61	0.62	1.05	-0.81	-0.97	-0.84	-0.36
2001	-0.92	-1.50	-1.16	-0.66	-2.96	1.74	-0.10	-0.88	-0.75	-0.35
2002	-0.85	-1.08	-1.02	-0.60	-0.13	1.03	0.13	-0.67	-0.81	3.16
2003	-0.99	-0.45	-0.79	-0.58	-0.39	0.49	0.04	-0.27	-0.86	-0.35
2004	-0.67	-0.18	-0.49	-0.38	0.05	0.18	1.78	0.26	-0.82	-0.35
2005	-0.43	-0.04	-0.18	-0.49	0.15	-0.15	1.89	-0.35	0.09	-0.31
2006	-0.23	0.24	0.07	-0.41	0.07	-1.20	-1.11	-0.60	-0.15	-0.31
2007	0.20	0.31	0.44	-0.32	0.19	-0.96	-1.09	-0.62	0.34	-0.29
2008	0.31	0.45	0.74	-0.01	0.92	-0.56	-0.48	0.89	0.83	-0.31
2009	1.16	1.15	0.94	0.50	0.37	-1.06	-0.81	2.49	2.35	-0.25
2010	1.27	1.29	1.33	0.75	0.53	-1.16	0.02	-0.18	1.05	-0.28
2011	1.99	1.29	1.53	2.83	0.58	0.60	0.55	0.90	-0.43	-0.01

（2）相关性及因子分析适用性检验

继续运用 SPSS 软件对各类指标进行相关分析，得出各类指标的相关系数矩阵，具体见表 10 – 4 – 2。

表 10-4-2（1）　创新投入能力指标标准化后的相关系数矩阵

指标	Z_{X_1}	Z_{X_2}	Z_{X_3}	Z_{X_4}	Z_{X_5}	Z_{X_6}
Z_{X_1}	1	-0.205	0.720**	0.228	0.714**	0.263
Z_{X_2}	-0.205	1	-0.417	-0.523	-0.424	-0.762**
Z_{X_3}	0.720**	-0.417	1	0.453	0.996**	0.699*
Z_{X_4}	0.228	-0.523	0.453	1	0.454	0.664*
Z_{X_5}	0.714**	-0.424	0.996**	0.454	1	0.705*
Z_{X_6}	0.263	-0.762**	0.699*	0.664*	0.705*	1

注：* 表示在 0.05 的显著性水平上相关。** 表示在 0.01 的显著性水平上相关。下同。

表 10-4-2（2）　创新产出能力指标标准化后的相关系数矩阵

指标	Z_{Y_1}	Z_{Y_2}	Z_{Y_3}	Z_{Y_4}	Z_{Y_5}	Z_{Y_6}	Z_{Y_7}
Z_{Y_1}	1	0.916**	0.231	0.202	0.176	0.926**	0.853**
Z_{Y_2}	0.916**	1	0.353	0.305	0.246	0.824**	0.673*
Z_{Y_3}	0.231	0.353	1	0.955**	0.471	0.148	0.049
Z_{Y_4}	0.202	0.305	0.955**	1	0.490	0.121	0.006
Z_{Y_5}	0.176	0.246	0.471	0.49	1	0.146	0.090
Z_{Y_6}	0.926**	0.824**	0.148	0.121	0.146	1	0.936**
Z_{Y_7}	0.853**	0.673*	0.049	0.006	0.090	0.936**	1

表 10-4-2（3）　创新环境支撑能力指标标准化后的相关系数矩阵

指标	Z_{E_1}	Z_{E_2}	Z_{E_3}	Z_{E_4}	Z_{E_5}	Z_{E_6}	Z_{E_7}	Z_{E_8}	Z_{E_9}	$Z_{E_{10}}$
Z_{E_1}	1	0.897**	0.948**	0.897**	0.47	-0.50	-0.12	0.653*	0.639*	-0.19
Z_{E_2}	0.897**	1	0.973**	0.720**	0.56	-0.76**	-0.02	0.678*	0.708*	-0.28
Z_{E_3}	0.948**	0.973**	1	0.780**	0.51	-0.687*	-0.08	0.639*	0.696*	-0.26
Z_{E_4}	0.897**	0.720**	0.780**	1	0.36	-0.15	0.08	0.54	0.27	-0.10
Z_{E_5}	0.47	0.56	0.51	0.36	1	-0.57	-0.05	0.38	0.38	-0.01
Z_{E_6}	-0.50	-0.76**	-0.687*	-0.15	-0.57	1	0.27	-0.39	-0.75**	0.32
Z_{E_7}	-0.12	-0.02	-0.08	0.08	-0.05	0.27	1	-0.01	-0.31	0.05
Z_{E_8}	0.653*	0.678*	0.639*	0.54	0.38	-0.39	-0.01	1	0.719**	-0.17
Z_{E_9}	0.639*	0.708*	0.696*	0.27	0.38	-0.75**	-0.31	0.719**	1	-0.24
$Z_{E_{10}}$	-0.19	-0.28	-0.26	-0.10	-0.01	0.32	0.05	-0.17	-0.24	1

KMO 和 Bartlett 球形检验的结果显示：创新投入能力指标的 KMO 统计值是 0.715，说明创新投入能力指标数据之间的相关性较强，适合做因子

分析；创新产出能力指标的 KMO 统计值是 0.622，大于 0.6，而创新环境支撑能力指标的 KMO 统计值是 0.561，接近 0.6，均达到做因子分析的条件。每一类指标数据的 Bartlett 球形检验的概率值都是 0，拒绝了指标变量相互独立的假设，因此，因子分析的适用性检验通过。

（3）提取主成分

利用 SPSS 软件，选择因子分析法，计算相关系数矩阵的特征值、方差贡献率及方差累积贡献率，选取特征值大于 1 且方差累积贡献率超过 80% 的因子作为公共因子，再根据因子载荷矩阵确定对每个公共因子起主要作用的指标变量，具体见表 10-4-3。

表 10-4-3　各类指标公共因子的特征值、方差贡献率及累积方差贡献率

指标类型	公共因子个数(个)	特征值	方差贡献率(%)	累积方差贡献率(%)
创新投入能力指标	2	3.814	63.573	63.573
		1.233	20.547	84.120
创新产出能力指标	2	3.810	54.433	54.433
		2.127	30.390	84.823
创新环境支撑能力指标	3	5.499	54.992	54.992
		1.413	14.130	69.122
		0.983	9.832	78.954

①在创新投入能力方面，Factor 过程提取了前两个特征值大于 1 的公共因子，这两个公共因子的方差累积贡献率为 84.120%，在 80% 以上，因此这两个公共因子能够解释原始变量的大部分信息，只需要根据这两个公共因子的因子得分函数，求出创新投入能力指标的综合因子得分，就能够纵向反映广西信息产业的创新投入能力。

为了得到对两个公共因子起主要作用的指标变量，本研究采取最大方差法对初始因子载荷矩阵进行旋转，得到旋转后的因子载荷矩阵，如表 10-4-4 所示。矩阵显示了创新投入能力指标变量在两个公共因子上的载荷系数，可以根据该载荷系数写出因子表达式，明确公共因子的现实含义，得到因子模型：

$$Z_{X_1} = 0.909 F_1 + 0.006 F_2$$
$$Z_{X_2} = -0.116 F_1 - 0.863 F_2$$
$$\vdots$$

$$Z_{X_6} = 0.354F_1 + 0.879F_2$$

根据旋转后的因子载荷矩阵，第一公共因子 F_1 在第一项指标变量 X_1（R&D 人员全时当量）、第三项指标变量 X_3（R&D 经费内部支出）、第五项指标变量 X_5（新产品开发经费）上的载荷值绝对值较大，可称其为 R&D 活动与新产品投入的公共因子；第二公共因子 F_2 在第二项指标变量 X_2（科技活动人员占从业人员比重）、第四项指标变量 X_4（引进技术经费支出）以及第六项指标变量 X_6（新增固定资产占总产值比重）上的载荷值绝对值最大，是反映信息产业其他科技活动人力、物力、财力投入的因子，可以称之为其他科技活动投入因子。

表 10-4-4　创新投入能力指标旋转后的因子载荷矩阵

标准化指标变量	公共因子	
	F_1	F_2
X_1（R&D 人员全时当量）	0.909	0.006
X_3（R&D 经费内部支出）	0.886	0.409
X_5（新产品开发经费）	0.881	0.417
X_6（新增固定资产占总产值比重）	0.354	0.879
X_2（科技活动人员占从业人员比重）	-0.116	-0.863
X_4（引进技术经费支出）	0.181	0.792

从表 10-4-3 可知，第一公共因子的方差贡献率为 63.573%，在两个公共因子的累积方差贡献率中比重最大，说明 R&D 活动与新产品投入是构成广西信息产业创新投入能力最主要的因素；第二公共因子的方差贡献率为 20.547%，是广西信息产业创新投入能力的第二大重要影响因素。

②在创新产出能力方面，提取的两个公共因子特征值也大于 1，方差累积贡献率为 84.823%，在 80% 以上，所以提取的两个公共因子能够反映原始指标的大部分信息，只需得到两个公共因子的因子得分函数，就可以得到广西信息产业创新产出能力的综合因子得分。

同样，采取最大方差法对初始因子载荷矩阵进行旋转，得到旋转后的因子载荷矩阵，如表 10-4-5 所示。矩阵显示了创新产出能力指标变量在两个公共因子上的载荷系数，可以根据该载荷系数写出因子表达式，明确公共因子的现实含义，得到因子模型：

$$Z_{Y_1} = 0.967F_1 + 0.151F_2$$

$$Z_{Y_2} = 0.871F_1 + 0.291F_2$$
$$\vdots$$
$$Z_{Y_7} = 0.934F_1 - 0.058F_2$$

由表 10-4-5 可以发现，第一公共因子 F_1 在第一项指标变量 Y_1（专利申请数）、第二项指标变量 Y_2（拥有发明专利数）、第六项指标变量 Y_6（利税）、第七项指标变量 Y_7（利润总额占总产值比重）上的载荷值绝对值较大，是能够反映信息产业无形产品产出及整体利益水平的公共因子；第二公共因子 F_2 在第三项指标变量 Y_3（新产品产出比重）、第四项指标变量 Y_4（新产品收入比重）、第五项指标变量 Y_5（新产品产出效率）上有较大载荷值绝对值，是反映信息产业新产品产出的公共因子。

表 10-4-5　创新产出能力指标旋转后的因子载荷矩阵

标准化指标变量	公共因子 F_1	公共因子 F_2
Y_6（利税）	0.978	0.058
Y_1（专利申请数）	0.967	0.151
Y_7（利润总额占总产值比重）	0.934	-0.058
Y_2（拥有发明专利数）	0.871	0.291
Y_4（新产品收入比重）	0.055	0.956
Y_3（新产品产出比重）	-0.094	0.948
Y_5（新产品产出效率）	0.104	0.683

从表 10-4-3 可知，第一公共因子的方差贡献率为 54.433%，在两个公共因子的累积方差贡献率中比重最大，说明无形产品的产出及信息产业整体利益水平是构成广西信息产业创新产出能力最主要的因素；第二公共因子的方差贡献率为 30.390%，是广西信息产业创新产出能力的第二大重要影响因素。

③在创新环境支撑能力方面，提取的前两个公共因子特征值大于 1，第三个公共因子的特征值接近 1，三个公共因子的方差累积贡献率为 78.954%，接近 80%，所以提取三个公共因子能够反映原始指标的大部分信息，只需得到三个公共因子的因子得分函数，就可以得到广西信息产业创新环境支撑能力的综合因子得分。

同样，采取最大方差法对初始因子载荷矩阵进行旋转，得到旋转后的因子载荷矩阵，如表 10-4-6 所示。矩阵显示了创新环境支撑能力指标变量在三个公共因子上的载荷系数，可以根据该载荷系数写出因子表达式，明确公共因子的现实含义，得到因子模型：

$$Z_{E_1} = 0.950F_1 - 0.112F_2 - 0.074F_3$$
$$Z_{E_2} = 0.920F_1 - 0.225F_2 - 0.164F_3$$
$$\vdots$$
$$Z_{E_{10}} = -0.112F_1 + 0.068F_2 + 0.947F_3$$

由表 10-4-6 可以发现，第一公共因子 F_1 在第一项指标变量 E_1（科技活动人员数）、第二项指标变量 E_2（普通高等学校数）、第三项指标变量 E_3（每万人在校大学生数）、第四项指标变量 E_4（高技术产业新产品产值）、第五项指标变量 E_5（科技机构数）、第八项指标变量 E_8（高技术产业引进技术经费支出总和）上的载荷值绝对值最大，是反映广西信息产业创新环境中创新意识和基础支持的公共因子；第二公共因子 F_2 在第六项指标变量 E_6（技术市场成交合同数）、第七项指标变量 E_7（技术市场成交合同额）以及第九项指标变量 E_9（高技术产业新产品开发经费支出）上有较大载荷值绝对值，是反映技术市场和新产品投入的公共因子；第三公共因子 F_3 在第十项指标变量 E_{10}（高技术产业 R&D 经费内部支出）上有较大载荷值绝对值，是反映 R&D 经费投入的因子。

表 10-4-6　创新环境支撑能力指标旋转后的因子载荷矩阵

标准化指标变量	公共因子		
	F_1	F_2	F_3
E_1（科技活动人员数）	0.950	-0.112	-0.074
E_3（每万人在校大学生数）	0.930	-0.225	-0.164
E_2（普通高等学校数）	0.920	-0.225	-0.197
E_4（高技术产业新产品产值）	0.891	0.270	0.030
E_8（高技术产业引进技术经费支出总和）	0.737	-0.167	-0.124
E_5（科技机构数）	0.569	-0.382	0.246
E_7（技术市场成交合同额）	0.115	0.747	-0.047
E_6（技术市场成交合同数）	-0.489	0.719	0.256
E_9（高技术产业新产品开发经费支出）	0.585	-0.631	-0.230
E_{10}（高技术产业 R&D 经费内部支出）	-0.112	0.068	0.947

从表 10-4-3 可知，第一公共因子的方差贡献率为 54.992%，在公共因子的累积方差贡献率中比重最大，说明创新意识和基础支持是构成广

西信息产业创新环境支撑能力最主要的因素;第二公共因子的方差贡献率为 14.130%,是影响广西信息产业创新环境支撑能力的第二大重要因素;第三公共因子的方差贡献率为 9.832%,说明高技术产业的 R&D 经费投入对广西信息产业创新环境支撑能力有较大的影响。

(4) 计算指标的因子得分及综合得分

为了进一步测度广西信息产业创新投入、产出及环境支撑方面的能力,本研究借助 SPSS 软件,首先根据各类指标的成分得分系数矩阵,将各类指标变量的公共因子表示为标准化指标变量的线性组合,得到公共因子的得分函数,然后将公共因子经过归一化处理后的方差贡献率作为权重,对公共因子进行线性加权求和,求得每类指标的综合得分。

①创新投入能力指标的公共因子可以表示为 6 个标准化后的指标变量的线性组合,本研究直接列出根据成分得分系数矩阵得到的公共因子的得分函数,即创新投入能力指标的公共因子得分函数:

$$F_{X_1} = 0.172Z_{X_1} - 0.180Z_{X_2} + 0.241Z_{X_3} + 0.179Z_{X_4} + 0.242Z_{X_5} + 0.227Z_{X_6}$$
$$F_{X_2} = 0.511Z_{X_1} + 0.437Z_{X_2} + 0.263Z_{X_3} - 0.358Z_{X_4} + 0.256Z_{X_5} - 0.311Z_{X_6}$$

计算创新投入能力指标的综合得分:

$$F_X = 75.57\% F_{X_1} + 24.43\% F_{X_2}$$

其中,F_X 为创新投入能力的总得分。

②创新产出能力指标的公共因子可以表示为 7 个标准化变量的线性组合,得到的公共因子得分函数为:

$$F_{Y_1} = 0.274Z_{Y_1} + 0.235Z_{Y_2} - 0.044Z_{Y_3} - 0.056Z_{Y_4} - 0.021Z_{Y_5} + 0.284Z_{Y_6} + 0.280Z_{Y_7}$$
$$F_{Y_2} = -0.007Z_{Y_1} + 0.061Z_{Y_2} + 0.407Z_{Y_3} + 0.414Z_{Y_4} + 0.291Z_{Y_5} - 0.049Z_{Y_6} - 0.096Z_{Y_7}$$

计算创新产出能力指标的综合得分:

$$F_Y = 64.17\% F_{Y_1} + 35.83\% F_{Y_2}$$

其中,F_Y 为创新产出能力的总得分,F_{Y_1} 和 F_{Y_2} 是创新产出能力指标中两个公共因子的得分。

③创新环境支撑能力指标的三个公共因子可以表示为 10 个标准化变量的线性组合,得到公共因子的得分函数为:

$$F_{E_1} = 0.223Z_{E_1} + 0.180Z_{E_2} + 0.191Z_{E_3} + 0.280Z_{E_4} + 0.113Z_{E_5} + 0.014Z_{E_6} + 0.146Z_{E_7} + 0.154Z_{E_8} + 0.028Z_{E_9} + 0.080Z_{E_{10}}$$

$$F_{E_2} = 0.087Z_{E_1} + 0.002Z_{E_2} + 0.018Z_{E_3} + 0.323Z_{E_4} - 0.200Z_{E_5} + 0.377Z_{E_6} + 0.532Z_{E_7} + 0.021Z_{E_8} - 0.305Z_{E_9} - 0.095Z_{E_{10}}$$

$$F_{E_3} = 0.041Z_{E_1} - 0.062Z_{E_2} - 0.032Z_{E_3} + 0.087Z_{E_4} - 0.346Z_{E_5} + 0.102Z_{E_6} - 0.131Z_{E_7} - 0.021Z_{E_8} - 0.079Z_{E_9} + 0.892Z_{E_{10}}$$

计算创新环境支撑能力指标的综合得分：

$$F_E = 69.65\% F_{E_1} + 17.67\% F_{E_2} + 12.14\% F_{E_3}$$

其中，F_E 为创新环境支撑能力的总得分；F_{E_1}、F_{E_2} 和 F_{E_3} 是创新环境支撑能力指标中三个公共因子的得分。

计算出的指标公共因子得分见表10-4-7。

表10-4-7　广西信息产业创新能力纵向测度指标公共因子得分

年份	F_X	F_Y	F_E
2000	-0.555724011	0.194946750	-0.966433272
2001	-0.659684903	-0.084113619	-1.023243928
2002	-0.404589997	0.059784487	-0.744293790
2003	-0.859760352	-0.475483137	-0.607046724
2004	-0.799278784	-0.624571537	-0.170009626
2005	-0.037406165	-0.606569930	-0.112771246
2006	-0.072012344	-0.359562763	-0.251702214
2007	0.589993369	-0.409612443	-0.055131128
2008	0.334644829	-0.228673483	0.395134508
2009	0.127649961	0.159874156	0.915683220
2010	0.319164612	0.260652675	0.914869998
2011	2.017001113	2.113322427	1.704954202

（5）广西信息产业创新能力纵向测度结果分析

①广西信息产业创新能力要素间关系分析

产业创新过程是一个复杂的过程，不仅会受到来源于创新投入能力、创新产出能力及创新环境支撑能力三要素单方面的影响，而且要素间的关系也是影响产业创新的重要因素。因此，在对纵向测度结果进行分析前，有必要理清组成广西信息产业创新能力的创新投入能力、创新产出能力与创新环境支撑能力三要素间的关系。将广西 2000~2011 年信息产业创新投入能力、创新产出能力以及创新环境支撑能力的公共因子得分作为分析样本，利用 SPSS 软件得出三要素公共因子得分的相关系数矩阵，对其进行相关性分析。各类指标公共因子得分的相关系数见表 10-4-8。

表 10-4-8 各类指标得分的相关系数矩阵

指标		F_X	F_Y	F_E
F_X	Pearson Correlation	1	0.767**	0.837**
	Sig. (2-tailed)	—	0.004	0.001
F_Y	Pearson Correlation	0.767**	1	0.638*
	Sig. (2-tailed)	0.004	—	0.026
F_E	(Pearson Correlation)	0.837**	0.638*	1
	Sig. (2-tailed)	0.001	0.026	—

从表 10-4-8 可以看出，创新投入能力公共因子得分与创新产出能力公共因子得分的皮尔森相关系数 (Pearson Correlation) 为 0.767，Sig. (2-tailed) 为 0.003，说明在 0.01 的显著性水平上，广西信息产业创新投入能力与创新产出能力呈正相关，即若创新资源投入量增加，创新产出就会随之显著增加。

同样，从表 10-4-8 可以看出，创新投入能力公共因子得分与创新环境支撑能力公共因子得分的皮尔森相关系数为 0.837，Sig. (2-tailed) 为 0.001，说明在 0.01 的显著性水平上，创新投入能力与创新环境支撑能力呈显著正相关，即广西信息产业的创新环境支撑体系越完善，政府、高校以及科研机构支持力度越大，高技术产业创新市场越活跃，信息产业创新投入的资源就会越多。

另外，创新环境支撑能力公共因子得分与创新产出能力公共因子得分的皮尔森相关系数为 0.638，Sig. (2-tailed) 为 0.026，说明在 0.05 的显著性水平上，创新环境支撑能力与创新产出能力呈显著正相关，即创新环境支持力度越大，越有利于创新产出能力的提升。

因此，通过对广西信息产业创新能力组成要素间相关关系的分析，可以看出良好的创新环境支撑能力可以促进创新投入能力的提高，创新投入能力的提高能够显著影响创新产出能力的提升，组成广西信息产业创新能力的三个要素之间是相互促进、相互支持的。

②广西信息产业创新能力纵向分指标评价

从图 10-4-2 可以看出,广西信息产业创新投入能力的发展呈稳步增长态势。可以将创新投入能力的发展分为四个关键阶段:第一个阶段是 2000~2004 年,该阶段广西信息产业创新能力不高,这与 R&D 人员、研发经费投入水平较低有一定的关系,而 R&D 活动与新产品投入是构成创新能力的主要因素,因此这段时期创新投入能力水平较低。第二个阶段是 2005~2007 年,这段时期创新投入能力处于稳步上升的阶段,创新人员、经费、设备的投入数量在该阶段总体呈增长态势。第三个阶段是 2008~2010 年,该时期广西信息产业创新投入能力基本呈下降态势,原因可以从宏观和微观两方面分析:从宏观环境来看,2008 年金融危机向全球蔓延,广西也受其影响,信息产业的整体发展水平有所下降,对创新投入能力造成了一定程度的影响;从微观的因子分析结果来看,R&D 人员全时当量、R&D 经费内部支出及新产品开发经费均出现较大幅度的减小,使得创新投入能力整体水平难以提高。第四个阶段为 2011 年,创新投入能力有较大幅度的提高。

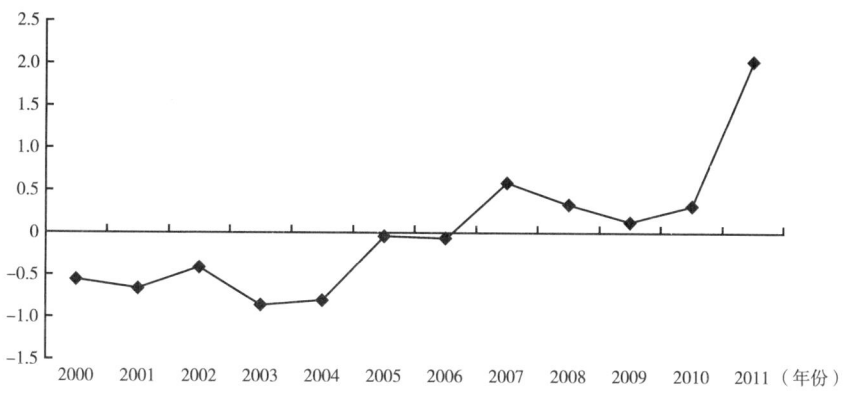

图 10-4-2 广西信息产业创新投入能力变化

从图 10-4-3 可以看出,广西信息产业创新产出能力的发展可以划分为三个阶段:第一个阶段为 2000~2004 年,广西信息产业创新产出能力基本呈下降趋势,这主要是由于在此时期广西信息产业还处于起步阶段,创新产出能力的发展并没有得到足够的重视。第二个阶段为 2005~2007 年,创新产出能力总体保持上涨趋势,2007 年出现下降,观察标准化数据可知,2007 年构成创新产出能力最主要因素的无形产品产出及整体利益水平出现下降态势,新产品的产出水平也在下降,使得 2007 年创新产出能力的整体水平下降。第三阶段为 2008~2011 年，这一阶段创新产出能力快速提升。

图 10 - 4 - 3　广西信息产业创新产出能力变化

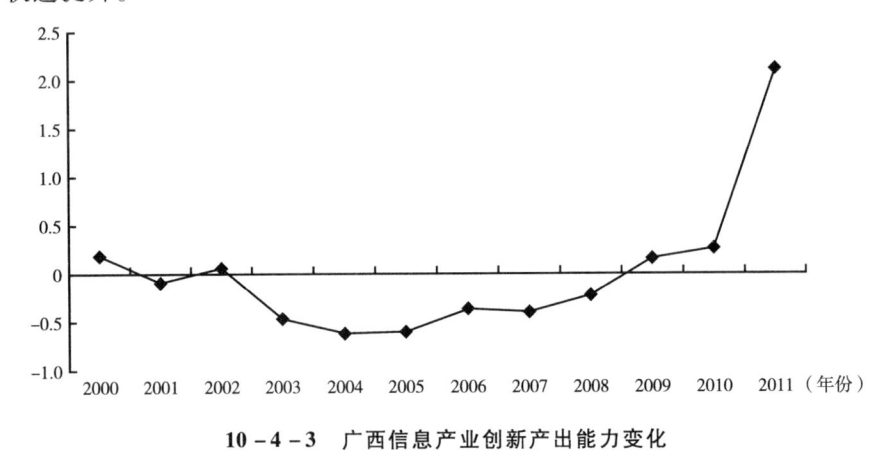

图 10 - 4 - 4 显示，广西信息产业的创新环境支撑能力的发展以 2006 年为界。2006 年以前，创新环境支撑能力在上升的同时伴随着微小波动；2006 年之后，创新环境支撑能力呈快速增长趋势，这主要是由于不断增加的高等学校、大学生以及科技活动人员，为创新环境支撑能力注入了新的活力，同时也说明创新科技人才是创新环境支撑能力发展的重要影响因素。

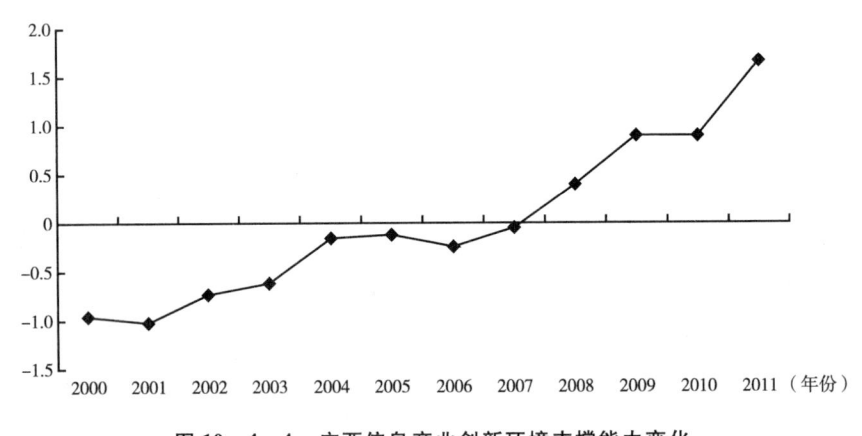

图 10 - 4 - 4　广西信息产业创新环境支撑能力变化

③广西信息产业纵向创新能力综合评价

为综合评价广西信息产业创新能力的发展过程及发展趋势，本研究在已得出的广西信息产业创新投入能力、创新产出能力与创新环境支撑能力公共因子得分的基础上,继续使用因子分析法对各要素公共因子得分进行分析,得出广西信息产业创新能力 2000~2011 年的综合发展水平。

首先进行因子分析适用性检验,在 KMO 和 Bartlett 球形检验的结果中,KMO 统计值是 0.678,Bartlett 球形检验的 Sig. 值是 0,说明拒绝各类指标得分数据相互独立的假设,得分数据之间具有较强的相关性,适合做因子分析。

在选择公共因子时,发现只有一个因子的特征值大于 1,方差贡献率为 83.265%,大于 80%,因此,该因子能够解释原始指标的大部分信息,只需要求出该公共因子的得分就可以对广西信息产业创新能力进行综合评价。该公共因子在创新投入能力和创新环境支撑能力上有最大的载荷值绝对值,说明创新投入能力和创新环境支撑能力是影响广西信息产业创新能力的主要因素。

根据得分系数矩阵可以得出广西信息产业创新能力的综合得分函数:

$$F = 0.382F_X + 0.350F_Y + 0.363F_E$$

由此可得出广西信息产业创新能力 2000~2011 年的综合得分及变化趋势图,如表 10-4-9 及图 10-4-5 所示。

表 10-4-9　2000~2011 年广西信息产业创新能力综合得分及全国排名

年份	创新能力综合得分	全国排名
2000	-0.59220	9
2001	-0.79975	11
2002	-0.48787	8
2003	-0.90267	12
2004	-0.75573	10
2005	-0.35578	7
2006	-0.31477	6
2007	0.06491	5
2008	0.22284	4
2009	0.53334	3
2010	0.67318	2
2011	2.71451	1

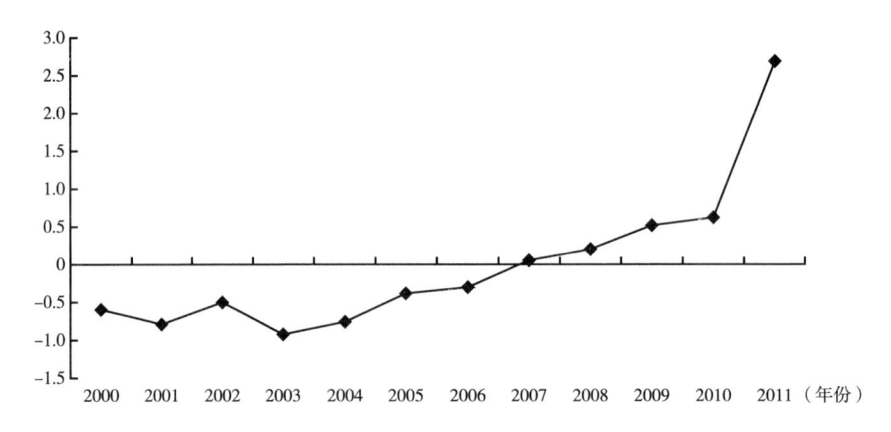

图 10-4-5　2000~2011 年广西信息产业创新能力综合得分变化

表 10-4-9 中得分为正数表示该年份广西信息产业创新能力高于 12 年的平均水平，得分为负数表示低于平均水平。因此，2000~2006 年，广西信息产业创新能力一直处于平均水平之下，但是仍然保持一定的发展速度，使得创新能力从 2007 年开始以高于平均水平的态势发展。

从图 10-4-5 可以看出，2003 年以前，广西信息产业创新能力呈波动态势，发展趋势尚不稳定，且因子得分全都低于平均水平，发展水平较低；2003~2010 年，广西信息产业创新能力呈稳定的上升态势；2011 年开始增长速度加快，经过对组成信息产业创新能力的各个要素的分析，2011 年创新投入能力和创新产出能力均出现大幅度的增长，创新环境支撑能力在 2011 年也有较快的发展速度，使得创新能力综合得分出现较大幅度的增长。

对比现实情况，2011 年是我国"十二五"规划的开局之年，广西"数字城市""无线城市群"的建设取得了不错的成绩，两化融合有力地推动了信息产业的发展，2011 年，广西信息产业总产值为 4619400 万元，同比增长 82.97%；销售产值为 3749597 万元，同比增长 152%。仅电子通用设备一项产品的产量就从 2010 年的 65 台增长到了 2011 年的 123 台；销量从 2010 年的 60 台增长到了 2011 年的 120 台。可见，广西信息产业在 2011 年的整体发展水平提高幅度很大，使得创新投入能力、创新产出能力以及创新环境支撑能力出现大幅度提升。

3. 广西信息产业创新能力横向测度

为适应我国信息产业高速发展的趋势，需要提出加快信息产业创新能力发展的具体战略，以缩小广西与信息产业发达省份之间的差距。仅通过纵向测度得出广西信息产业创新投入能力、创新产出能力以及创新环境支撑能力的发展变化趋势是不够的，还需要将其与国内其他省份的信息产业进行横向比较。

（1）指标选取说明

本研究仍然采用因子分析法这种多元统计方法计算2012年各省份信息产业创新能力综合得分，在纵向测度过程中使用的测度指标体系能够全面地反映信息产业的创新能力，对横向测度也同样适用，本研究在进行横向测度时仍然沿用该测度指标体系。

在选取横向测度指标时，本研究考虑了两方面的原因，并在原有指标的基础上进行了删减和调整：首先，全国各省份对一些指标数据的统计口径有差异，因此删减了无法统一口径的指标。其次，为减小横向测度结果中由相对指标带来的误差，将原有的相对指标用绝对指标来替换，使测度结果中各省份的排名能更真实地反映现实状况。其中，创新投入能力由经费投入与人员投入两方面衡量，经费投入包括新产品开发经费、R&D经费内部支出、引进技术经费支出，人员投入由R&D人员全时当量表示；创新产出能力由产品产出及知识产出两方面衡量，产品产出用新产品销售收入表示，知识产出用专利申请数表示；创新环境支撑能力用有R&D机构的企业数、有R&D活动的企业数与利润总额衡量（见表10-4-10）。

表10-4-10 横向测度指标体系

一级指标	选取的代表性二级指标	符号
创新投入能力	新产品开发经费	X_1
	R&D经费内部支出	X_2
	引进技术经费支出	X_3
	R&D人员全时当量	X_4
创新产出能力	新产品销售收入	Y_1
	专利申请数	Y_2
创新环境支撑能力	有R&D机构的企业数	E_1
	有R&D活动的企业数	E_2
	利润总额	E_3

经过对原有指标体系的删减和调整，横向测度指标体系保持了完整性与相对一致性，本研究对全国除新疆维吾尔自治区、宁夏回族自治区、西藏自治区和青海省以外的内地省份的信息产业创新能力进行了测度，[①]探寻 2012 年广西信息产业创新能力在全国的排名。其中，大部分指标数据来源于《中国电子信息产业统计年鉴（2013）》以及《中国高技术产业统计年鉴（2013）》。

（2）横向测度过程

在选取的横向测度指标体系中，组成信息产业创新能力的每一类要素的指标之间均有较强的相关性，不需要再使用因子分析法分别进行降维，因此，在横向测度过程中，本研究对横向测度指标体系中的所有指标同时进行因子分析，找出创新能力的主要影响因素。

①样本检验

使用 SPSS 软件默认的标准化方法对样本数据进行标准化处理，其 KMO 检验和 Bartlett 球形检验结果见表 10-4-11，KMO 统计值为 0.722，Bartlett 球形检验的 Sig. 为 0，适宜进行因子分析。

表 10-4-11　横向测度的 KMO 和 Bartlette 球形检测结果

KMO 检验		0.722
Bartlett 球形检验	Approx. Chi-Square	717.092
	df	36
	Sig.	0.000

②主成分提取

由 SPSS 软件给出的特征值及方差贡献率见表 10-4-12。从中可以看出，仅有一个特征值大于 1 的因子，提取该因子后样本的累积方差贡献率达 87.105%，因此，该因子可以解释原始指标变量的大部分信息。

③计算因子得分

由于只提取了一个主成分因子，本研究不需要对成分矩阵进行旋转，可直接利用因子得分系数矩阵计算综合因子得分。表 10-4-13 为因子得

---

① 新疆维吾尔自治区、宁夏回族自治区、西藏自治区和青海省的信息产业规模很小，在统计年鉴中大部分统计项目为空白，因此将其排除在横向测度范围之外。

表 10-4-12　横向测度的特征值及方差贡献率

指标因子	初始特征值			方差贡献率		
	特征值	方差贡献率	累积方差贡献率	特征值	方差贡献率	累积方差贡献率
1	7.839	87.105	87.105	7.839	87.105	87.105
2	0.998	11.090	98.195			
3	0.105	1.166	99.361			
4	0.022	0.242	99.603			
5	0.015	0.164	99.767			
6	0.013	0.144	99.911			
7	0.006	0.068	99.979			
8	0.002	0.018	99.997			
9	0.000	0.003	100			

分系数矩阵，可据此计算公共因子的综合得分，并根据每个省份的综合得分进行排名，结果如表 10-4-14。

表 10-4-13　因子得分系数矩阵

变量	因子
	1
X_1	0.126
X_2	0.120
X_3	0.098
X_4	0.122
Y_1	0.127
Y_2	0.118
E_1	0.111
E_2	0.123
E_3	0.125

（3）广西信息产业创新能力横向测度结果分析

基于上文的横向测度，在所选取的 27 个省份中，广西信息产业创新能力排在第 20 位，处于全国的中下游水平。

表10-4-14　各省份信息产业创新能力综合得分及排名

省　份	综合得分	排名	省　份	综合得分	排名
广　东	3.98722	1	陕　西	-0.40177	15
江　苏	2.58039	2	江　西	-0.40442	16
浙　江	0.43238	3	山　西	-0.41971	17
山　东	0.2428	4	河　北	-0.42925	18
福　建	0.19766	5	重　庆	-0.44132	19
北　京	0.03424	6	广　西	-0.44368	20
上　海	0.02727	7	黑龙江	-0.46296	21
四　川	-0.02433	8	吉　林	-0.47426	22
天　津	-0.14879	9	甘　肃	-0.48255	23
湖　北	-0.18568	10	贵　州	-0.48538	24
安　徽	-0.2191	11	海　南	-0.48553	25
湖　南	-0.25668	12	云　南	-0.48636	26
辽　宁	-0.36982	13	内蒙古	-0.48694	27
河　南	-0.39343	14			

首先，广西与信息产业创新能力较强的省份相比，差距还很大。在与广东、江苏这两个信息产业创新能力强的省份相比，广西不仅在综合实力上与其差距非常明显，而且在创新投入能力、创新产出能力以及创新环境支撑能力各方面与其有不小的差距。当然，这样的差距说明广西信息产业的创新能力在未来还有足够的提升空间，上升的潜力还很大。

其次，广西信息产业底子薄、规模不大，但随着自治区政府对信息产业发展的重视、信息类企业的快速成长，广西信息产业在成长规模方面甚至超过或者接近中部一些省份的水平，如2012年，广西信息产业利润总额占全国的比重为2.0%，而陕西、江西和山西分别为0.2%、1.4%和2.7%。但是在创新能力方面，广西与中部发达省份仍然有差距，这与广西信息产业目前以承接东部地区电子信息制造业为主的发展模式有很大关系，这种以承接发达地区的加工活动为主的发展模式导致广西信息产业陷入了产业规模发展较快但创新能力比较薄弱的窘境。

总的来说，通过对广西信息产业创新能力进行基于时间序列的纵向测度，发现2000~2011年广西信息产业的创新能力基本呈上升趋势，尤其是在 2011 年出现大幅度的提升。但是广西信息产业创新能力在全国仍处于中下游水平，创新空间还很大，因此，在对测度结果综合分析的基础上，应充分发挥广西信息产业已有的创新优势，寻找造成劣势的原因，有的放矢地探寻提升广西信息产业创新能力的对策。

二 产业创新能力制约因素分析与提升对策

1. 制约因素分析

（1）新产品产能

广西信息产业的新产品产能低下，在很大程度上制约了信息产业创新能力的提升。

首先，新产品的产能受企业规模的限制。随着信息产业的梯度转移，广西各地的高新技术开发区形成了具有自身特色的信息产业发展基地：桂林基地以通信产品为主，北海基地以新型电子元器件产品为主，南宁基地以应用软件产品为主，柳州基地以机电一体化产品为主。但是在这些基地中形成的产业，有很多是刚从沿海省份转移过来的，规模很小。除此之外，各基地基本以工业园区的形式为主要发展模式，发展规模受园区基础设施、投资制度等的影响较大，园区产业链以及产业集聚程度还处于初级阶段，发展尚未成熟。

其次，新产品的产能还受到生产效率的影响。企业的生产效率会直接影响企业的生存与发展，一方面，生产效率低下使得企业生产的会计成本与机会成本同时上升，利润随之下降，使企业最终面临生存困境；另一方面，生产效率低下会使企业丢掉现有的市场份额以及放慢开发新市场的速度，对产品市场的损害极大，市场的丢失会影响产品的销售收入，使企业平均成本进一步上升，最终将这部分上升的成本转嫁给消费者，影响企业的发展。一旦企业出现生存危机或发展问题，势必会使新产品的研发与生产受到影响，因此，生产效率低下是企业新产品产能不高的重要原因。

最后，产业布局也是影响新产品产能的原因之一。广西信息产业的产业布局亟须调整，广西除了南宁、桂林、北海、柳州四市外，其他地市的信息产业创新能力发展都较薄弱，地区发展不平衡情况比较突出。目前，广西发展的信息产业，特别是电子信息产品制造业中，有很大一部分企业没有核心技术，仅仅凭借广西各项优厚的招商条件和劳动力成本优势维持基本生存，生产的产品技术含量不高、抗风险性差，产品结构亟须调整。

（2）自主品牌与核心技术

上文的因子分析法显示，广西在信息产业 R&D 经费内部支出、新产品开发经费等方面表现较好，在信息产业利税、拥有发明专利数、专利申请数方面的综合得分排名靠前。这说明，广西已经对信息产业的创新能力发展给予了高度重视，政府加大了财政投入并给予一定的政策导向，企业提高了在 R&D 方面的经费支出，使信息产业乃至整个高技术产业自主创新能力的提升获得了一定的资金支持。通过纵向测度我们发现，广西创新投入能力及创新环境支撑能力仍然保持上升态势。

但是，创新能力是由多方面因素共同决定的。尽管信息产业的自主创新发展已引起了重视，但是对创新能力的正向影响仍然不够明显，究其原因，主要有以下两点：一是本研究取得的数据资料有限，指标的选取有很大局限性，只能在现有资料的基础上做浅显的分析。例如，R&D 经费内部支出实际衡量的是某区域对自主创新的重视程度和经费投入的大致状况，不能综合衡量人力、物力等投入。二是在重视创新投入的基础上没有将经费投入、知识产出有效地转化成创新成果，即成果转化能力不强，虽然广西在专利拥有量方面占有一定的优势，但是没能将专利转化成自有品牌和核心技术，使得自主创新的成果不能得到高效利用。

（3）创新效率与激励机制

使用因子分析法进行纵向测度不难发现，虽然广西信息产业的创新投入能力的公共因子得分总体增大，但是创新产出能力的公共因子得分并没有明显增长，这一方面是由于从创新资源投入到创新产品产出这一过程有时间滞后的因素，另一方面是由于广西信息产业创新效率低。

广西缺少本地的信息产业龙头企业，产业发展以中小企业为主，这些中小企业大多处于价值链的低端，能够获得的利润极低，缺少扩大技术创新规模的能力，一旦出现发展瓶颈，企业规模便无法再扩大。

除此之外，广西本地的优秀高等院校数量较少，在广西大学、广西师范大学、桂林理工大学、桂林电子科技大学以及广西民族大学五所大学中，仅有桂林电子科技大学在电子信息科技学科方面有优势，而且很多毕业生，尤其是一些优秀的信息科技领域的毕业生不愿意留在广西发展，选择到北京、上海、广州、深圳等一线城市发展,使得广西人才流失严重。在具有中高层技术职称的人才方面,广西也面临人才断层的窘境,信息产业创新能力的发展缺少人才的支持。造成这种现象的原因有两方面:一是从微观方面看,信息科技企业薪酬体系不够完善,没有建立合理的用人机制以及合适的企业文化,使这些信息科技人才在工作岗位上找不到归属感;二是从宏观方面看,广西的区域经济发展较为落后,服务于信息产业创新的平台尚未建立,在信息产业的创新活动过程中难以提供足够的支撑力量,使得一些掌握信息科技的优秀人才纷纷去沿海或经济发展速度较快的地区谋求更好的发展机会。

2. 提升对策

(1) 创新投入能力方面

①构建以企业为主体、相关机构相互支撑的多元创新体系

在信息产业创新能力的发展过程中,企业不仅是创新体系运行的核心,而且是创新活动得以持续进行的行为主体,其地位和作用是不容低估的,这是由企业在经济运行体系中的特殊地位决定的:首先,企业活跃在生产经营创新活动第一线,掌握着第一手生产资料,既是创新的需求者,又是创新活动开展的主要阵地,企业技术创新水平的高低、自主创新意识的薄弱往往决定着整个产业创新能力的大小。其次,企业的命运与市场的机制联系紧密,企业既可以向市场输出自己的自主创新成果以获取高额利润,也可以从市场引进先进科技创新成果以提高生产经营活动的效率,企业不仅自身受益于市场的创新活力,而且带动了整个市场的创新动力,使市场的创新机制更加完善。最后,创新活动不仅需要多学科、跨领域的科学知识,而且需要结合产业中不同企业的特点,任何脱离企业基础活动的创新成果都是没有应用价值的。因此,只有企业才是创新的主体,只有企业才能对生产经营活动中的要素进行重新排列组合,并结合市场运行机制将创新活动持续下去。

在确立企业创新主体地位的同时,也要认识到科研机构和高校在创新活动中的重要作用。科研机构和高校在两方面起着重要作用:第一,科研机构和高校拥有科研人才,科研人才是创新活动的重要力量;第二,科研机构和高校拥有创新成果,创新成果是创新产出的雏形。因此,不能让科技人才、科技成果游离于市场之外,要将科研机构和高校融入创新体系,

促进产学研的合作,增强创新成果的转化能力,增强科技与经济的结合能力。

②完善人才激励机制

首先,对信息产业人才而言,其更看重的是未来发展前景和职业发展规划,因此,构建吸引信息产业人才的战略措施以及相关政策是广西信息产业创新能力提升的必经之路,具体措施包括:建立有效的股权激励机制,鼓励信息产业人才以技术、专利、发明等知识产出为要素入股,参与利润分配;吸引区外著名大学及科研机构到广西设立研究生院及博士后工作站,并设置专项基金,支持对广西信息产业创新能力提升有战略性意义的研究活动,充实广西在自主研发方面的实力;营造开放的人才发展环境,确保产业链、资金链以及人才链各个环节的有效衔接,保障信息产业创新活动的人才投入。

其次,发挥广西独特的宜居人文环境优势,吸引和留住人才。现代人才对人居环境愈加重视,宜居的人文环境是人才愿意与一个地方亲近并留下来的先决条件。广西处于低纬度区域,雨水丰沛,四季气候温润,更有桂林、北海、防城港等著名风景区,近年来,广西坚持城乡统筹,坚持经济、政治、文化、社会和生态的一体化科学发展,在人居环境建设上取得了不错的成绩,成为中国南部沿海最适宜居住的地区。这样一个风景优美、经济发展充满活力的地区,应该充分发挥宜居环境的优势,将广西打造成人才安居创业的最佳地区。

(2)创新产出能力方面

①实施品牌战略,增强自主品牌竞争力

横向测度表明,广西对信息产业的自主创新活动已有一定程度的支撑,政策倾向明显,但是广西信息产业仍然缺少自主品牌,已有的自主品牌在市场上的竞争力不强。因此,从政府和企业两方面实施品牌战略,有助于广西推动信息产业自主创新能力的进一步提升。

实施品牌战略,政府的力量主要体现在引导和支持方面。首先,政府通过政策的指导性作用确定信息产业中需要加大创新力度的行业,对这些行业进行财政补贴,对有突出创新贡献的企业给予一定的财政鼓励,引导企业树立自主创新意识,并且由政府牵头,将技术引进与技术研发相结合,在引进先进技术的基础上建立自主品牌。其次,扶持创新意识强烈、有创新能力的企业优先发展,率先创立自主品牌。一方面,政府应设立创新发展基金，从资金方面提供财政支持；另一方面，我国资本市场正逐渐发展成熟，尤其是创业板市场及新三板市场，为高科技创新型企业的发展提供了良好的融资机遇，因此，政府要鼓励有能力的企业抓住上市融资机遇，创立自主品牌，并在此基础上，由政府做纽带，加强企业与科研院所的联系，使市场需求与创新活动有机结合，进一步增强自主品牌的竞争力。

在品牌战略的实施过程中，企业起着决定性作用，这不仅由于企业是创新活动的主体，而且由于企业活动在创新成果转化中处于第一线。实施品牌战略，首先，企业要在认清市场规律及经济形势的前提下，调整企业的产品结构，使之符合经济发展形势并且与市场需求接轨。其次，有独立创新能力的企业，应以市场为导向，在政策的指引下有序开展创新活动，充分利用各种融资方式加大资金投入力度，重视科技创新人才的培养与引进，集中力量进行自主品牌的创立；创新能力不足的企业，可以由贴牌生产逐渐向自创品牌生产过渡，虽然贴牌生产战略科技含量与产品附加值都较低，但是可以吸引大型企业的投资，扩大企业规模，在增强实力的基础上，企业可采用技术引进或委托研发的形式进行自主创新。

自主品牌的创立与竞争力的增强都不是一蹴而就的事情，需要在投入大量的人力、物力、财力的同时承担高风险。因此，只有政府和企业联手，从树立自主创新的意识入手，才能从根本上全面实施品牌战略，并以此为基础提高自主品牌的竞争力。

②保护信息产业知识产权

信息产业创新是一项高投入、高风险的活动，一旦创新项目获得成功，往往会在技术研究和应用方面涉及知识产权及技术秘密保护问题。目前广西信息产业正面临技术竞争激烈、人才流失严重等问题，对知识产权的保护需求日渐强烈，有效的信息产业知识产权保护制度不仅可以保护创新成果，而且能够保护创新主体对创新活动的热情与积极性。

广西的信息产业目前处于快速成长阶段，而成长阶段对知识产权更为依赖，保护知识产权是对产业发展能力的一种保证。保护知识产权的最有效途径是将创新成果申请为专利，使创新活动的无形成果转化为实用型的竞争优势。专利申请的类型大致可分为两类：一类为自创型，即以自身创新能力为根基，将研发成果申请为专利；另一类为跟随型，即借鉴已有的先进技术，在其基础上进行再创新，将修改、完善后的创新成果申请为外围专利。针对广西信息产业层次低、产业链短、信息化发展缓慢的现状，一方面要加强自主创新能力,申请和保护自创专利;另一方面要重视外围专利的研发与申请。

(3) 创新环境支撑能力方面

①推动协同创新机制形成

协同创新通常以协同合作的形式展开,针对广西信息产业创新发展效率不高、人才激励机制不健全的具体特点,应该从以下两方面促进协同合作。

首先是促进企业间的协同合作。企业是信息产业创新活动中的关键主体,企业间的协同创新从产业链的角度来看可以分为两类:一类是垂直方向的企业间协同合作,包括供应商与生产商、生产商与需求方之间的协同创新,这种类型的协同创新更容易促成,收到的协同效应往往也是最大的,因为产业链垂直方向上的企业了解相互之间的需求与供给实力,在了解的基础上开展的协同创新活动更加具有针对性,创新成果也更容易产业化。另一类是水平方向的企业间协同合作,产业链上水平方向的企业间一般具有竞争关系,在新产品能带来垄断利润的动力驱动下,不安于现状的企业会通过不断创新来壮大自己,使水平方向的企业间形成了"优胜劣汰"的机制,从而促进创新资源在企业间的优化配置,但是仅仅通过竞争很难实现个体利益的最大化,竞争过程中往往蕴含着协同合作的因素,如一个企业单靠自身力量无法完成的新技术研发任务,可以通过与水平企业的协同合作来完成,使参与合作创新的企业都能获得利益,从而推动产业整体创新能力的进一步提升。

其次是促进官产学研的协同合作。鉴于广西缺乏在信息技术方面实力较强的高校及研究机构,仅仅依靠产学研相互协作来创新是不够的,需要政府的引导与支持。一方面,政府可以提供信用支持。政府调控能力比较强的国家往往拥有较高的政府信用,如我国,如果能够由政府牵线搭桥促成企业、科研机构及高校之间的合作创新、委托创新或共建创新,其相互之间的信任程度会比中介机构介绍或自发形成的协作的信任程度高,创新过程也比较容易规范化,能够更高效地开展创新活动。另一方面,政府的参与能够优化创新要素的配置。通过借鉴广东省信息产业创新能力提升的经验,我们发现企业与高校共建科技创新项目会收到很好的效果,例如,由华为和东南大学合作研发的获 2011 年国家技术发明一等奖的"宽带移动通信容量逼近传输技术"就是一个成功的"产学"共建创新案例,广西信息产业创新活动的发展可以借助政府在引进人才、培养人才方面的力量，吸引本地人才留驻，引进区外优秀人才。同时，政府能够对创新过程中技术、信息的配置进行优化，引导人才从高校及科研机构流向企业，鼓励研发机构将创新理论与企业的应用相结合，通过政府这只"看得见的手"的引导解决"看不见的手"所不能解决的问题，进一步推动产学研之间协同创新能力的提升。

②强化产业集聚效应，提高创新效率

产业集聚效应不仅被认为是增强产业竞争力的有效手段之一，而且对提升产业创新能力有着重要的影响。产业园区是产业集聚实现的载体，主要通过吸附人才、鼓励企业资源共享、扩大企业规模的方式促进园区内企业的发展。广西目前已形成了具有代表性的北海工业园区、梧州工业园区、桂林电子信息产业示范基地等，这些工业园区（基地）对产业的创新发展有很大的推动作用，但是总体而言，广西信息产业的工业园区（基地）规模较小，产业链不完整，尚未形成对创新能力提升的促进作用。首先，广西应抓住东部地区信息产业梯次转移的机遇，主动承接转移产业，扩大信息产业的发展规模。其次，在扩大规模的基础上，广西应根据产业链的形式对企业的发展前景进行评估，对产业集聚的地理分布进行规划，合理引导企业进入园区。最后，利用产业园区（基地）的集聚优势，搭建产业集聚区域的信息产业创新服务平台，通过创新服务平台使区域资源向优势环境集中，为产业园区（基地）的创新活动提供后勤服务。

第五节 对广西北部湾经济区信息产业集群发展的建议

一 广西北部湾经济区及其信息产业简介

1. 广西北部湾经济区简介

广西北部湾经济区成立于 2006 年 3 月，由南宁、北海、钦州、防城港、玉林、崇左等行政区域组成，陆地面积 4.25 万平方公里，2008 年末总人口 1255 万人。2008 年 1 月 16 日，国家批准实施《广西北部湾经济区发展规划》，其总体目标是建设中国经济增长第四极，把广西北部湾经济区建成中国 – 东盟开放合作的物流基地、商贸基地、加工制造基地和信息交流中心，成为支撑、带动西部大开发的战略高地和开放度高、辐射力强、经济繁荣、社会和谐、生态良好的重要国际区域经济合作区。其具体发展目标是：到 2010 年，实现人均区域生产总值较大幅度提高；到 2020 年，人均区域生产总值超过全国平均水平，经济总量占广西的比重提高到 45% 左右。

广西北部湾经济区生产总值从 2005 年的 1180 亿元增加到了 2010 年的 3022 亿元；全社会固定资产投资从 2005 年的 563 亿元增加到了 2010 年的 2797 亿元；财政收入从 2005 年的 142 亿元增加到了 2010 年的 441 亿元；三次产业结构由 2005 年的 23.61∶31.17∶45.22 调整为 2010 年的 16.95∶39.42∶44.63。临海产业集群逐步形成，初步形成了以电子、能源、轻工食品等为主的产业布局：北海、防城港、钦州三市燃煤电厂，以及钦州中石油 1000 万吨炼油、中石油 1000 万方原油储备库一期、金桂林浆纸一体化等一批重大产业项目建成投产；防城港红沙核电、金川集团铜镍冶炼深加工、北海炼油异地改造石油化工、南宁燃煤电厂等一批重大项目已经开工建设；防城港钢铁精品基地项目已获国家发改委同意开展前期工作，钦州中石油 1000 万方原油储备库二期、北海林浆纸一体化等项目前期工作加快推进。围绕重大产业项目配套，一批产业链项目已建成投产。

随着广西北部湾经济区影响的日益扩大和经济发展的全面提速，广西北部湾经济区已成为中国区域经济发展的新亮点。2007~2012 年，广西北部湾经济区地区生产总值从 1764.6 亿元增加到 4316 亿元，增长了 1.45 倍；财政收入从 204.38 亿元增加到 714 亿元，增长了 2.5 倍；全社会固定资产投资从 965.03 亿元增加到 4513 亿元，增长了 3.68 倍。北部湾经济区已进入产业发展的收获期，从依赖基础设施投资拉动转向工业支撑和进出口、消费同时拉动，发展的均衡性和可持续性大大增强。2013 年，广西北部湾经济区生产总值同比增长 10.5%，规模以上工业增加值同比增长 17.4%，全社会固定资产投资同比增长 24.1%，社会消费品零售总额同比增长 13.9%。

"十二五"期间，广西北部湾经济区计划在五大领域投资 2.6 万亿元，实施项目 2375 项，新开工重大项目 1130 项，总投资约 1.6 万亿元。在产业发展方面，计划投资 1.37 万亿元，打造 6 个千亿元产业园，建设产业项目 272 项，形成电子信息、机械装备制造、石化、冶金、农产品加工等多个产值超千亿元的产业，同时大力发展新能源、新材料、生物医药和海洋产业等，实现总产值超过 1 万亿元。在港口建设方面，计划投资 1339 亿元，建设深水航道、大能力泊位和集装箱码头等项目 114 项。

重点产业园区产业集聚效应初显。中国电子北海产业园已经开园。台湾（南宁）轻纺产业园已有台湾地区的麦斯集团等一批纺织服装、制鞋企业投产。钦州石化产业园、防城港大西南临港工业园、北海电子产业园实现工业产值超 100 亿元。钦州港经济技术开发区升级为国家级经济技术开发区。截至 2012 年，纳入广西重点支持的北部湾经济区重点产业园区已有 14 个。

2. 广西北部湾经济区信息产业简介

因缺乏整体的统计数据，本研究只能以下两个方面大致反映广西北部湾经济区信息产业的基本情况。

（1）产业结构与主打产品

北海市：电子信息制造业以中国电子北海产业园为龙头，主要生产计算机整机及零部件、平板显示器、电力电子、电子元件及组件等；软件与信息技术服务业以北海石基、北海银河等企业为龙头。多项"广西第一"在此诞生，北海已经逐步形成了产业门类齐全、产业链条逐渐完善的西部电子信息产业发展重要基地。

南宁市：电子信息制造业主要生产通信、数字家电、智能仪表、新型电子元器件、汽车电子仪器、电线电缆等电子产品；软件与信息技术服务业以广西博联信息通信技术有限责任公司、润建通信股份有限公司、广西德意数码股份有限公司、广西三原高新科技有限公司、南宁超创信息工程有限公司等企业为龙头。

钦州市：主要生产数字电视、液晶显示器、计算机整机及周边配件、微型机电、新型平板显示器、LED、电子元器件、数字音视频等电子产品，努力打造面向东盟的数字电视生产基地。

（2）产业水平

北海市：2012 年电子信息产业产值突破 500 亿元，2013 年上半年该市信息产业同比增长 56.8%，拉动该市工业增长 16 个百分点。

南宁市：随着富士康南宁科技园等重点项目建设的持续推进，南宁市信息产业从量化生产向品质提升转变，2014 年 1~7 月，南宁市信息产业实现产值 176.86 亿元，占全市工业总产值的 11.41%，比上年同期增长 56.42%。

从总体规模上看，该经济区信息产业的规模和产值约占广西的大半壁江山。

二 产业 SWOT 综合分析

对广西北部湾经济区信息产业发展进行的 SWOT 综合分析见表 10-5-1。从总体上看,广西北部湾经济区信息产业发展的优势明显,但是劣势也不容忽视。优势在于所处的区位优势明显,战略地位突出,市场潜力巨大,国家政策支持力度大。而劣势在于经济环境、产业配套相对落后,管理、服务等软环境缺失。广西北部湾经济区信息产业的发展处于良好的大环境下,发展机会良好,但面临的挑战也非常严峻。广西北部湾经济区各大信息产业园应把握机会,利用优势,化解劣势,迎接挑战,在激烈的竞争中健康发展。

表 10-5-1 广西北部湾经济区信息产业的 SWOT 综合分析

外部环境＼内部条件	优势(strengths)	劣势(weaknesses)
	①邻近粤港澳,背靠大西南,面向东南亚,具有重要而独特的地位;②交通便利,港口、航空、铁路、公路交通发达;③是中国沿海与东盟国家进行交往的枢纽,战略地位突出,市场潜力巨大;④劳动力成本低;⑤享受国家、各部委、地方政府一系列投资、税收等优惠政策	①整体经济环境、产业配套相对落后;②企业资金、技术、人才都还比较匮乏;③政府管理上出现多头管理局面;④政府对整个行业的整体包装、策划、宣传、造势还不够
机会(opportunities)	SO 战略	WO 战略
①良好的周边国际环境有利于与东盟加强经济合作;②中国-东盟自贸区的建设有利于加大招商引资力度,引进更多大型电子企业;③国家及自治区大规模投资的拉动效应可极大地带动相关电子产业的发展;④《广西北部湾经济区发展规划》实施,国家深入实施东产西迁战略	①充分利用北部湾经济区和中国-东盟自贸区的政策与地理优势,出口电子信息产品;②积极保质保量地完成政府订单,利用好国家对电子信息产业的政策;③利用广西北部湾经济区发展与"东部产业西迁"战略,做好基础设施建设的准备工作,选择合理、环保的产业	①改善投资环境,吸引东盟的资金到北海投资;②在经济落后的情况下,实行反梯度转移,优先发展信息服务业
威胁(threats)	ST 战略	WT 战略
①将面临东盟国家信息产品市场的激烈竞争;②信息人才被发达地区吸引;③知识产权的保护一定程度上制约了广西信息产业的发展	①营造良好的协同配套环境,加强区域品牌建设;②制定吸引人才、留用人才的政策,并把政策落到实处;③选择较有核心市场竞争力的企业入驻园区,提高研发能力和技术水平	①提高核心竞争力以及产品的科技含量,扩大海外市场;②为科技研发提供良好的环境,提高劳动力的素质,加强自主创新

三 产业集群发展的条件暨可行性分析

1. 产业发展前景远大，广西信息产业发展有一定基础

信息产业属于朝阳产业，是国民经济的战略性、基础性和先导性产业，对调整产业结构、转变发展方式、拉动经济增长、促进社会就业和维护国家安全具有十分重要的作用。信息产业具有全球化和区域化趋势明显、高技术与技术更新快、规模化、产品个性化与换代快、市场面广等特点，因而，其产业在世界范围内的发展方兴未艾，发展前景光明远大。广西及广西北部湾经济区，信息产业已有了一定的基础，这为其信息产业的集群发展提供了前提条件。

2. 数量众多的信息企业及相关的机构实现了在空间上的聚集

中国电子信息产业集团、广西德意数码股份有限公司、广西博联信息通信技术有限责任公司等一大批整机、元器件、软件与信息服务企业，以及广西大学和桂林电子科技大学（北海分校）、北部湾银行、钦州市港口（集团）有限责任公司等相关机构，在广西北部湾经济区实现了空间上的聚集。

3. 龙头企业实力雄厚，具有高度的专业化

广西北部湾经济区集聚了全球最大的显示器生产企业（冠捷科技）、全球最大的音频设备生产商（三诺电子）、全球著名的存储企业（朗科集团）及国内最大的信息企业（中电集团）等国内外著名的电子信息整机与元器件制造商，以及广西博联信息通信技术有限责任公司、润建通信股份有限公司、广西德意数码股份有限公司、广西三原高新科技有限公司、南宁超创信息工程有限公司等一批国内著名的软件与信息服务企业。

4. 区域产业门类齐全，产业链长，产品关联度高

在广西北部湾经济区，一个以计算机整机及零部件、电力电子、光电显示、电子元件及组件、软件与信息服务、小家电为重点板块的产业门类齐全、产业链条完整、产品关联度高、技术与经济相关联（可实现采购本地化）的信息产业格局已经初步形成，具有生产过程的可分性、可运输性、产业配套性、市场的差异化、市场环境的多变性等特征。

5. 政府的大力扶持

一是政府制定了《广西北部湾经济区发展规划》《广西北部湾经济区发展"十二五"规划》等，这些规划为广西北部湾经济区信息产业的发展做出了战略布局的积极谋划，为其产业的集群发展指明了方向。二是政府对设在广西北部湾经济区的外商投资企业从政策上给予了大力扶持，如在10年内，按15%的税率征收企业所得税；银行对高新技术企业给予积极支持，尽力安排供开发和生产建设所需资金；企业用于高新技术开发和高新技术产品生产的机器设备，可快速折旧；外商投资广西优势产业项目，在投资总额内进口技术设备，除规定不予免税的商品外，免征关税和进口环节增值税。三是在建设资金投入、建设项目安排、财政转移支付、金融信贷、土地和矿产资源使用、教育投入等方面，政府制定了一系列优惠政策。政府实施的这一系列优惠政策极大地改善了投资环境，大大增强了对资本迁入的吸引力，有利于该区域信息产业的集聚。

6. 区位优势明显，基础设施得到较大改善

广西北部湾经济区面向东南亚，每年均举办中国－东盟博览会，成为中国通往东盟、开展经济合作的"桥头堡"。其信息产业底子薄既是劣势，又是优势，若反梯度推移战略实施得好，则可发挥产业低梯度地区的后发优势，使信息产业得到快速发展。近年来，南宁、北海高铁的通车，钦州、防城港港区扩建及深水码头的建设，大大地改善了广西北部湾经济区对外的交通运输条件。

综上所述，广西北部湾经济区信息产业已具备发展产业集群的属性、特点和充要条件，其产业集群发展是完全可行的。

四 对产业集群模式选择的建议

根据前述分析研究结论，广西北部湾经济区信息产业正处于承接东部产业转移的阶段。从产业链角度看，广西北部湾经济区信息产业链还未真正形成，还未形成具有全球性市场竞争优势的产品，与广西北部湾经济区其他产业基本没有直接关系；广西北部湾经济区信息产业尚未融入我国信息产业链，技术产品结构处于低端，无法与产业链的高端靠拢

和对接。因此，在未来发展中，建议主要采用产业链式集群模式来发展广西北部湾经济区的信息产业。其集群模式见图10-5-1、图10-5-2。

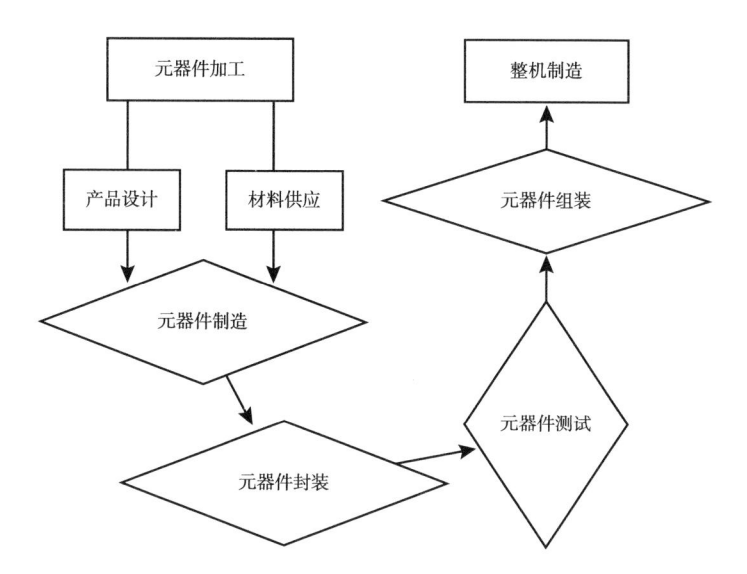

图 10-5-1 基于生产的信息产业链模型

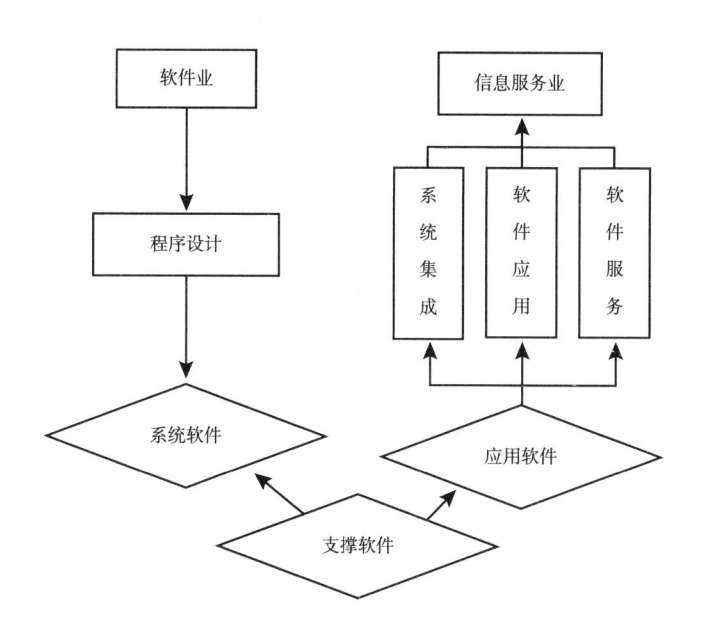

图 10-5-2 基于软件、信息服务的信息产业链模型

五　对产业集群发展组织结构的建议

根据第五章的理论，建议广西北部湾经济区信息产业集群选择图 10 - 5 - 3 的组织结构。

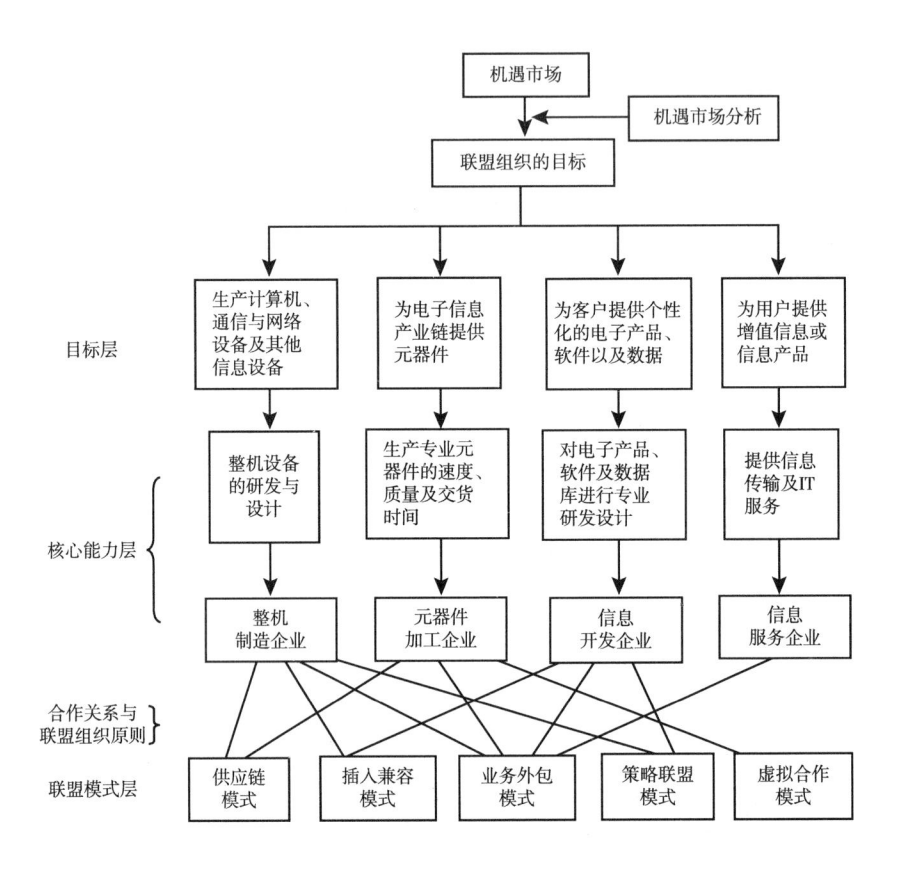

图 10 - 5 - 3　广西北部湾经济区信息产业集群应选择的组织结构

六　对产业集群发展运行设计的建议

根据第五章的理论，建议广西北部湾经济区信息产业集群选择图 10 - 5 - 4 的组织运行机制。

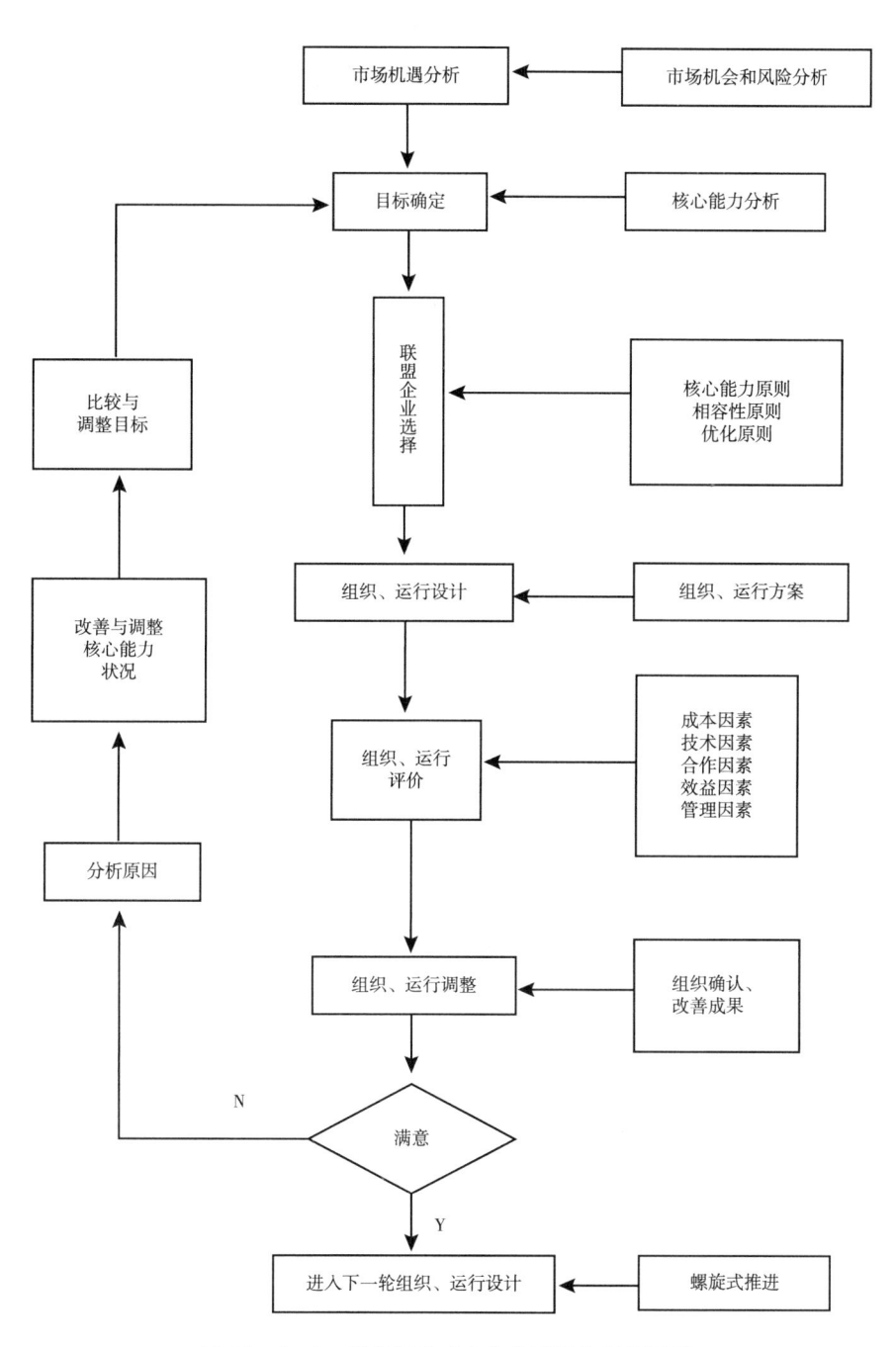

图 10-5-4　螺旋推进式产业集群组织运行机制

第六节　广西信息化水平测度及其分析

一　资料来源

本研究原始的指标数据来自《广西统计年鉴》,由于数据可获得性受到一定的限制,收集到的广西数据年份为 2002~2009 年。2002~2009 年广西信息化发展指数(IDI)指标如表 10-6-1 所示。

表 10-6-1　2002~2009 年广西信息化发展指数指标

指标	2002 年	2003 年	2004 年	2005 年	2006 年	2007 年	2008 年	2009 年
固定电话拥有率(部/百人)	10.7	15.2	16.5	17.6	18.4	17.8	16.8	15.4
移动电话拥有率(部/百人)	8.9	13.4	17.8	20.7	24.2	27.4	32.2	38.5
电视机拥有率(台/百人)	91.5	91.5	91.5	93.5	93.5	94	94.5	95.3
计算机拥有率(台/百人)	21.3	23.4	30.7	43.4	46.9	53.6	67.6	71.9
互联网拥有率(户/百人)	2	3	3	4	4	3	4	5
信息产业增加值占 GDP 比例(%)	43	42	40	39	39	37	36	38
信息产业 R&D 经费占 GDP 比例(%)	37	41	36	36	38	37	47	46
人均 GDP(美元)	761	845	1022	1023	1386	1681	2073	2198

二　广西信息化发展指数模型测算结果及其分析

1. 测算结果

根据第七章信息化发展指数的测量方法,首先对表 10-6-1 中的数据进行标准化,之后加权平均计算信息化发展指数的分类指数与总指数,2002~2009 年广西信息化发展指数与分类指数见表 10-6-2。

2. 结果分析

从表 10-6-2 可以看出,2002~2009 年,广西的信息化发展指数总体呈现增长的状态。在 2009 年广西信息化发展指数的五个分类指数中,知识指数为 1,比上一年增长 18%,这说明广西已经把提高教育水平看成了

表 10-6-2 2002~2009 年广西信息化发展指数与分类指数

年份	基础设施指数	使用指数	知识指数	环境与效果指数	信息消费指数	信息化发展指数
2002	0.07	0.21	0.18	0.34	0.23	0.27
2003	0.10	0.33	0.23	0.35	0.44	0.32
2004	0.36	0.33	0.46	0.24	0.47	0.41
2005	0.79	0.67	0.54	0.22	0.46	0.56
2006	0.67	0.67	0.69	0.29	0.12	0.55
2007	0.77	0.33	0.77	0.24	0.24	0.47
2008	0.76	0.67	0.85	0.39	0.32	0.64
2009	0.89	1	1	0.76	0.20	0.84

经济发展的重要目标；基础设施指数为 0.89，比上一年增长 17%；使用指数为 1，比上一年增长 49%；环境与效果指数为 0.76，比上一年增长 95%；信息消费指数为 0.20，比上一年降低 38%，可以看出广西居民在信息产品的消费方面仍然不稳定。2002~2009 年，广西的信息化发展指数总体趋势可以从图 10-6-1 看出，其呈现了总体上升的趋势，说明广西的信息化程度逐渐加深。

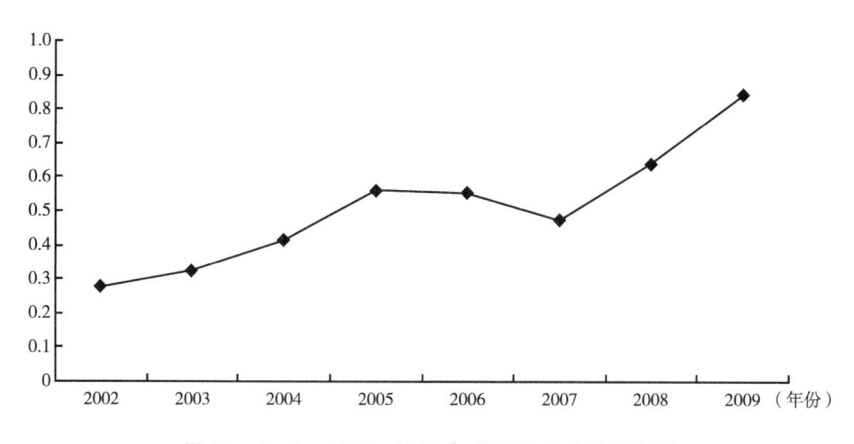

图 10-6-1 2002~2009 年广西信息化发展指数

三 广西与全国信息化发展指数的比较

结合表 10-6-2 和国际电信联盟发布的统计数据以及前文的数据，可以分别整理出 2002~2009 年广西信息化发展指数与各分类指数和 2002~2008 年全国信息化发展指数及各分类指数，具体见表 10-6-3。

表 10-6-3　全国与广西信息化发展指数与分类指数

年份	地区	基础设施指数	使用指数	知识指数	环境与效果指数	信息消费指数	信息化发展指数
2002	广西	0.07	0.21	0.18	0.34	0.23	0.27
	全国	0.23	0.71	0.75	0.49	0.51	0.53
2003	广西	0.10	0.33	0.23	0.35	0.44	0.32
	全国	0.28	0.74	0.76	0.50	0.55	0.56
2004	广西	0.36	0.33	0.46	0.24	0.47	0.41
	全国	0.31	0.76	0.77	0.51	0.54	0.58
2005	广西	0.79	0.67	0.54	0.22	0.46	0.56
	全国	0.35	0.76	0.77	0.51	0.54	0.59
2006	广西	0.67	0.67	0.69	0.29	0.12	0.55
	全国	0.40	0.80	0.78	0.53	0.57	0.61
2007	广西	0.77	0.33	0.77	0.24	0.24	0.47
	全国	0.40	0.80	0.78	0.53	0.57	0.61
2008	广西	0.76	0.67	0.85	0.39	0.32	0.64
	全国	0.41	0.89	0.80	0.56	0.52	0.65
2009	广西	0.89	1	1	0.76	0.20	0.84

从表 10-6-3 可以看出，全国信息化发展指数处于稳定增长的状态，2002~2008 年信息化发展指数从 0.53 上升到 0.65。在 2008 年信息化发展指数的五个分类指标中，除了信息消费指数出现一些异常之外，其余四个分类指标数值都较高。

总之，从表 10-6-3 可以看出，2002~2008 年，广西信息化发展指数逐渐向全国的指数水平靠拢，个别分类指数已经超过全国水平。从图 10-6-2 可以更直观地看出全国与广西信息化发展指数的关系：2002 年，广西和全国的信息化发展指数相差较大；2005 年，广西信息化发展指数趋近全国信息化发展指数；2006~2007 年，广西信息化发展指数出现小幅度下降；2008 年，广西信息化发展指数和全国信息化发展指数的差距又变得很小。

图 10-6-2　全国与广西信息化发展指数

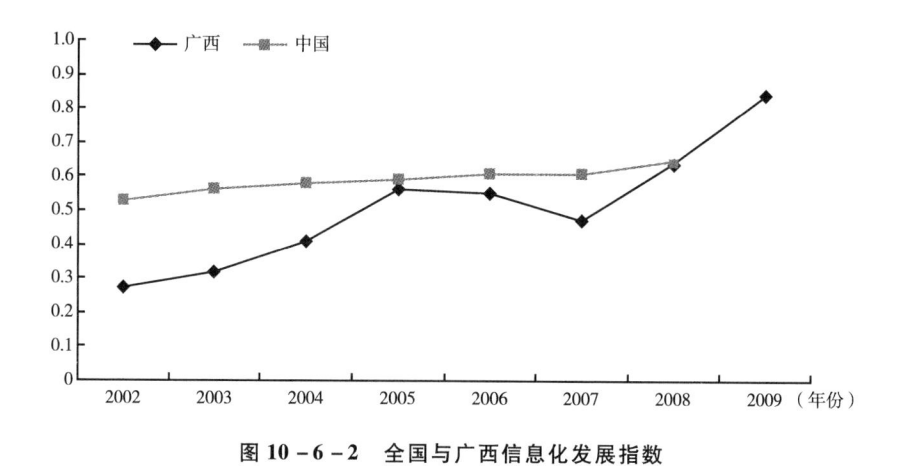

第七节　两化融合背景下的广西信息产业发展战略研究

一　2013~2017 年广西信息产业销售收入预测

1. 数据来源

本预测的依据来源于 2005~2010 年国家统计局统一发布的《中国信息年鉴》，主要选取的是 2004~2009 年广西信息产业中电子信息产品制造业、软件业、通信业的年销售收入数据。

2. 预测方法选择

信息产业的发展受众多因素的影响，影响信息产业发展的因素包括腹地经济发展水平、信息化水平、区域人才储备状况以及国家和区域的信息促进政策等。价值灰色预测以"小样本、贫信息"的问题为研究对象，因本研究收集的有关数据比较不足，这里采用灰色预测法来进行预测。

3. 总销售收入预测

表 10-7-1 显示了 2004~2009 年广西信息产业总销售收入数据。

表 10－7－1 2004～2009 年广西信息产业总销售收入

单位：亿元

年份	总销售收入	年份	总销售收入
2004	130.82	2007	231.40
2005	161.04	2008	290.91
2006	192.68	2009	347.50

按照灰色预测模型的步骤，设原始数列为：

$$X_k^{(0)} = (130.82, 161.04, 192.68, 231.40, 290.91, 347.50), k = 1, 2, \cdots, 6$$

一阶累加生成数据数列：

$$X_k^{(1)} = (130.82, 291.86, 484.54, 715.94, 1006.85, 1354.35), k = 1, 2, \cdots, 6$$

$X_k^{(1)}$ 满足下列一阶线性微分方程：

$$\frac{dx^{(1)}}{dt} + ax^{(1)} = b$$

其中，a 为发展系数，b 为灰色作用量。

按最小二乘法求系数 a、b 的估计值 $\hat{a}$、$\hat{b}$，则有：

$$\begin{bmatrix} \hat{a} \\ \hat{b} \end{bmatrix} = (B^T B)^{-1} B^T Y_n$$

其中，$B = \begin{bmatrix} -Z_2^{(1)} & 1 \\ -Z_3^{(1)} & 1 \\ \vdots & \vdots \\ -Z_6^{(1)} & 1 \end{bmatrix}$，$Y_n = \begin{bmatrix} x_2^{(0)} \\ x_3^{(0)} \\ \vdots \\ x_{6(0)} \end{bmatrix}$，$Z_k^{(1)} = \frac{1}{2}(X_k^{(1)} + X_{k-1}^{(1)})$，$k = 2, 3, \cdots, n$。

求解得：$\begin{bmatrix} \hat{a} \\ \hat{b} \end{bmatrix} = \begin{bmatrix} -0.1955 \\ 117.9340 \end{bmatrix}$，$-\hat{a} \leq 0.3$，即可以用于中长期预测。

$GM(1,1)$ 模型白化方程为：

$$\frac{dx^{(1)}}{dt} - 0.1955 x^{(1)} = 117.9340$$

得到灰色预测模型，为：

$$\hat{x}_{k+1}^{(1)} = \left[x_1^{(1)} - \frac{b}{a}\right]e^{-ak} + \frac{b}{a} = (130.82 - \frac{117.9340}{-0.1955})e^{(-0.1955)k} + \frac{117.9340}{-0.1955},$$
$$k = 0,1,\cdots,5$$
$$\hat{x}_{k+1}^{(0)} = \hat{x}_{k+1}^{(1)} - \hat{x}_k^{(1)}, k = 2,3,\cdots,n$$

对模型进行检验，$\varepsilon > 0.9$，$p = 0.9935 > 0.95$，$C = 0.0365 < 0.35$。经检验，该模型精度高，可进行预测。

运用该模型预测的结果如表10-7-2所示。2013~2017年的广西信息产业总销售收入会持续增长，2015年，广西信息产业总销售收入将超过1000亿元。但这一预测结果仅为理论值，实际的社会、经济和政治因素还会对信息产业的发展产生不同程度的影响，因此，广西应尽早做好信息发展规划，做好应对各种突发情况的准备，加快发展信息产业，提高区内信息化水平，适应经济增长的需要。

表10-7-2 2013~2017年广西信息产业总销售收入灰色预测值

单位：亿元

年份	2013	2014	2015	2016	2017
总销售收入	757.5	921.1	1120.0	1362.8	1655.9

4. 子项销售收入预测

表10-7-3显示了2004~2009年广西信息产业子项销售收入数据。

表10-7-3 2004~2009年广西信息产业子项销售收入

单位：亿元

年份	电子信息产品制造业	软件业	通信业
2004	12.66	7.95	110.21
2005	23.27	15.02	122.75
2006	31.39	20.49	140.80
2007	42.66	25.94	162.80
2008	72.53	32.13	186.24
2009	106.50	40.00	201.00

运用同上计算方法，该模型的各项预测结果见表10-7-4。

表10-7-4　2013~2017年广西信息产业子项销售收入灰色预测值

单位：亿元

产业	2013年	2014年	2015年	2016年	2017年
电子信息产品制造业	180.60	225.80	304.07	421.01	556.38
软件业	100.99	127.26	160.35	202.06	254.60
通信业	334.91	378.75	428.32	484.38	547.78

5. 预测结果小结

通过灰色预测可知，广西信息产业的发展潜力巨大，发展空间广阔。该预测结果将对下文2013~2017年广西信息产业发展战略的制定提供依据。

二　2013~2017年广西信息产业发展战略

1. 战略思路

结合《2006~2020年国家信息化发展战略》以及广西"十二五"规划的战略目标，构思广西信息产业发展战略：重点发展电子终端、软件、新型电子元器件及电子原材料等，建设北海、桂林、南宁、柳州、钦州等信息产业基地；在顺应我国经济发展进入新时期的背景下，通过培育具有特色的信息产业集群，促进广西信息产业的跨越式发展，使其成为广西的主导型支柱产业，以此提升广西的产业结构水平。

为此，广西应通过加大对信息技术的广泛应用，促进信息产业的发展，尤其是促进软件产业优先发展；同时，在基础建设领域要加紧建立统一的公用信息网络和网管中心，在有关部门研究制订发展规划的前提下，加大对信息网络的应用力度，加大资金投入、人才培养力度等。

2. 战略目标定位

（1）总体目标

广西壮族自治区政府要通过政策为广西信息产业发展引入资金、人才等资源，引导区内重点发展基于下一代通信网络的电子信息产品，使信息产业成为引领全区经济发展的主导产业。

根据上文的预测结果，2015 年，广西信息产业总销售收入将超过 1000 亿元，到 2017 年信息产业总销售收入将超过 1600 亿元。但实际的社会、经济和政治等因素会对信息产业的发展产生不同程度的影响，因此，2017 年广西信息产业总销售收入目标宜定为 1200 亿元，其中电子信息产品制造业销售收入为 470 亿元，软件业销售收入接近或达到 230 亿元，通信业销售收入为 500 亿元。

（2）具体目标

近期目标：在电子信息产品制造业、软件业等重点领域建设一批工程技术研究中心、工程重点实验室和企业技术中心等，促进区域内部建立信息产业的技术创新体系。做强电子信息产品制造、软件开发与服务、通信技术、计算机与网络服务四大产业领域。

中期目标：着力建设高速信息网络，推动信息化服务创新，普及信息化应用，推广移动互联网、物联网等现代信息通信技术发展。到 2015 年，基本建成以南宁、钦州、北海、防城港为核心的北部湾区域"无线城市"群，建成无线网络信息数据中心，形成拥有核心技术、自主知识产权的信息产业龙头骨干企业，培育或者引进 3 家以上年销售收入超 100 亿元的信息企业，培育和发展广西本土 200 家以上信息企业，实现信息产业产值 850 亿元。

远期目标：构建中国－东盟区域信息交流中心，完善中国－东盟区域性信息交流中心的应用体系，筹建宽带信息网络，重点推进全覆盖的下一代信息网络，到 2017 年，在针对东盟小语种的应用软件领域，重点推进开发，使之逐步达到或接近国际先进水平，实现全区信息产业产值 1200 亿元。

3. 战略方针

广西信息产业的发展应贯彻"统筹规划、重点突出、重点突破、集群发展"的十六字方针。

"统筹规划"是指，广西各级政府要加强在规划编制和实施过程中的政策引导，推进信息服务业的协调健康发展；加强部门间的协同与合作，共享区域信息资源，在促进信息服务业发展的同时，加强服务业与其他产业的互动发展。

"重点突出"是指，广西信息产业的发展应有重点地推动一批重大基础性、功能性信息化项目建设，实现项目带动；根据各区块所拥有的不同基础，采取差别化、重点化的方式发展信息产业。

"重点突破"是指，通过引进、消化和自主创新，重点培育自主知识产权和自主品牌，打造行业龙头产品，形成行业发展极，形成突破一点、带动一片的局面。为此，必须做好对外开放（包括对国内其他地区的开放）、引进和培育顶尖人才、产学研联合攻关、积极参与国际产业分工、开拓国际市场特别是东盟市场等工作。

"集群发展"是指，产业内的企业通过集聚，加强相互之间的信息沟通和合作，有效地降低成本，从而实现利益最大化。集群发展除了是广西发展信息产业的必由之路，也是广西实现两化融合发展所必须经历的初级阶段。

4. 策略与举措

（1）产业组织方面

①以战略规划为指南。根据境内外其他地区的成功经验，信息产业的发展离不开兼具科学性和规范性的产业发展战略规划的指导，该规划应涉及与本区域发展实际情况相一致的一系列发展目标，包括总体目标，以及近期、中期、长期目标，这就要求相关部门编制符合广西信息产业发展的规划，在实践中聚集各方力量，以市场为导向，以宏观引导发展为辅助，使规划得以实施。

②以两化融合为抓手。要推进对传统产业组织的信息技术改造，这种改造可以通过三种方式来实现：一是利用信息技术改变管理模式；二是改变原有的技术研发模式；三是利用信息技术改变传统营销模式。在这一过程中，利用计算机网络连接组织的各个部门，在实现日常网络办公的同时，可有效地将不同企业、同企业的不同部门、信息产业与传统产业联系在一起，促进效率的提高。

③以市场为导向。广西信息产业的发展应立足市场经济的发展要求，以市场为导向，根据市场的要求投入研发，探寻融合之后的新的产品市场，在经济利益的诱导下，刺激新的领域、新的产业出现，同时也实现企业自身的价值。

（2）产业布局方面

广西各地区经济发展不平衡，要求在两化融合背景下信息产业的发展必须根据地区优势确定具有产业优势的领域优先发展。

①桂林。桂林是全国重点旅游城市，区内旅游资源丰富，桂林高新区主要以生产光电通信产品、电子元器件为主，同时致力于区域网络安全信息平台软件、信息资源数据库的开发研究。

②柳州。柳州是广西最大的工业城市，工业区内聚集了柳钢、柳工、上汽五菱等全国500强企业，而柳州高新区主要以生产机电一体化产品为主，因此，柳州信息产业在发展的过程中，主要是促成信息企业与传统工业企业的融合。

③南宁。南宁借着中国－东盟自由贸易区发展的东风，大举发展服务业带动型经济，服务业成为推动南宁经济发展的主要动力，而南宁高新技术产业园区的产业主要以软件业为主，因此，开发相关服务软件来简化服务行业原有的某些流程，促成信息产业融入服务业，催生新型的信息服务产业，成为其主要发展路径。

④北海。北海是广西第一个电子信息产业基地，是广西着力打造的电子信息产业工业园区。北海信息产业园聚集了区内外许多信息产业配套企业，这种产业集群发展是产业融合的外部表现形式之一。

（3）产业政策方面

①建立健全与产业发展有关的法律法规。在产业融合背景下，政府部门在促成信息产业发展的过程中，必须制定有利于其健康有序发展的法律法规，为其创造有利的市场环境。具体做法是：结合广西发展的实际情况，制定与完善知识产权保护、信息市场交易、信息服务规范、信息安全等方面的法规和管理办法，为信息产业与当地传统产业之间建立联系创造平台。

②完善投资政策。首先，创造有利于企业发展的投资政策环境，吸引民间资本进入信息产业领域，一方面为信息产业的发展开拓新的资金来源，另一方面激活区域资本市场。其次，优化对产业内中小企业的贷款政策，建立完善的信用及保险体系。

③加强人才引进与培养。首先，为人才的培养提供一个稳定、宽松的政策环境，完善人才培养机制，制定有关政策，推动产、学、研三者的交流平台建设。其次，重视改善人才的生活和工作环境，采取有效的人才评估和绩效激励措施，吸引人才并且想方设法留住他们。最后，为了使相关技术保持及时的更新与升级，必须对人才提供一定的培训，全面提高其技

能水平。

(4) 产业创新方面

从广西发展的实际情况出发，要实现产业创新，政府应发挥好引导作用，推动科技体制改革，促进以企业为主体的技术创新体系的建立。在实施过程中，政府可以在公共采购、研究开发、融资和税收等方面采取有力措施，支持社会性研究机构直接兴办实体企业，参与科技创新的产业化活动。

参考文献

娄勤俭、苟仲文:《电子信息产业区域演进论》,新华出版社,2003。
魏后凯:《现代区域经济学》,经济管理出版社,2006。
裴成法:《信息产业管理》,科学出版社,2008。
李春艳:《产业创新系统生成机理研究》,东北师范大学出版社,2010。
李怡:《中国信息产业集群发展研究》,复旦大学,2005。
邓永翔:《基于系统动力学的江西电子信息产业发展模式研究》,南昌大学,2008。
王金杰:《我国信息化与工业化融合的机制与对策研究》,南开大学,2009。
王欣:《信息产业发展机理及测度理论与方法研究》,吉林大学,2008。
杜昊:《我国区域"两化"融合实证研究》,南京大学,2013。
国家统计局:《统计上划分信息相关产业暂行规定》,2012。
中共中央办公厅、国务院办公厅:《2006～2020年国家信息化发展战略》,2006。
国家发展和改革委员会:《关于促进产业集群发展的若干意见》,2007。
国务院:《关于中西部地区承接产业转移的指导意见》,2010。
工业和信息化部:《"十二五"国家信息化规划》,2010。
工业和信息化部:《新一代信息技术产业"十二五"规划》,2011。
工业和信息化部、国家发展和改革委员会:《信息产业发展规划》,2013。
工业和信息化部:《2013年电子信息产业统计公报》,2014。
广西壮族自治区工业和信息化委员会:《广西壮族自治区工业和信息化发展"十二五"规划》,2011。
广西壮族自治区工业和信息化委员会:《广西壮族自治区新一代信息技术产业发展"十二五"规划》,2012。

附录　作者在期刊上发表过的相关学术论文[*]

我国电信服务业的管制与绩效探究[**]

卢润德　周雅颂

一　管制与市场绩效的关系

在过去的二十多年里，全球主要电信产业经历了前所未有的巨大变化，这些变化有大量的技术创新、私有化和竞争的引入、放松管制等。是企业的行为影响了市场结构，即市场由垄断走向竞争；市场绩效则是变化的市场结构和管制的共同作用的结果，即整个社会的福利由于竞争加强、管制放松而得到提高。

最早的电信管制可以追溯到1934年美国通信法出台，那时认为电信市场不能够实现有效竞争，于是就在法律上规定了电信管制，并在1935年建立了专门的电信管制机构（FCC）来管理美国的电信市场，其管制的原因是美国电话电报公司（AT&T）的市场垄断，其目的是维护用户的公共利益。由于企业的强大垄断势力，企业会将价格定在高于边际成本的水平上，以便获得垄断利润。因此，为防止主导电信运营公司滥用市场势力而抬高资费、破坏互联等影响竞争和损害用户利益行为的发生，电信服务业需要管制。由此我们得出以下两点：第一，由于电信行业的自然垄断特点极有可能导致电信营运企业提高资费、阻碍竞争、低效率运行等行为，并最终影响市场绩效；但政府可以通过管制来引导甚至改变企业的行为，从而保证良好的市场绩效。第二，管制应随技术革新而变化。企业的技术进步可作为市场结构变动的突破口，而改变的市场结构又反过来决定企业的行为，最后企业的行为又将决定市场绩效。如此循环，管制唯有和企业的创新行为保持同步变化，才能符合市场的要求。

---

[*] 各篇文章有不同程度的调整。
[**] 本文发表于《产业经济研究》2008年第6期。

二 我国电信服务业的现存问题

我国的电信服务业经过十多年的高速增长后，已形成庞大的产业规模，但与发达国家电信服务业相比，我国的电信服务水平与实力仍有不足，主要存在以下几个突出问题。

（一）拆分重组后的电信市场仍未形成有效的竞争格局

中国的电信改革始于1994年吉通与联通成立，之后，网通和铁通相继成立，原中国电信更两度被拆分，并在2002年形成南北两部，共有中国电信、中国网通、中国移动、中国联通、中国铁通和中国卫星通信6家主要电信公司。拆分和重组固然加快了国内和国际长途市场的竞争，但固定电话市场基本上还是中国电信垄断南方、中国网通垄断北方的局面。深层次看，其实六大电信公司基本上都是专业专营，电信和网通只经营固定业务，移动只经营移动业务，中国卫星只经营卫星通信，铁通只经营固定电话本地业务，联通势力范围弱小，只在天津等少数城市取得固定电话领域的竞争，其主要还是经营移动业务。所以，实际上每种业务全国只有两三家企业能够提供，并且其他公司的业务在一定程度上必须依赖中国电信才能展开，电信市场的垄断格局并未真正打破，在每种业务上最多也只是从一家垄断到双寡头垄断。而亚洲一些市场经济体制国家的情况则不然，如在印度尼西亚，固定电话由PT. Telkom及5个各地区的合作伙伴经营，移动电话由Telkomsel、Satelindo、Excelcomindo 3家公司经营；而菲律宾的竞争则更激烈，经营固定电话业务的运营商有10家私人公司，4家政府主管的公司和其他60家地方小公司。

为此，今年5月，国家电信最新重组方案出台，按有关公告，将鼓励中国电信收购中国联通CDMA网（包括资产和用户），中国联通与中国网通合并，中国卫星的基础电信业务并入中国电信，中国铁通并入中国移动。

（二）行业管制缺乏公平公正

首先，我国电信业的管制部门是制定电信政策的原信息产业部，它属政府机构，不是专业监管机构；国家电信管理局隶属于原信息产业部，也不是独立的电信监管机构。其次，一些电信监管机构的从业人员在电信经营企业当中担任高职，他们既是政策的制定者又是行业的管理者，还是业务的经营者,这使得政企、政监难分离。这样一来,原信息产业部的政策往往只关心电信经营者的利益,而无法保证公平竞争的市场环境和公众的利益。相比较而言,FCC 的基本管制目标是矫正市场失灵、保护消费者的利益,并强调监管的指导作用。其只对核心内容进行监管,不参与运营商的经营工作。

(三) 行业管制缺乏法治基础

政监分离的管制模式应在一个法治制度健全的环境下才能良好地运行。我国《电信法》迟迟不能出台,原信息产业部缺乏明确的法律地位,这使得监管部门在行使具体的行政职能时得不到强有力的法律支持,缺乏权威性,这也使得企业的经营主要依赖于对市场的垄断,而不是通过竞争和提高技术来改善自身的经营,结果导致了目前国内电信业务发展能力逐渐趋缓,资源未得到充分利用,以及电信运营商之间的恶性竞争等现象,监管效率受到严重影响。

三 我国电信服务业管制改革、提高绩效的对策建议

今年 4 月 28 日,据工业和信息化部公布,我国已经建成了一个网络和用户规模世界第一、技术层次和装备水平国际领先的现代电信网。目前,我国的固定电话、移动电话用户总数已达 9.36 亿户,电话普及率超过 70%,已超过美国,跃居全球首位。在电信技术已相当成熟并能由多方能掌握的今天,我国应该像美国电信市场一样,政府对电信行业的管制应随着技术的完善而逐渐放松,以促进公平竞争的市场环境,保护消费者的利益,提高市场绩效。根据我国电信行业的当前状况,建立有效的监管体制至少应从以下几方面入手。

(1) 实行市场准入的管制。这种管制实质上就是控制发放电信许可证的数量。通过此举,首先,政府能控制市场中的竞争数量,确定最佳的竞争程度和企业规模。其次,政府可以对竞争者进行资格审查,以保证引入的竞争者能为现存的主导运营商带来真正的竞争压力,从而有利于有效竞争的实现。再次,许可证对企业的权利与责任做出了明确的规定,可以有效规范竞争者的行为,维持有效的竞争格局。最后,由于很多电信资源的有限性,政府可通过高价出售和低价分配电信资源使其得到有效配制。

(2) 解决互联互通问题。互联互通是建立电信网间的有效通信连接,

能使一个电信业务经营者的用户能够与另外一个电信业务经营者的用户相互通信或者能够使用另一个电信业务经营者的各种电信业务。中国的互联互通管制框架依然阻碍新的进入者参与竞争,例如,在位垄断企业对新进入者收取高额的网间互联互通费用,拒绝提供网间互联所必需的网络元素和业务等。因此,政府应该制定相关的市场监管与网络协调政策,制止经营网络性业务的垄断企业的垄断行为,通过强调性政策规定中国电信必须提供互联互通服务,降低新进入者的入网接入费,真正实现电信市场的公平竞争和有效竞争。

(3) 建立普遍服务制度。普遍服务政策通常是为了促进或维持每一个家庭都能与公共电信网络联接,它尤其重视那些农村、偏远山区的居民和低收入群体获得电信业务的情况。在英国出台的《1984年电信法》中明确界定了普遍服务的定义和业务范围,任何经营商只要其占有电信市场总销售额4%的利润,或在法律上被视为占统治地位的许可证持有者,就有义务提供普遍服务。所以,建立普遍服务制度不仅能提高偏远地区居民的福利,还能促进企业间的公平竞争。

(4) 建立独立的监管机构。WTO基础电信协议对独立的监管机构的要求是,行业监管机构必须与运营者完全分离,没有直接利害关系,同时其还必须相对独立于政府的行政部门。从近几十年的国际经验来看,建立健全的监管体系的最基本前提是要设立公正、稳定、权威的电信服务监管机构。在这方面,美国有FCC,其授权直接来源于美国国会;英国有OFTEL(电信办公室),它是一个依据电信法规设立的专门机构,主要任务是执行法律,并拟定法律草案和在法律范围内制定实施办法。建立独立的管制机构是公平竞争的重要保障,我国应加快改革,建立健全电信服务监管体系,成立独立的监管专门机构。

(5) 加强法律基础建设。美国1996年出台的《电信法》是美国近几十年来最重要的电信改革措施,它在市场准入、互联互通和普遍服务方面都以法律的形式进行了明确的规定,使得电信营运业的各个领域展开了全面的竞争。尽管中国政府对原有的电信市场进行了拆分重组,但这些电信经营商从根本上讲还是一种垄断,它们不是在竞争中胜出而获得的。而在无法律规范、行政力量长期左右我国电信业发展的情况下,我国电信业始终无法形成有效、有序的竞争环境与竞争格局。用法律形式引导行业的发展,能促进技术进步,保护公平竞争,维护消费者的合法权益,因此,我国的《电信法》应尽早出台。

从新一轮的重组方案可看出，政府希望通过资产重组，使中国电信等三家电信企业的实力得到提高，同时又使其实力相近以便相互之间展开竞争。但无论怎样，本次重组方案如果没有配套的政策措施，其结果将只是对资源重新进行配置，无法解决市场失衡格局问题；若不能以法律的形式规范市场主体的行为、促进竞争，最终的结果还会是消费者的利益受到侵害；若没有一种真正能促进竞争的内在机制，那么结果甚至可能是三大电信业巨头之间形成利益联盟。总之，重组后的电信市场的绩效是否能得到提高，最终将有赖于改革后出台的具体管制方案、管制方案的实施力度，以及电信服务业主体的行为是否有助于竞争和维护消费者的权益。

以北海市为增长极：加快广西北部湾经济区信息产业发展[*]

阮雪芹　卢润德

摘　要：目前，我国增长极发展模式在环渤海湾地区、长江三角洲地区和珠江三角洲地区三个经济圈都取得了显著的经济效应。信息产业的发展，是国民经济和社会的信息化进程的发展的关键所在，也是广西社会经济发展的迫切要求。本文通过SWOT分析广西北部湾经济区的北海市的信息产业现状，进一步对北海市作为广西北部湾经济区信息产业的核心增长极进行可行性分析，并提出建设广西北部湾信息产业区的构想。

关键词：增长极　北部湾经济区　信息产业　梯度推移

广西北部湾经济区包括南宁、北海、钦州、防城港，是中国与东盟合作的前沿，也是中国西南地区加强与东盟和世界市场联系的重要门户。北海市沿海沿边，具有丰富的港口资源、旅游资源、海洋生物资源、动植物资源，环境容量大，腹地广阔，开发潜力大。2007年，北海市完成地区生产总值240亿元，比上年增长18%；财政收入30亿元，比上年增长34%；固定资产投资135亿元，比上年增长55%；外贸进出口417亿美元，比上年增长59132%，主要经济指标名列全区前茅。以北海为增长极，构建广西北部湾经济区的信息产业，是大势所趋。

一　北海市信息产业的现状分析

（一）北海市信息产业的基本概况

北海市自2005年确定为广西首家电子信息产业基地以来，电子信息产

---

[*] 本文发表于《城市发展研究》2009年第2期。

业发展迅速、成效显著，已初具规模。北海市现拥有专业从事软件开发、系统集成和信息服务的企业达 18 家。2006 年北海的电子信息工业增加值 11.4 亿元，比 2000 年增长 111%；出口交货值 2703 万美元，比 2000 年增加 2680%；电子信息产业销售收入已占广西电子信息产业的 30%。北海市在通信、计算机及应用产品、新型电子元器件几大领域已形成一定产业基础，部分产品如移动式信息终端、片式电阻等产品的技术水平在全国处于领先水平，北海的电子信息产业在地区经济中的支柱和主导地位已经确立。

（二）北海市信息产业 SWOT 单项分析

1. 优势

（1）地理优势。北海地处广西的最南端，北部湾东北岸。北海市区南北西三面环海，邻近东南亚，背靠大西南云贵川诸省，处于大西南、海南及东南亚的中枢位置，地理位置优越，是中国大西南最便捷的出海通道。

（2）交通便利。北海市交通发达。北海港与世界 98 个国家和地区的 216 个港口有贸易往来，拥有万吨级以上泊位 4 个，5000 吨级以下的泊位 16 个；每天都有开往海口和涠洲岛的班轮；北海福成机场 1987 年建成使用，是广西三大机场之一，目前正在按 4E 级国际机场标准进行扩建；钦北铁路与钦防、南昆、黎湛铁路相接，沟通了全国铁路网；南北二级公路 1990 年建成通车，桂林经南宁至北海的高速公路已全线通车，北海至湛江、玉林的高等级公路建设在筹备中。

（3）成本优势。信息产业是知识密集型和劳动密集型产业，最主要的投入要素就是人力资源。而北海从事软件行业的高科技人才相对于发达地区的成本要低很多。

（4）信息产业发展的生命周期优势。广西北部湾经济区信息产业正处于形成阶段和成长阶段，具有很大的发展潜力。

（5）优惠的政策。北海市不仅享有少数民族区域自治政策、西部大开发政策、沿海地区开放政策和边境地区开放政策等，而且北海市还出台了一系列的投资政策、税收政策。

（6）产业规模初步形成集聚效应。北海广西电子信息产业基地于 2006 年 3 月 28 日正式挂牌，是广西第一家省级电子信息产业基地，拥有比较完善的基础设施和配套服务体系、统计指标体系。

2. 劣势

（1）整体经济环境落后。经济基础薄弱是制约信息产业发展的最重要因素，2007年全国人均GDP达到2460美元，广西人均GDP是1858美元，全国排名倒数第四，广西北部湾经济区信息产业发展所依存的经济基础相当脆弱。

（2）投资资本不足。北海现有中国电子集团、日本三洋、台湾仁宝、广东永昶、恒基伟业、银河科技产业园、新未来信息产业股份有限公司等致力于自主创新的IT产业集群发展，但整体的高科技企业还是严重不足，还没有形成"硅谷"。

（3）高科技信息人才缺乏。虽有北京航空航天大学北海学院软件学院、北海高新技术创业孵化基地、北海归国人员创业园、桂能软件园等知名院校及科研单位的倾力参与，但北海信息人才市场仍旧供不应求。

（4）信息产业结构比较落后。信息服务业的发展严重滞后于信息技术产业和通信业。在北海的电子信息产品中具有品牌和自主知识产权的产品较少，技术创新体系尚未形成。

3. 机会

（1）2008年1月19日，国务院批准实施《广西北部湾经济区发展规划》，标志着广西北部湾经济区进入一个新的发展阶段[3]。

（2）中国-东盟自由贸易区和"泛珠三角经济圈"的建立为发展广西信息产业提供了广阔空间。随着中国-东盟自由贸易区的建立、泛珠江三角洲经济圈的诞生以及一年一度的中国-东盟博览会的召开，广西可把"南博会"作为融入"泛珠三角"的一张牌。此外，粤桂"联姻"可充分利用广东的资金和技术来发展信息产业。

（3）国家实行"东部产业西迁"战略。从1997年党中央、国务院确定广东与广西结对帮扶的战略举措以来，两省遵循优势互补、互惠互利、共同发展的市场规则，不断推进多领域、多形式、多层次的经贸合作，使两广经济技术协作取得了突破性进展。东部产业西迁为广西提供了良好的发展机遇，也为加快经济发展提供了现实途径。

4. 挑战

（1）将面临东盟国家信息产业和市场的激烈竞争。广西和东盟国家经济发展水平接近,经济结构(如信息出口商品结构)比较接近,面临诸多方面的竞争。

(2) 信息人才被发达地区所吸引。发达地区为高科技人才提供了丰厚的物质生活条件、工作条件,使得广西的人才大量流失。

(3) 国内其他地区发展信息产业带来的压力。珠江三角洲、环渤海、长江三角洲等地区经过多年的发展,形成了一定规模的信息产业集群,而内地如武汉、成都、西安等地区也迅猛发展。这些地区给广西北部湾经济区信息产业的发展带来了很大的竞争压力。

(三) 北海市信息产业SWOT综合性分析

北海市信息产业的SWOT综合分析表

内部条件 / 外部环境	优势(strengths)	劣势(weaknesses)
	①邻近东南亚诸国,背靠大西南云贵川诸省,处于大西南、海南及东南亚的中枢位置;②具有海、陆、空立体的交通网络;③劳动力资源丰富,成本较低;④北海信息产业正处于形成阶段和成长阶段,具有很大的发展潜力;⑤优惠的政策;⑥产业规模初步形成集聚效应	①整体经济环境落后;②投资资本不足;③北海市信息人才严重不足;④北海经济基础薄弱,信息产业结构滞后
机会(opportunities)	SO战略	WO战略
①北部湾经济区的规划已受到国家的批准;②中国-东盟自由贸易区和"泛珠三角经济圈"的建立;③国家实行东部产业西迁战略	①充分利用北部湾经济区的政策与地理优势,出口电子信息产品;②承接东部产业西迁,北海做好基础设施建设的准备工作。	①改善投资环境,吸引东盟的发达国家到北海投资;②在经济落后的情况下,实行反梯度转移,优先发展信息服务业
威胁(threats)	ST战略	WT战略
①将面临东盟国家信息产业和市场的激烈竞争;②信息人才被发达地区吸引;③国内其他地区发展信息产业带来的压力	①加强区域品牌建设,营造良好的协同配套环境;②加强吸引人才的政策,落到实处;③提高技术水平	①提高核心竞争力,扩大海外市场;②提高劳动力的素质,自主创新

二 北海市作为广西北部湾信息产业区增长极的可行性分析

根据佩鲁的观点，增长极的形成条件必须具备以下三个条件：一是必须具有规模经济效益；二是需要有适当的投资环境；三是必须有创新能力的企业和企业家群体。

（一）规模经济效益

中国电子北海产业园和北海银河软件科技园的建立，将使北海的电子信息产业的市场不断开拓，使资本、技术、人才等生产要素不断向北海集中，不断积累强化自我发展能力的有利因素，成为北海的信息产业的极点地区。科技园的生产成本优势、产品质量优势、产品创新优势和市场竞争优势，将有利于实现规模经济效应。

（二）投资环境

北海市优美的风景、良好的生态环境及丰富的自然资源，以及良好的地理优势使北海成为国家乃至国际电子信息产业转移的最佳候选地。海、陆、空交通系统，让到北海投资的中外投资商倍感快捷、方便。优惠的政策、法规为吸引投资提供了动力，同时也为信息产业的发展提供了政策保证。同时，北海政府机关干部工作作风的转变，服务意识的增强，办事效率的提高，为该区招商引资营造了良好的舆论环境、透明畅通的政策环境、高效廉洁的服务环境。

（三）企业家和企业

北海市企业景气调查结果显示，2006年第三季度企业家信心指数是123.62点，比上期和2005年同期均有上升。可见，北海市企业家对北海的发展现状依然保持乐观态度，对各行各业的发展前景依然看好。

综合上述，北海市已具备作为广西信息产业增长极的条件，北海市政府应充分发挥地理优势、政策优势等，对信息产业加大扶持力度，使信息产业的发展更上一个新台阶。

三　广西北部湾信息产业区的建设构想

（一）信息产业在经济区内的布局

1. 增长极模式与梯度转移

根据广西北部湾经济区的信息化发展水平，可将其划分为三个梯度。北海市为第一梯度（并作为增长极），南宁、防城港为第二梯度，钦州是第三梯度。

2. 信息产业的结构布局构想

广西北部湾经济区的信息产业结构发展可结合当地的信息产业发展的现状来考虑：北海市应以高端计算机整机及零部件产品、消费类电子产品、新型电子元器件产品等的制造逐步向应用软件开发、高端电子产品制造转型，并加快信息产业的完善。南宁市以应用软件产品为主，兼顾信息服务业的发展，以市场需求为导向，以电子政务建设为重点，积极推进信息技术在消防指挥中心智能化系统、交通管理指挥中心系统、宾馆饭店信息化改造、会展中心信息化改造、应急联动系统扩容升级等方面的应用。防城港市起步阶段应以电子产品元器件的制造为基础，逐步向高端产品、应用软件过渡发展。

（二）发展广西北部湾信息产业的对策建议

1. 加强宏观调控，统筹规划

首先应确定广西北部湾经济区信息产业发展的长远战略目标、中期目标和近期目标，以及优先发展的领域；其次要进一步统一对信息化带动工业化的认识，增强领导和社会的信息化意识；第三要从目前广西信息化程度还不高、信息产业基础薄弱的实际出发，加大政府对信息产业发展的支持力度，在信息化建设、营运、税收、信贷等方面给予优惠政策。

2. 突出重点，加快服务业的发展

广西北部湾经济区在通信、计算机、新型电子元器软件、零部件产品、消费类电子产品等方面的产量和市场份额不断扩大，在国内已具有一定的规模优势，应重点发展。广西北部湾的信息服务业整体发展水平低下，资金、人员投入不够，应加快发展信息服务业构建良好的信息平台。根据企业自身的优势条件，在信息服务业的某些领域创出特色。

3. 以北海为增长极，带动广西信息产业发展

改善北海市的信息化基础设施建设，加强技术创新，提高北海市信息产业的整体水平，从而带动区域内其他地区的信息化发展。

4. 抓好产学研工程建设，提高创新能力

吸引一批实力较强的国内外高校参与北海经济发展，与国内外一些名牌高校建立产学研合作关系，实现信息化专业人才培养、信息科研成果转化和产业结构调整，提高北海市整体信息化水平。在信息技术路线的选择上要采用技术跟随模式，同时应进一步改善原有产品与技术，提高创新能力，研发出新的产品与技术。

5. 重视人才培养，吸引人才，留住人才

技术创新的前提是要有大量的技术人才，而技术人才的获得需要多方面的努力：首先必须加强对企业已有员工的培训和教育工作；其次要广泛引进国内外的高级人才。北海应该提高高级人才的待遇，想方设法留住人才。

6. 创造有利的政策法规，改善投融资环境

广西应利用民族自治优势，加紧制定适合信息化建设的地方性法规，制定与完善有关信息资源、知识产权保护、信息市场交易、服务规范、安全保密，以及获取和使用有关信息的合法权益的法规和管理办法，为信息产业发展营造一个良好的法律环境。

参考文献

黄开进：《2007 年北海市主要经济指标名列全区前茅》，http：//www.gxi.gov.cn PxbkfPxbkf2kfdtP200801Pt200801082260521htm。

林艳华：《广西北部湾经济区规划获国务院批准实施》，http：//news.hexun.com P2008 - 01 - 19P1030820751html。

黄珍生等：《广西信息产业面对东盟的机遇与挑战》，《东南亚纵横》2007 年第 1 期。

魏后凯：《现代区域经济学》，经济管理出版社，2006。

陆凤红：《宁夏地区信息产业发展模式研究》，华侨大学，2003。

广西北部湾信息产业发展优势与发展重点研究[*]

卢润德　秦田初　周雅颂

摘　要：信息产业是国民经济的先导产业，信息产业的发展能提高国民经济的发展水平。广西北部湾经济区的信息产业发展水平低下。本文主要分析了广西北部湾各城市信息产业发展的现状及其优势，进而提出了北部湾信息产业需要发展的重点方向。

关键词：广西北部湾　信息产业

广西北部湾经济区处于北部湾顶端的中心位置，处于中国－东盟自贸区、泛北部湾经济合作区、大湄公河次区域、中越"两廊一圈"、泛珠三角经济区等多个区域的合作交汇点，南拥北部湾，背靠大西南，东连珠三角，面向东南亚，西南与越南接壤，是中国沿海与东盟国家进行陆上交往的枢纽，是促进中国与东盟全面合作的重要桥梁和基地，区位优越，战略地位突出，发展潜力巨大。广西北部湾经济区包括南宁、北海、钦州、防城港，是中国与东盟合作的前沿，也是中国西南地区加强与东盟和世界市场联系的重要门户。本文将主要对南、北、钦三个城市的信息产业的发展现状做分析，得出北部湾经济区信息产业发展的重点。

一　南宁市信息产业的现状分析

目前，南宁市信息产业已有一定基础。现有IT企业300多家，研究方向覆盖微电子技术、信息网络、计算机应用、中间件技术开发、超媒体、

---

[*] 本文发表于《特区经济》2009年第11期。本文受到了广西社会科学基金项目"广西北部湾经济区信息产业集群发展研究"（项目编号：08BJY021），以及桂林电子科技大学研究生创新项目"广西北部湾经济区信息产业集群发展研究"（项目编号：2008105950202M442）的资助。

虚拟现实应用、软件工程、3G等多个领域；初步形成了包括通信业、信息服务业、电子产品设备制造业、软件开发和信息系统集成业等门类齐全且具有一定规模的信息产业群；信息产品包括家电智能板卡、小灵通、CDMA手机、城市应急联动系统、呼叫中心、数码电池、电子身份证、远程抄表系统、远程同步仪、税控系统、税务申报软件、虚拟展览系统等。2005年，南宁市电子信息产业（不含通信业）工业增加值5.02亿元，销售收入14.2亿元，创造利税1.56亿元。

二 北海市信息产业的现状分析

（一）基本概况

北海市自2005年确定为广西首家电子信息产业基地以来，电子信息产业发展迅速、成效显著，已初具规模。北海市现拥有专业从事软件开发、系统集成和信息服务的企业达18家。2006年北海的电子信息工业增加值11.4亿元，比2000年增长111%；出口交货值2703万美元，比2000年增加2860%；电子信息产业销售收入已占广西电子信息产业的30%。北海市在通信、计算机及应用产品、新型电子元器件几大领域已形成一定产业基础，部分产品如移动式信息终端、片式电阻等产品的技术水平在全国处于领先水平，北海的电子信息产业在地区经济中的支柱和主导地位已经确立。

（二）优势分析

①交通便利。北海市交通发达。北海港与世界98个国家和地区的216个港口有贸易往来，拥有万吨级以上泊位4个，5000吨级以下的泊位16个；每天都有开往海口和涠洲岛的班轮；北海福成机场1987年建成使用，是广西三大机场之一，目前正在按4E级国际机场标准进行扩建；钦北铁路与钦防、南昆、黎湛铁路相接，沟通了全国铁路网；南北二级公路1990年建成通车，桂林经南宁至北海的高速公路已全线通车，北海至湛江、玉林的高等级公路建设在筹备中。

②产业规模初步形成集聚效应。北海广西电子信息产业基地于2006年3月28日正式挂牌，是广西第一家省级电子信息产业基地，拥有比较完善的基础设施和配套服务体系、统计指标体系。电子信息产业基地将通过地理集中和产业优化的方式，实现规模经济效应。

三 钦州信息产业发展现状

（一）基本概况

钦州市信息产业的发展还处于起步阶段。2008年10月，广西钦州宇欣电子科技有限公司为台湾金桥集团投资创建，投资总额958万美元，注册资本480万美元，位于钦州市河东工业园区小江工业园内，公司投产的厂房面积1.2万平方米；钦州市新兴电脑软件有限公司等代理商规模比较小，信息产业的发展还没有构成钦州市的主导产业。

（二）优势分析

具备发展信息产业的基础条件。临海工业园区规划加快推进，钦州港工业区概念规划和金光工业园控规、金谷石化工业园总体规划基本完成，河东工业区被自治区批准为A类工业园区，并按"一区三园"进行扩规，县区工业集中区规划编制全面启动。配套基础设施进一步完善。重大产业项目取得突破性进展，钦州燃煤电厂一期工程、钦州久隆50万伏输变电工程等一批重大项目建成投产；中石油1000万吨炼油项目和金桂林浆纸一体化工程建设进展加快，部分配套工程已开工建设；万邦柳化100万吨甲醇、30万吨级油码头及航道等项目前期工作加快推进。工业企业规模扩大、效益提高，规模以上工业企业发展到257家，其中产值超亿元的企业31家，比上年增加11家；规模以上工业总产值完成183.2亿元，增长51.9%。

四 广西北部湾经济区信息产业发展的思路

（一）南宁市信息产业发展的重点

南宁市"十一五"信息化发展规划明确提出了建设具有区位特色的中国－东盟信息产业基地。南宁市有着得天独厚的区位优势、政策优势、技术和人才优势、市场及成本优势。南宁市的信息产业的发展已初步有小规模的产业集群，但要做得更大更强，获得规模效应，南宁市今后几年应跟踪国内电子信息产业发展动态与趋势，围绕重点产品，选准突破口，把电子信息产品制造业和软件业做大做强，力争五年后使信息产业成为南宁市的主要支柱产业。同时应积极推进"数字南宁"发展战略，积极推进有线电视由模拟向数字化整体转换，建设数字电视网络。完善广西互联网络公共平台，加快建设电子政务工程，加强政府门户网站和数据库建设，整合信息资源，完善信息共享和传输交换体系，实现网络和信息互联互通。

首先，南宁市在电子信息产品制造业方面，应重点发展投资类产品，巩固提高消费类产品，大力开发新一代电子元器件产品，依靠技术创新体系，积极开发市场适销对路产品，淘汰落后产品，逐步提高优势产品比重；其次，在软件业方面，积极鼓励和支持具有自主知识产权的软件产品开发，重点面向国民经济和社会信息化的应用软件、网络建设与安全的支撑软件以及与数字化设备相配套的嵌入式软件，并大力推进软件出口；最后，在调整企业结构方面，以高科技产业为核心，以重点产品为龙头，以产学研结合为模式，大力发展企业集团，争取在5年后形成以十户大企业集团为主的电子信息产品制造业和软件业的企业群体。

（二）北海市信息产业发展的重点

北部湾经济区信息产业的建设，对推进北海率先崛起具有重要意义。要按照"五高"的原则，即高标准规划、高起点建设、高强度投入、高效能管理、高效益产出的原则，不断提升水平和质量，建设规划先行，明确功能定位和分区，加强产业导向，逐步形成具有强大产业配套体系和能力、特色优势明显、产业群集效益明显的新型产业基地。

①电子计算机制造园区：一是重点发展笔记本电脑、TFT-LCD显示器和激光打印机等高端计算机整机及零部件产品，包括计算机电源、鼠标、键盘、机箱等；二是重点发展计算机磁头、机箱、准系统产品、光盘、硬盘和软盘驱动器、微型马达、主板等在内的整机产品；三是重点发展掌上电脑、网络电视、多媒体移动终端、高端数码相机、高性能移动存储、新型计算机外部设备等关键产品和技术。

②消费类电子园区：一是重点发展手机和配套元件产品和技术；二是重点发展家用电器和视听产品。

③节能降耗产品园区：重点发展半导体照明、光伏能源产品。

④配套技术产品园区：重点发展制成技术、片式电阻元件、敏感元件、新型电力电子器件、新型电源等新型电子元件产品和技术。

⑤软件产业园区：重点发展数字城市信息、电子出版、信息咨询服

务、数据调查、互联网内容服务等信息服务业；教育、电信、金融、电子信息制造等行业应用软件；通信类和信息家电类嵌入式软件。

参考文献

阎小培：《信息产业的概念与分类》，《地域研究与开发》1998 年第 12 期。
《南宁信息产业保持快速增长》，中网资讯中心，2006 年 4 月 4 日。
《南宁市信息产业群门类齐全》，南宁政务信息网，2005 年 12 月 1 日。
《钦州市 2008 年政府工作报告》，国务院发展研究中心信息网，2008 年 4 月 16 日。
阮雪芹、卢润德：《以北海市为核心增长极：加快广西北部湾经济区信息产业发展》，《城市发展研究》2009 年第 2 期。
《信息产业将成为南宁市支柱产业》，南宁经济信息网，2008 年 9 月 22 日。

广西信息产业链集群模式探析[*]

卢润德　王倩

摘　要：信息产业是新时期经济增长的重要"引擎"，是国家经济增长的"倍增器"、发展方式的"转换器"、产业升级的"助推器"，其发展水平是国家创新能力的突出体现。广西要抓住北部湾发展的契机，进一步发展信息产业，促进广西经济的发展。本文从产业链构建角度，分析了广西信息产业产业链情况，结合广西信息产业最新的发展方向，提出了信息产业产业链集群模型。

关键词：信息产业　产业链　产业集群

一　广西信息产业发展现状

"十一五"以来，广西主要依托桂林、北海、南宁、柳州高新区，加快了信息产品产业基地的建设步伐，取得了显著成效，各具特色的基地初显雏形。桂林基地以通信产品为主，北海基地以新型电子元器件产品为主，南宁基地以应用软件产品为主，柳州基地以机电一体化产品为主，同时带动了贺州、梧州等地区信息产业的发展。以桂林至北海的高速公路为主轴，以桂林、柳州、南宁、北海等城市为区域中心，"相互配套、互为支撑、软硬结合"的信息产业经济带基本形成，全区信息产业布局趋向合理。

2008年，全区电子信息产品制造业完成工业总产值66.9亿元；实现主营业务收入（产品销售收入）43.3亿元；实现工业增加值26亿元；实现利税2.9亿元；完成出口交货值9.4亿元；在全国电子信息产品制造业

---

[*] 本文发表于《特区经济》2010年第12期。本文获广西社科基金项目"广西北部湾信息产业集群发展研究"（项目编号：08BJY021），以及桂林电子科技大学重大项目"广西信息产业创新体系研究"（项目编号：UF09012Y）的资助。

排第21位，在西部地区排第4位，在少数民族自治区中排第1位。

2009年1~10月，全区电子信息产品制造业完成工业总产值（现价）87亿元，同比增长30%；实现主营业务收入（产品销售收入）63亿元，同比增长45%；实现工业增加值33亿元，同比增长27%；实现利税4.3亿元，增长84%；完成出口交货值20亿元，增长113%；产品产销率为92%。与去年相比较，光通信设备、微波通信设备、开关设备等主要电子产品产量有较大增长，其中，光通信设备增长20%，微波通信设备增长15%，开关设备增长59%。

2008年、2009年信息制造业和软件产业都有增长，总体上看，全球金融危机仍在持续漫延，国际国内经济形势仍面临较大的困难。经济增长回落，有相当部分的企业倒闭。在全国经济增长放缓的背景下，全区的电子信息产业在发展遇到的困难比预料的大。但是，由于全区外贸依存度较小，电子信息产业规模也较小，受到的影响程度较东部发达省份要小得多，随着国家及自治区各项应对措施的落实，各项经济数据逐渐趋好。

二 广西信息产业集群条件分析

（一）产业集群条件分析

①产业集群的必要条件。生产过程可分性是指生产过程可以明确地被分解为几个不同的阶段或几道程序。只有生产过程可分，分工与专业化才有可能形成。如果生产过程不可分，也就是加工程序必须同时完成，那么这种产品生产只能由一个企业来完成，从而无法形成产业集群。

可运输性的产品包括制造品和服务，服务产品的流动方式是服务产品提供者与其工作器具一起转移。如果总产品不能移动，则企业的区位选择将取决于产品消费者所在地。

②产业集群的充分条件。产业的价值链受到两个因素影响：技术与利润。产业的价值链越长，该产业的竞争力就越取决于各专业活动的协调和合作。

产品差异化能有效避免同类企业的无序竞争，又能提高企业专业化水平，刺激产品创新。差异化可以满足消费者的各种差别需求，减少消费者搜索成本，因此将吸引更多的消费者，扩大市场规模，反过来，更大的市场规模又促进产业集聚。

产业对市场变动越敏感，越易形成集群。许多实证分析证实，中小企业群的经营管理更灵活、生产调整成本更小，更能适应市场的变化。相反的，对大型企业而言，其对市场反应要迟钝得多。因此，如果产业面对的市场变化莫测，且市场变化对产业生存有重要影响，该产业形成集群的可能性将会大大增加。

（二）信息产业集群条件分析

广西电子设备的制造从电子浆料、敷铜版等基础材料生产到彩色显像管、线路板、电脑磁头、CPU、内存和硬盘等零部件加工，再到计算机整机制造，电脑所需要的全部零部件均能由单独厂商生产。信息产业最终产品包括：软件、电脑设备、网络产品等，这些产品都极易运输。因此，广西信息产业的技术经济特性完全满足集群产生的必要条件。

信息产业链的主链条可抽象为设备、软件、服务三个主要环节，设备产业和软件业又可以细分成研发设计、生产和销售几个环节。信息产业的硬件设备生产离不开提供原料的材料行业以及提供生产设备的机械行业，这些相关产业的上下游关系构成了电子信息产业的支撑链条。此外，广西的大学、研究机构、金融机构、政府部门为信息产业的发展提供了必需的技术、人力资源、资金、政策以及其他一些支持条件。所有这些相关内容共同构成了广义上的信息产业链。信息产业组织结构是垄断竞争的市场结构，产品具有差异化。针对不同的消费者，信息企业有着自己的地位，在产品外观、形状、音质等方面呈现差异化。信息产业中的软件业属于知识密集型产业，一项软件的开发往往需要集中众多开发人员，在开发过程开发人员经常交流并且还与其他同类企业人员讨论，这就形成了一个创新网络，使每天都有新的灵感产生。信息产业是一个技术不断创新的产业，这导致了其市场变化莫测，产品更新换代快，消费者对信息产品选择非常挑剔。

三 广西信息产业链情况

（一）主导产品不明确，市场竞争优势不显著

我国已成为世界电子信息产品主要的出口基地，许多重要产品在全球具有较强的竞争力。我国的电话机、手机、程控交换机、彩电、视盘机、

扬声器、收录放机、微波炉、磁性材料等产品和部分电子元器件产量已居世界第一，计算机主板、光盘驱动器、显示器、打印机、程控交换机等产量也居世界前列。而这些具有全球性市场竞争优势性的产品，与广西电子信息产业基本没有直接的关系。

（二）电子信息产业尚未溶入我国电子信息产业链

目前，我国电子信息产业已形成珠江三角洲、长江三角洲、环渤海三个规模大且配套全的电子信息产品制造加工基地，其中珠江三角洲与长江三角洲之间有福州－厦门电子制造带相连。内陆的由武汉、西安、成都构成的三角地块也是中国电子信息产业发展较好的地区。这些电子信息产业集聚区之间已呈现空间分工的雏形，主要体现在产业空间分工和价值链空间分工两大方面。

珠江三角洲电子信息产业集群和福州－厦门电子制造带，包括深圳、东莞、中山、惠州、福州、厦门等地，是消费类电子产品、电脑零配件以及部分电脑整机的主要生产、组装基地，目前除承担制造职能。长江三角洲电子信息产业集群，包括南京、无锡、苏州、上海、杭州、宁波等地，主要是笔记本电脑、半导体、消费电子、手机及零部件的生产、组装基地，目前除承担制造职能外还承担部分研发职能，其中上海还是国内外知名IT公司总部的汇集地。环渤海电子信息产业集群，包括北京、天津、青岛、大连、济南等地，主要从事通信、软件、元器件、家电的生产，目前除承担制造职能外还承担研发职能，尤其是北京，是全国电子信息产品的研发、集散中心，国内外知名IT公司总部的汇集地。成都、西安、武汉等地，则主要是家电、元器件和军工电子的生产基地，目前主承担制造职能。

而广西还未崭露头角，还不知道应属于哪个产业链中的什么环节，每个企业仅以个体形式存在，势单力薄，彼此不关联，无法形成合力，更不具备太大竞争能力。如果再加上恶性竞争，企业只能在无声无息中消亡。

（三）技术产品结构处于低端，无法与产业链的高端靠拢和对接

近年来，我国电子信息产业的自主创新能力不断提高，在第二代移动通信、数字电视等核心技术方面取得了重大突破；在通用CPU、OS、光电子器件、高端服务器、高性能路由器等关键产品开发方面取得了重

大进展，已开始逐步向国际产业链的高端靠拢。而广西这些方面仍然是空白。

四　广西信息产业集群模式设计

本文将信息产业主要分为元器件加工业、整机制造业、软件业和信息服务业，由广西北部湾信息产业链的现状分析可知，广西北部湾面向东南亚应着力构建信息产业链，打造北部湾信息产业基地。广西北部湾在未来可主要采用产业链式集群模式来发展广西北部湾信息产业。

基于生产的信息产业链式集群模型是通过信息产品生产链将各个信息产品加工制造企业有机地联结在一起，形成集群：元器件加工企业－产品设计与材料供应企业－元器件制造企业－元器件封装企业－元器件测试企业－元器件组装企业－整机制造企业。基于软件、服务的信息产业链式集群模型是通过软件设计与信息服务业务有机结合形成的产业链集群：软件企业－程序设计－系统软件－支撑软件－应用软件－软件服务、应用和系统集成－信息服务企业。

参考文献

李怡：《中国信息产业集群发展研究》，复旦大学，2005。

刘卫华：《日本政府促进中小企业技术创新对我国的启示》，《日本问题研究》2004年第1期。

于健、于英川：《美日欧科技振兴战略综述》，《商业研究》2005年第5期。

娄勤检、苟仲文：《电子信息产业区域演进论》，新华出版社，2003。

广西信息产业与传统优势制造业互动发展研究[*]

李 健 卢润德

摘 要：在对信息产业与传统制造业的互动发展相关理论概述的基础上，本文结合广西信息产业和传统优势制造业的业态分析，构建了符合广西经济发展的两个产业互动发展模型，并提出了促进互动发展的若干策略建议。

关键词：信息产业 传统优势制造业 互动发展

一 信息产业与传统制造业互动发展的作用机理分析

（一）信息产业对传统制造业作用

①信息产业的发展使得传统制造业生产过程中技术和设备的更新成为可能，并使得制造企业生产方式不断完善，劳动生产率不断得以提高，降低了劳动成本，大幅度地提高了产品的数量和质量。例如，计算机辅助设计与制造（CAD/CAM）的普及率、覆盖率有了很大的提高，大大加快了工程设计进度，提高了工程质量与市场竞争力。

②信息产业所提供的信息技术及其信息服务使得传统制造业的经营方式、管理模式发生了本质上的变化，提高了传统制造业的产品质量和经济效益，减少了潜在的失误。如中国移动广西分公司推出的"甜蜜通"业务，通过在制糖企业部署MAS，可以解决长期以来制糖企业与蔗农、运输商之间沟通渠道不畅导致的甘蔗滞留时间过长、重量与新鲜度下降、出糖率降低等问题。

---

[*] 本文发表于《特区经济》2011年第3期。本文获桂林电子科技大学重大项目"广西信息产业创新体系研究"（项目编号：UF09012Y）的资助。

③信息产业中某些行业的协调可持续发展强化了传统制造业的人力资源开发和知识管理。如对劳动者的教育培训（SRM、CRM 应用），提高了传统制造业中劳动者的文化素质，使得生产的发展和整体劳动生产率得到了质的飞跃。

④信息产业中信息技术大大降低了传统制造企业内部的管理与交易成本。信息的网络化使得大多数企业集团内部管理成本降低，同时，EC 的发展可以使企业的交易时空大大拓展，使供求信息不对称的状况得到了极大的改善，企业甚至可以在零库存的情况下维持正常的生产经营和商业贸易，节省交易贸易成本。

（二）传统制造业对信息产业的作用

传统制造业在产业信息化过程中对信息产业产生的有效需求同时也创造了新的需求，为信息产业提供了广阔的应用领域，并培养了一批能将信息技术与传统制造业结合起来的复合型人才，同时还为信息产业提供了丰富的原始产业数据和信息。同时在追求以人为本的当今社会，这客观上促进了对节能环保、高效率的先进信息技术的需求，催生或者在一定程度上刺激了有关这些方面的信息技术的诞生和应用推广，例如柔性制造、ERP 等。总而言之，传统制造业的每一个缺陷和不足，都是对信息产业的需求刺激点。

如图 1 所示，信息产业的迅速崛起及其网络传递效应极大地促进了相关产业的发展，信息技术已经成为当代传统制造业结构调整的最主要的动力。反过来传统制造业对信息产业的有效需求和创造的新需求带动了信息

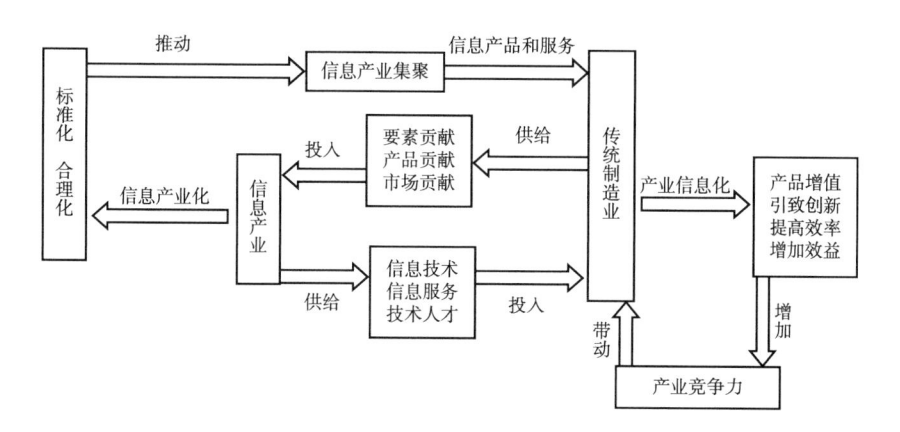

图 1　信息产业与传统制造业互动机理示意

产业的发展。社会与经济发展水平越高,信息产业的作用也越大,而信息产业比重越大的国家,传统优势制造业发达程度相应地也越高。

二 广西信息产业与传统优势制造业业态分析

(一)信息产业发展态势

在经济全球化、我国信息产业高速发展的背景下,广西信息产业保持着快速发展的态势,总产值从2000年的16.1亿元增长到了2008年的148亿元,增长了8倍多;增加值从2000年的4.48亿元增长到了2008年的35亿元,增长了近7倍,呈现了良好的增长势头。2008年,全行业实现工业总产值148亿元,主营业务收入达105亿元,在全国电子信息产品制造业排名第21位,在西部地区中排名第4位,在全国五个少数民族自治区中排名第1位。

然而,广西信息产业总体规模较小、总量少,缺少重大项目和大中型企业支撑,配套融合能力严重不足,资金投入力度不够,自主创新能力不强,特色名牌产品不多,电子信息技术在传统产业中的应用深度和广度不够。未来的一段时间里,广西信息产业发展主要呈现三大趋势:一是网络发展催生更多业态及发展模式,将推动产业发展模式创新和产业链条整合;二是技术产业间进一步融合渗透,两化融合、三网融合、3C融合、三屏融合将极大地拓展产业发展空间;三是绿色信息技术加速发展应用,智能电网、节能减排等信息技术将推动产业发展模式向资源节约型、环境友好型转变。

(二)传统优势制造业的发展态势

多年来,广西通过大力开发优势资源,逐步形成了制糖、有色和黑色金属加工、非金属矿物制品、汽车、化学原料及化学制品制造、医药制造和卷烟等一批支柱产业和优势产业。限于篇幅,本文以国民经济行业分类与代码(GB/T4754-2002)为标准,选择了广西当地特色的传统优势制造业中的有色金属产业、制糖产业这两个产业来进行分析。

①有色金属产业。近年来,广西有色金属产业规模不断扩大,结构调整取得明显成效,经济实力增强。2008年,十种有色金属总产量100.25万吨,同比增长24.8%。全区有色金属工业销售收入517.85亿元,同比

增长12.54%；工业增加值176.04亿元，同比增长17.36%。但长期的高速发展也积淀了一些亟待解决的问题，直接影响了有色工业健康可持续发展。主要表现在以下两个方面。

第一，产业分散，集约化程度低，布局不合理。长久以来，管理体制存在缺陷，宏观调控力度不足，改革步伐缓慢，导致产业布局分散，重复建设严重，浪费了大量的资源，制约了产业持久快速的发展。2008年，中国有色金属工业增加值为7800亿元，占GDP的1.9%，然而2007年广西有色金属工业产值仅为451亿元，工业增加值为164亿元，2008年的增加值不到100亿元，与其他地区拉大了距离。

第二，产品结构不合理，产业链延伸不足。采选、冶炼和加工产能不匹配，产业集中度低，企业规模较小，精深加工产品少，初级产品多的问题比较明显。2007年，广西有色金属工业规模以上企业共275家，其中特大型企业仅为4家，大型企业18家，中型企业66家，小型企业187家，它们以有色金属矿产、粗加工产品为主，而金属物品化、器件化程度很低，深加工品种很有限。以技术密集为特征的高新材料产业尚未形成。

②制糖产业。2007年广西制糖业完成工业总产值331亿元，占广西规模以上工业总产值的6.5%，居广西工业行业第7位；创税20.3亿元，占广西规模以上工业税收的8.1%，居广西工业行业第5位；实现利润总额36.7亿元，占广西规模以上工业利润总额的13.6%，居广西工业行业第3位。广西制糖业发展态势良好，但同时也存在诸多问题，具体体现在以下两个方面。

第一，生产规模小，生产方式不合理，科技含量低。由于长期计划经济体制的影响，科学技术投入力度不大，造成了广西制糖业的规模小，生产方式和管理模式落后，科技含量较低。

第二，产业链延伸不够，产品种类少，竞争力弱。广西制糖业还处在初级产品加工阶段，生产工艺相对落后，缺乏高附加值、技术含量高的下游产品，产业链条短。一是发展循环经济力度不够。广西制糖企业都不同程度地采用一些新技术、新工艺来促进节能降耗，降低成本，但与先进国家制糖业利用蔗渣等废物生产的衍生品产值占总产值1/3以上，实现糖料蔗"榨干吃净"仍存在较大差距。二是制糖业升级步伐慢。2008年广西首条"二步法"生产线才正式在广西东亚扶南糖业公司投产，以糖料蔗为原料生产燃料乙醇、生物能源产品仍停留在研究阶段，而巴西2005~2006年榨季用糖料蔗生产酒精的占比已过半，达到52%。三是企业规模仍然偏小。广西现有制糖企业平均日榨能力只是泰国的1/4、巴西的1/3，产糖平均成本高于国际主要食糖出口国的生产成本600元/吨左右。

三 广西信息产业与传统优势制造业互动发展模式构建

面对国内外的发展机遇和挑战，不能片面发展一个产业而将其他的产业作为配套产业，广西需要构建一种更有效的产业互动发展模式来促进经济的发展，即把信息产业与传统优势制造业有机结合起来协同发展，而协同发展的核心就是两个产业融合发展。信息产业与传统优势制造业的渗透融合，是指通过信息产业对传统优势制造业的技术渗透和网络连锁效应，促使信息产业和传统优势制造业的边界被打破，相互交叉和相互融合的部分产生，形成一种和原来产业完全不同的新产业，导致产业的企业之间的竞争合作关系发生了改变，反过来对原来的产业提供资金和技术进而带动和改造它们。信息产业与传统优势制造业的融合部分即交集越大越好，在融合的过程中，使传统优势制造业在信息产业的作用下发生本质变化和稳步升级，同时为信息产业提供良好的创新化境，导致新兴产业或者新产品的出现。

实践研究表明，产业互动发展促进产业融合，信息产品应用到传统制造业中，影响和改变了传统优势制造业生产方式、市竞争状况、管理模式和贸易方式，从而改变了原有产业的产品的市场需求和产业的核心能力及竞争力。同时也表明，传统优势制造业为信息产业提供了良好的创新环境，促使产业进一步互动发展。如图2所示，信息产业与传统优势制造业之间的良性互动，把本身最具优势的有利资源和技术提供给对方，进而打破了两个产业的边界，扩大了两者的交集，产业融合部分逐渐得以呈现，由此诞生了产业改造构想，并逐渐走向成熟，开始转化成现实，创建共性关键技术平台，进行产品研发、生产，然后投入市场。

四 广西信息产业与传统优势制造业互动发展过程中应做好的几项工作

①利用信息产业加强对传统优势制造业的信息技术改造。第一，推动传统优势制造业组织的信息化。对传统优势制造业进行信息技术改造，首

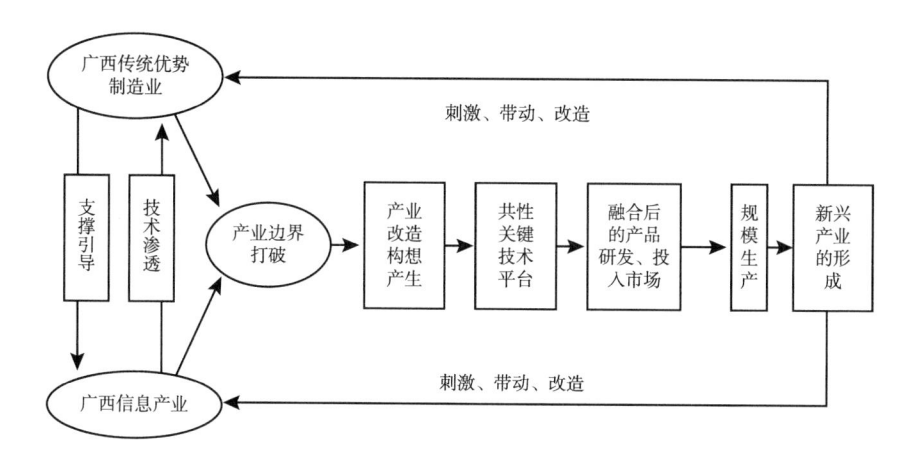

图 2 信息产业与传统优势制造业互动发展模式

先要对产业组织进行信息化改造，利用计算机网络把各种系统共同组成企业的自动系统，使得不同企业之间、产业之间都通过网络与市场联系在一起。第二，实现传统优势制造业产品研发和生产环节的信息技术改造。实施生产环节改造，不应该着眼于生产流程具体的某个部分、个别环节的信息化改造，而应从整个传统制造业产业角度出发，运用各种信息技术，系统研究如何改造传统产业的生产流程。在传统优势制造业的生产环节，利用信息技术改造传统设备，更新落后技术，提高设备的自动化程度，改进生产工艺，从而提高传统优势制造业的生产水平，提高优势制造业产品的市场竞争力。

②建立互动融合型的技术平台。技术融合是产业互动发展的最重要的因素是彼此的桥梁。因而必须要建立互动融合型产业共性关键技术平台，促使产业融合区域的技术创新能力不断加强，只有这样才能促进信息产业与传统优势产业的互动发展。企业是信息技术的载体，广西应该积极鼓励和引导相关科研院所、企业对重要领域基础性研究的投资力度，为社会体统应用技术的研究平台，不断增强产业互动区域的技术创新能力，使得信息技术更快地成为能够直接利用并转化为传统优势产业的实在技术，要积极引导企业更多地考虑提高自主的创新能力，并加大对信息产业的支撑力度，努力发展壮大两个产业的互动发展，使之成为广西特色的产业。

③完善有利于产业互动融合的政策措施。在促进广西信息产业与传统优势制造业互动发展过程中，政府扮演着至关重要的角色，如果执行老套

的产业管制政策，必然使产业互动发展受到瓶颈限制。面对产业互动发展的新形式，政府应对管制适当放松，执行一些新的管制规则和法律法规及政策，从而为信息产业与传统优势制造业互动发展提供宽松的宏观环境。政府需将管制的重点放到如何维持公平竞争的市场秩序上来。与此同时，应积极完善技术人才培养的相关政策，为产业互动融合发展提供稳固的后备军。只有这样，广西传统优势制造业产业结构才能逐步升级优化，才能使得信息产业与广西优势制造业互动发展。

参考文献

裴成法：《信息产业管理》，科学出版社，2008。

广西壮族自治区人民政府：《关于印发广西壮族自治区有色金属工业调整和振兴规划的通知》，2009。

广西壮族自治区人民政府：《关于加快制糖工业循环经济发展的意见》，2009。

梁尚慰：《广西糖业基本情况以及存在的主要问题》，云南糖网，2009年4月。

基于主成分回归的信息产业创新能力测度[*]

王 琼 卢润德

摘 要： 区域信息产业的发展促进了区域经济的增长，增添了区域经济发展的新活力。本文通过对区域信息产业创新能力进行研究，利用主成分回归的方法，构建了影响区域信息产业创新能力的回归模型，以广西信息产业的创新活动数据为样本，利用 SPSS 统计软件对模型进行实证分析，并得出相应结论。

关键词： 区域信息产业 创新能力 主成分回归法

信息产业是由处在时代前沿的先导性技术发展起来的产业，其发展速度和程度对创新能力的依赖日益提高，区域信息产业创新能力的发展在整个国家大系统中虽然有同一性，但区域经济在发展过程中仍然具有不容忽视的特点，根据不同的区域经济特色设置不同的影响指标以及模型，开展对区域信息产业创新能力的影响因素分析显得尤为重要。分析区域信息产业创新能力的影响因素，不仅要把握整个信息产业发展环境的大趋势，而且要结合区域经济发展特点。

一 模型的构建

（一）分析方法的确定

衡量一个产业创新能力最直接有效的方法便是看该产业的创新产出量，信息产业也不例外，信息产业创新产出量的大小可以直接反映产业创

---

[*] 本文发表于《科技广场》2014 年第 2 期。本文获桂林电子科技大学重大项目"广西信息产业创新体系研究"（编号：UF09012Y）的资助。

新能力的高低。根据柯布－道格拉斯生产函数，创新产出量主要取决于创新资本的投入量以及服务于创新行业的人力资本的投入量，因此，产业运行过程中的各类要素投入量以及其他影响因素的变化可以用来反映该产业创新能力的变化，分析区域信息产业创新能力的影响因素也沿用这一方法。具体的分析方法为区域信息产业影响因素指标对区域信息产业的创新产出量进行回归，回归方程的偏回归系数就表示了影响因素对区域信息产业创新能力的影响程度。由于与创新产出密切相关的影响因素指标变量之间存在较强的相关性，回归分析时会出现严重的多重共线性问题，因此本文采用因子分析法，提取主成分作为回归方程的新自变量进行回归，这样可以克服多重共线性对回归结果的干扰，并且经过因子旋转得到各个主成分的合理经济含义。

回归方程建立如下。

$$Y_t = \alpha + \sum_{i=1}^{n} \beta \chi_{i,t-1} + \varepsilon \tag{1}$$

式（1）中，Y 为区域信息产业创新综合产出指标，X 表示影响因素指标，α 为常数项，i 为影响因素指标序数，n 为影响因素个数，β 为偏回归系数，t 为时间序列，ε 为随机误差项，即由其他主客观因素影响造成的因变量的实际值与估测值之间的误差项。

（二）指标的选取

为综合反映区域信息产业的创新产出量，本文选取了三个创新产出指标，分别是自主创新产品占比（％），创新收入占比（％）以及新产品劳动生产率（％），同时，选取了六个影响区域信息产业创新能力的主要因素，并依据 C－D 生产函数将影响因素主要分为三大类：资本因素、人力因素以及创新环境因素。

资本因素主要指投到创新活动的经费数量。本文用 R&D 经费投入强度来代表资本因素，R&D 经费投入强度用 R&D 经费内部支出与销售收入比例来表示。人力因素指的是从事 R&D 的人员数，本文用 R&D 人员数来代表。区域经济的发展速度因地而异，环境因素是最能够反映区域信息产业创新特性的因素，同样，区域信息产业的创新能力也会受到区域经济发展的影响，因此，环境因素对创新能力的影响不容忽视。本文主要选择了四个具有代表性的指标来反映环境因素：第一项是科技机构数，一个区域的科技机构是该区域信息产业进行创新的强大支撑力，也是信息产业创新能力不断发展的动力来源。第二项是企业个数，企业是创新的主体，区域信息产业的企业个数反映了区域创新能力的基础和潜力。第三项是政府支持强度，政府是区域经济发展政策的制定者，包括税收、财政、产业发展等各种政策。为了衡量政府对区域信息产业创新的支持力度，本文选用政府科技经费支出与政府财政支出的比值来表示政府支持强度。第四项是产业结构，区域的产业结构主要是指轻、重工业的比例，为了凸显信息产业在区域经济发展中的贡献因素，本文采用信息产业当年价总产值与工业总产值的比例来表示。

根据指标数据的可获得性，本文选取六个指标来反映三个影响因素对区域信息产业创新能力的影响作用。如表1所示。

表1 指标选取及取值

影响因素	指标选取	取值	符号
资本因素	R&D经费投入强度(%)	R&D经费内部支出占销售收入比例	X_1
人力因素	R&D人员数(个)	R&D人员数	X_2
环境因素	科技机构数(个)	科技机构数	X_3
	企业个数(个)	企业个数	X_4
	政府支持强度(%)	政府科技经费支出占财政支出比例	X_5
	产业结构(%)	当年价总产值占工业总产值比例	X_6

二 基于广西区的实证分析及结果

(一) 样本选择及数据说明

由于信息产业包括的子行业比较多，且不同的子行业有自身不同的特点，因此子行业相互之间的统计数据差异比较大，我们很难对信息产业包括的所有子行业进行全面反映。本文选择电子及通信设备制造业为区域信息产业创新的主要代表行业，一方面是由于电子及通信设备制造业对创新能力的依赖程度比较高，创新更新升级较快，且对外开放时间较早，开放程度高，能够较好地反映区域信息产业的创新发展能力；另一方面是由于电子设备及通信设备制造业的统计数据比较完备，时间跨度大，有利于分析研究。

本文的样本数据来源于 2000~2011 年《中国高技术统计年鉴》《广西统计年鉴》。考虑到创新投入与产出之间的滞后影响,取时滞为 1 年,影响因素的指标来自 2001~2010 年的统计数据,创新产出类数据取自 2002~2011 年。由于所选取指标全部为正向、定量指标,本文直接采用 SPSS 17.0 默认的 Z 标准化方法(也就是均值为 0,方差为 1),先将指标无量纲化,消除变量间的量纲关系,从而使数据具有可比性,再将标准化后的数据存为新变量 $Z_{X_1} \sim Z_{X_6}$。

本文选取三个指标评价广西信息产业的创新产出,并给出了三个指标之间的相关系数矩阵,如表 2 所示。

表 2　创新产出评价指标相关系数矩阵

指标	取　值	符号	W_1	W_2	W_3
自主创新产品占比	新产品产值占当年总产值比例(%)	W_1	1.000	0.955	0.781
创新收入占比	新产品销售收入占主营业务收入比例(%)	W_2	0.955	1.000	0.742
新产品劳动生产率	新产品产值占从业人员年平均数比例(%)	W_3	0.781	0.742	1.000

由三个指标的相关系数矩阵可知,评价创新产出的三个指标之间存在信息重叠,为消除信息重叠以及便于建立回归方程,本文采用主成分分析法。根据方差贡献率给予三个指标不同的权重,得出衡量创新产出的综合指标 Y,为式(2):

$$Y = 0.885W_1 + 0.10W_2 + 0.014W_3 \tag{2}$$

(二)因子分析及结果

应用 SPSS 17.0 统计分析软件对标准化后的新自变量 $Z_{X_1} \sim Z_{X_6}$ 采用因子分析法进行因子分析,得到因子特征值和方差贡献。因子特征值 $\lambda_1 = 3.445$,$\lambda_2 = 57.422$,$\lambda_3 = 0.601$,前三个特征值的累计贡献率达 93.347%,因此选择三个主成分。为了得到提取的三个主成分较明确的经济意义,对因子载荷矩阵进行方差最大化旋转,得到旋转后的因子载荷矩阵。

在各因子上选择载荷大于 0.5 的变量,可以明确各因子的主要经济意义。第一主成分 Z_1 主要由变量 X_2(R&D 人员数)、X_4(企业个数)和 X_6(产业结构)决定,可概括为综合因子。第二主成分 Z_2 主要由变量 X_1

（R&D 经费投入强度）和 X_5（政府支持强度）决定，可概括为经费因子。第三主成分 Z_3 主要由变量 X_3（科技机构数）决定，可概括为机构规模因子。

（三）回归分析及结果

用提取的反映广西信息产业创新投入基本情况的三个主成分 Z_1、Z_2、Z_3 作为解释变量，对中心化因变量 Z_Y 建立如式（3）的线性计量模型，用 SPSS 17.0 软件进行最小二乘回归分析。

$$Z_Y = \alpha + \beta_1 Z_1 + \beta_2 Z_2 + \beta_3 Z_3 + \varepsilon \tag{3}$$

从拟合优度 R^2 看，模型的拟合优度较高，方程拟合得较为理想。F 检验也在统计上显著。因此，Z_Y 与主成分 Z_1、Z_2、Z_3 之间存在线性回归关系且模型拟合度理想。关于中心化解释变量 Z_Y 的回归方程为：

$$Z_Y = 0.865 Z_1 - 0.020 Z_2 - 0.586 Z_3 \tag{4}$$

对回归系数进行分析发现，综合因子中的 X_2（R&D 人员数）、X_4（企业个数）和 X_6（产业结构）与被解释变量显著正相关。这说明，专业研发投入人员越多，企业基数越大，信息产业在区域经济中的地位越重要，创新产出量就越高，与广西的实际情况相符。决定主成分 Z_3 的机构规模因子与创新产出呈负相关，这与近几年广西信息产业创新发展情况基本相符。查看原始数据可以发现，广西科技机构数量近十年来保持了平稳的增长态势，但是对创新产出量的贡献并不大，甚至呈负相关，这是因为广西信息产业科技机构已经出现了服务人员冗余的现象，造成了规模不经济。决定主成分 Z_2 的经费因子对被解释变量不显著，这一结果说明目前广西信息产业的创新发展并非以经费投入推动为主且受到经费投入的影响并不明显，经费投入的效率不高，因此，Z_2 对创新产出的影响并不显著。

三 结束语

综上所述，得出以下结论：第一，柯布 – 道格拉斯生产函数提到的劳动力投入以及资本投入仍然是决定产出的主要因素，所以区域信息产业的创新发展要继续以区内各大高校为载体，不断输入研发型专业人才，还要改善经费使用效率，加大政府支持强度，推动创新能力的发展。第二，注重信息产业科技机构的精简高效。创新产出并不是由科技机构的数量决定的，而是由科技机构的质量和效率决定的。虽然近十年来，信息产业的科研机构数量不断增加，科研质量也在不断提高，但是科技机构的整体协同效率对创新产出的正向推动力难以体现。

参考文献

陈力田：《中国通信设备制造业创新能力测度和初步分析》，《管理工程学报》2010第S1期。

董爱军：《信息产业创新能力评价的模型与方法》，《统计与决策》2011年第18期。

周寄中、卢涛、汤超颖：《中国创新型企业的指标体系设计、评估与案例》，《中国软科学》2013年第1期。

郭呈全、陈希镇：《主成分回归的SPSS实现》，《统计与决策》2011年第5期。

梁宝升：《基于主成分分析的居民消费影响因素研究》，《生产力研究》2012年第6期。

广西信息产业发展现状、存在的问题及促进对策研究

史文涛　卢润德　楼双双

摘　要：本文详细阐述了广西信息产业的发展现状：分行业看，信息产品制造业发展迅速，初具规模；而软件业和服务业尚处于起步阶段，且发展中遇到的问题突出。针对广西经济和信息产业现状，结合广西的区位优势和面对的历史机遇，本文给出了若干促进信息产业的对策和建议。

关键词：信息产业　信息产品制造业

随着经济信息化步伐的加快，世界各国纷纷展开新一轮的产业结构调整，重心由第二产业转移到第三产业，致力于发展技术密集型和信息密集型服务业。国内为适应国际形势，也在加快调整产业结构，电子信息产品制造业梯次转移。紧抓产业结构调整的契机，适逢西部大开发战略的深入实施、"泛珠三角"区域合作的紧密进行、东盟经济圈的初步形成，广在"十一五"期间积极发展信息产业。信息产业规模得到迅速扩大，但与国内很多地区相比还相当落后，且发展中显现了很多问题。针对区内实际状况，本文提出了产业促进对策建议，以期对扭转广西信息产业落后局面提供帮助。

一　广西信息产业发展概况

"十一五"期间，广西以桂北高速公路为轴线，以桂林、柳州、南宁、北海等城市为区域中心，在优势地区设立电子信息产业基地，已初步建成"相互配套、相互支撑、软硬结合"的信息产业经济带，为产业扩大规模、快速发展奠定了良好的基础，后发优势逐渐显现。

＊ 本文发表于《科技广场》2012年第3期。

广西"十一五"规划纲要明确指出重点建设桂林、南宁、北海三个电子信息产业基地，目前发展势头最好的是北海基地。北海电子信息产业基地设立于 2006 年 3 月。作为广西第一个信息产业基地，已先后有中电集团、冠捷科技、富士康等众多电子信息龙头企业来此落户，主要产品包括计算机整机、显示器、通信设备、存储设备、家居智能、闭路监控、软件和系统集成、电力系统自动化设备及其他电子零配件等。信息产业规模快速扩张，产业链初步形成，已成为北海市主导产业。2010 年，北海电子信息产业总产值接近 190 亿元，占全市规模以上企业总产值 2/5 的比重，为北海市第一个产值过百亿的产业，其中信息制造业的产值占据了全区的半壁江山。

2005 年广西信息产业增加值仅为 108.17 亿元，2010 年增长为 209.96 亿元，年均增长速度为 14.2%，而广西 GDP 的年均增长速度为 19.2%。分行业来看，广西电子信息产品主要有光通信和数字微波通信设备、新型元器件、电子检测、显示与测量产品、电力自动化设备等，掌上电脑、网络计算机、汽车电子产品、现代通信产品等新的产业经济增长点正在形成，产品结构逐步向高技术、高品质、高附加值方向升级。2010 年，广西信息产品制造业工业总产值达 225.97 亿元，主营业务收入为 201.10 亿元，实现工业增加值 64.43 亿元；而 2005 年其工业总产值、主营业务收入和工业增加值分别为 33.10 亿元、27.53 亿元、9.24 亿元，三项指标的年均增长速度都超过了 45%。信息产品制造业已成为广西经济体系中初具规模的产业。近年来，广西软件业和信息服务业也取得了一定的发展成果，积极培育了一批如广西德意数码股份有限公司、广西火炬高科技有限责任公司、广西三原高新科技有限公司、南宁平方软件新技术有限责任公司、广西怡海信息产业发展有限公司等在国内有一定知名度的软件企业。全区共有 2000 家左右的企业从事软件相关研究，产品应用面向工业、农业、金融、保险、交通、电力等众多经济领域。从 2000 ~ 2009 年，区内共有 153 家软件企业通过认定，登记在册的软件产品达 451 个。

二 广西信息产业发展中凸显的问题

（一）产业规模总量小，对地区生产总值贡献低

2005 年广西信息产业增加值仅为 108.17 亿元，2010 年增长为 209.96

亿元，年均增长速度为 14.2%，而广西 GDP 的年均增长速度为 19.2%。2010 年，广西信息产业增加值占全区 GDP 的比重仅为 2.19%，与北京市 10.34% 的水平相差甚远。全区除北海电子信息产业已初具规模外，其他地区的信息产业企业数量少、规模小，更未见产业链雏形。

（二）产品科技含量低、附加值低，缺乏有竞争力的品牌产品

广西经济发展比较落后，信息产业起步晚，处于国内信息产业链的末端，电子信息产品中品牌产品和拥有自主知识产权的产品数目很小，技术创新能力不足，关键技术受制于人，科研成果转化率低。依托本地高校、研究所人力资源，以企业为主体的"产学研用"一体化技术创新体系在多数企业内尚未建成。

（三）高科技人才匮乏

人才是信息产业发展的关键，在我国国民经济中地位突出。广西虽拥有桂林电子科技大学、桂林理工大学两大高校优质资源，但地区经济基础薄弱，从业环境和城市生活便利程度与相邻的广东省相差甚远。信息产业在珠三角地区已经形成很强的集聚效应，对人才的吸附能力强，广西区内高校人才外流现象严重。与此同时，由于区内经济基础脆弱、信息产业未成规模、集群化程度低，对区外人才的吸附能力比较弱。

另外，缺乏对信息产业进行整体规划的主体，相应的管理体制也未建立，对信息产业发展、资源管理和服务活动缺乏必要的法律规范、调整和监督，在投资、信贷和税收等方面没有明确的、针对信息产业发展的优惠、扶持政策及具体措施等，都是广西信息产业发展中存在的问题。

三 广西信息产业发展促进对策建议

（一）加快发展优势产业、主导产业，为信息产业发展奠定雄厚的经济基础

经济基础薄弱是制约信息产业发展的最重要因素。信息技术的开发、更新和普及应用均需要大量的资金投入，尤其是在产业起步阶段，技术

研发、基础设施建设、人员技术培训与服务等是一个漫长的耗资过程。同时信息技术具有很强的时效性，高投入伴随着高风险。由于信息技术创新活动涉及技术原理、技术设计、技术更新速度、材料性能、研究经费及竞争态势等众多因素，缺乏某一方面的配合或是配合不理想，都会导致创新活动失败，开发效益难以保证。据统计，在信息技术企业中，往往只有20%的企业能闯过高风险生存下来并获得成功。因此加快区内优势产业、主导产业的发展，为信息产业发展提供雄厚的经济支持尤为重要。

（二）政府要扮演好自己的角色

地方政府是各信息产业集群的直接参与者甚至管理者，在积极营造集群的创新环境、提供基础设施等公共物品、有效规范市场行为以及挖掘区内潜在创新资源方面，发挥着不可替代的作用。广西信息产业尤其是软件业和信息服务业还处于起步阶段，为促进其规模壮大、加快产业链的建立，广西需要积极采取具体有效措施对其进行引导和扶持。将属于信息产业范畴的工业和服务业划分出来，由专门的行政部门负责管理，制定信息产业整体发展规划、产业促进政策与措施、产业监管制度，充分发挥信息产业的综合优势。广西要充分利用"政府采购"这一工具，通过强制财政预算内的相关企事业单位、政府机构在信息化中优先购买优质"区货""国货"。这种措施一方面扶持了有自主创新能力的国内企业，另一方面利于引进先进技术，促进区内相关企业的发展。

（三）积极与国内外知名企业进行技术合作

中国-东盟自由贸易区的建立，使地处中国-东盟自由贸易区最前沿的广西有了更多参与区域经济合作、引进外资、融入国际信息产业链的机会。广西要紧抓这一历史机遇，加强与国外知名信息产业企业间的技术交流与合作，加快区内中小企业与国外企业合资、合作步伐，发展一批与大型跨国公司有紧密合作伙伴和客户网络关系的新型企业，有效利用合作伙伴的技术、资金、品牌和国际营销网络，加快信息产业的发展。与此同时，泛珠三角经济圈正逐步形成，广西要利用好自己的区位优势，积极寻求与粤"联姻"的机会，通过合资、合作等途径，承接电子信息产业转移，促进区内信息产业发展。

参考文献

《北海电子信息产业爆发式发展　五年内产值可达千亿元》，http://gx.people.com.cn/GB/179464/15243918.html。

广西壮族自治区统计局：《广西统计年鉴（2006）》，中国统计出版社，2006。

桂学文、曹庆：《我国信息产业集群形成模式的实证分析》，《情报科学》2007年第11期。

王叉花、肖岳峰：《广西信息产业的SWOT分析及其发展战略》，《市场论坛》2007年第1期。

北部湾产业集群发展策略研究*

秦田初　卢润德　王　倩

摘　要：产业集群是产业组织的新发展和地区经济的新现象，国际竞争实质上是产业集群的竞争，产业集群的发展已成为区域经济发展的加速器，也发展成区域经济增长的原动力。本文是根据北部湾的产业条件，提出了产业集群发展的策略。

关键词：北部湾　产业集群　集群发展

广西北部湾经济区，地处我国沿海西南端，由南宁、北海、钦州、防城港四市所辖行政区域组成，其发展目标是：立足北部湾、服务"三南"、沟通东中西、面向东南亚，充分发挥连接多区域的重要通道、交流桥梁和合作平台作用。北部湾已经有一定的产业集群基础，实施产业集群战略将加快北部湾营造区域创新优势，提高区域竞争力，促进北部湾区域经济健康发展的步伐。

一　产业集群的优点

（一）加强了集群内企业间的有效合作

集群内的企业因为地域的接近和领导人之间的密切联系，彼此之间容易建立密切的合作关系，降低合作的风险和成本。企业之间的合作能够创造的力量大于单个企业力量的简单总和，而产业集群内的企业之间合作却有独特的优势。

---

* 本文发表于《特区经济》209 年第 9 期。本文获广西哲学社会科学基金项目"广西北部湾经济区信息产业集群发展研究"（项目编号：08BJY021）和桂林电子科技大学研究生创新项目"广西北部湾经济区信息产业集群发展研究"（项目编号：2008105950202M442）的资助。

（二）提高了产业的整体竞争能力

产业集群形成后，可以通过多降低成本、刺激创新、提高效率、加剧竞争等，提升整个区域的竞争能力，并形成一种集群竞争力。产业集群内部竞争将形成"优胜劣汰"的自然选择机制，刺激企业创新和企业衍生；集群使得许多本来不具有市场生存能力的中小企业，由于参与到了集群里面，不但生存了下来，而且增强了集群的整体竞争力。

（三）有利于形成"区位品牌"

单个企业要建立自己的品牌，需要庞大的资金投入，然而企业通过集群，集群内企业的整体力量，加大广告宣传的投入力度，利用群体效应，容易形成"区位品牌"，从而使每个企业都受益。区位品牌与单个企业品牌相比，更形象、直接，是众多企业品牌精华的浓缩和提炼，更具有广泛的、持续的品牌效应，它是一种珍贵的无形资产。这种区域品牌共享大大增强了集群内企业的比较竞争优势。

二 北部湾产业集群的使命和目标

北部湾产业集群战略的使命是发展广西地方特色的规模大、实力强、辐射面大的产业群，营造区域创新优势，提高区域竞争力，促进北部湾区域经济健康发展。北部湾产业集群战略的目标是以主导产业或产品为龙头，如铝材加工、汽车零部件、林浆纸业，带动相关产业发展形成相互配套、相互促进的产业群，以裂变出新的龙头企业；大力发展生物医药、电子信息等高新产业集群；充分利用北海、钦州、防城港的海产品资源和港口资源，发展集群式港口物流和临海产业。

三 北部湾产业集群发展的基础

改革开放以来，随着经济的快速发展及一大批中小企业的崛起，广西各地尤其是工业基础较好的地区，先后形成和出现了一批具有地方特色和竞争优势的产业集群。广西的工业基地——柳州，已形成了冶金、机械、汽车制造等的产业集群；桂林初步形成了生物医药、电子信息的产业集群；南宁的食品加工、桂西的有色金属、玉林的玉柴机器、福绵服装业等已基本形成了产业集群。广西的锰业、制糖业、铝业等也逐步走向集群化。锰业形成了以桂西南锰矿石原料及粗加工为主，以大锰锰业、新振锰业、三叠锰业为代表的一大批锰系深加工产业集群；依托便利的交通、充足的电力，形成的以"八一"等为代表的桂中锰系铁合金产业集群，以及在北部湾畔即将崛起的超大型沿海钢铁冶金产业集群。糖业以贵糖股份和南宁糖业两个上市公司为核心，发展形成了制糖、造纸、酒精、纤维板、复合肥等多样化产品的糖业产业集群。铝业以百色平果铝为代表的集矿山开采、氧化铝、电解铝生产于一体的特大型综合性铝工业基地，配套的氟化盐厂、硫酸厂、碳素制品厂、铝型材厂，形成了一条铝产业集群链条。同时，广西的其他产业如南宁的生物制药、造纸、化工与精细化工，梧州、玉林、贵港、贺州的轻工及林产，北流的陶瓷、宾阳的竹编、田阳的蔬菜等产业都已具备了集群的基础和规模，北海的海洋生物产品尤其是珍珠等产业也具有了产业集群的雏形。

四　北部湾产业集群发展的策略

（一）结合产业结构调整，加大对优势产业的投入，着力发展主导产业下游加工工业，如铝材加工、汽车零部件、林浆纸一体化等，以延长产业链

打破行政界限，采取以主导产业（或产品）为龙头，带动相关产业发展，形成相互配套、相互促进的产业群；或以龙头企业为主导，通过产业链的延伸带动一批配套企业发展，以期裂变出新的龙头企业，促进其他企业发展和聚集，壮大一批产业集群。

铝材加工业，依托广西铝工业基地，建设大型热连轧生产线和再生铝项目，重点发展国内短缺的高精度铝板带箔材、铝箔坯料、地铁和轻轨车辆用材、汽车和集装箱用材、航空材、复合包装用材、铝合金铸锻件等精深铝加工产品，带动相关产业发展，形成相互配套、相互促进的产业群。

林浆纸业，利用广西适宜建造速生林的优势，大力发展林浆纸一体化产业，拉长产业链，加快发展精深加工产业，积极发展综合利用产业，依托钦州90万吨纸和30万吨纸浆项目以及北海90万吨纸浆项目，形成沿海林浆纸产业集群，综合发展、利用速生林的优势，形成行业性规模优势。

（二） 高新技术产业是新型工业化的重要支撑

要进一步建设好区内几个高新技术产业开发区和工业园区，以此为载体，大力发展生物医药工程高技术产业集群；加强网络技术、数字化制造技术、微电子技术、数控技术及软件研发、信息设备制造，发展信息技术产业集群。

电子信息产业，依托南宁、北海高新技术产业开发区，承接国内外电子信息产业转移，建设电子信息产品制造业基地，发展软件、集成电路、数字通信设备、数字化整机、新型电子元器件、网络设备、微电子开发和生产等产业。

生物工程高技术产业，利用木薯、甘蔗等资源丰富和进口便利的优势，加快发展生物质产品、生物质能源、生物质化工和生物质材料，形成新兴产业。重点发展燃料乙醇、高档系列变性淀粉和其他生物质产品。发展北海燃料乙醇、钦州和南宁木薯酒精等项目以及建设国家生物质产业。

（三） 加快发展临海产业及出口加工业，充分发挥和利用北海、钦州、防城港沿海城市海产品资源和港口优势，发展临海产业及出口加工业，加大沿海产业集群化步伐

港口物流业，该区域海岸线长1500多公里，深水条件好，港口资源相当丰富，开发潜力巨大。地处北部湾顶端中心位置的钦州、防城、北海是广西沿海的3大主力港口，防城港是我国沿海12个主枢纽港之一，钦州港和北海港也被列入全国地区性重要港口，基本形成以防城港、钦州港、北海港为主的北部湾（广西）港口群。2006年3个港口的总吞吐量达5000万吨。因此，发展北部湾（广西）港口经济，促进该区域的全面开放开发，对广西乃至整个泛珠三角经济圈和大西南经济圈都具有重要的地位和作用。

船舶制造业，抓住国际船舶工业转移的机遇，依托钢铁基地，在防城港布局建设大型船舶修造基地，发展民用船舶制造、海洋工程以及船用柴油机、船用钢板、大型铸锻件等船用配套设施。

（四） 将产业的集群式发展与物流园的集群式发展相结合

物流产业的发展与物流园具有非常强的依赖性和关联性，因此要充分发挥物流相关部门、相关领域的合作，建立部际联席会议制度，将物流产

业集群发展与物流园集群发展进行捆绑规划，营造良好产业环境。

建立和谐的物流产业（园）集群架构。根据广西的"一纵两翼"经济战略格局和"三纵三横、两空（机场，南宁、桂林）五站（火车，包括南宁、桂林、柳州、钦北防、梧州）多网（高速公路）"的立式交通布局特点，广西物流产业（园）集群可以建立覆盖广西东南西北中的"一核心、五功能"共生、协同的战略局面。具体为建立南宁核心集群（商贸、旅游、会展、轻工、现代农业）、桂林旅游集群（客运、旅游产品）、柳州重工集群（机械、汽车、钢铁）、桂东传统集群（机械、服装、陶瓷、中药）、沿边贸易（商业、加工、旅游）集群（东兴、百色、凭祥三个子群）、临海新兴集群（石化、港口工业、电力、钢铁）。各集群作为支持广西经济发展的物流大集群的子集群，形成覆盖广西、网络全国、辐射东南亚的能力。通过打造南宁辐射集群的影响力和号召力，进行统一的品牌化运作，逐步形成物流价值链的运输、仓储、搬运、装卸、加工、保管、配送、商务和货代的各增值环节的发展和优化，降低品牌打造成本，提升后发展地区的品牌打造效率。

（五）发展县域特色经济产业集群，以资源型产品为纽带，逐步实现"一镇一品"专业化

鼓励县域生产具有地方特色产品的企业走向集聚，使之形成具有规模的产业集群。另外，有条件的地方可通过承接产业转移，以大型企业为龙头，发展以众多个体民营企业为主的产业集群。

利用亚热带农产品资源丰富和港口优势，重点发展粮油、果蔬和畜禽产品加工，争取在保鲜技术、产品加工技术、品牌培育方面有新突破。按照标准化要求，建设适合加工业需要的种养基地。重点发展奶制品、食用植物油、草食动物、家禽、香料香精等农产品加工业。

重点发展海洋生物医药、海产品加工和海洋油气勘探开发等特色海洋资源产业。支持相关基础应用研究和技术开发，发现、养殖或栽培药用海洋动植物，鼓励开发有自主知识产权的海洋药品、保健品及功能食品等系列新产品；大力发展高起点利用海洋低值水产品的精深加工，开发精制食用鲜鱼浆及其风味的方便速食食品、微波食品及色香味俱佳的高档人造合成海产品，提高海产品的综合利用率和附加值；加强南珠的深加工利用，全面壮大提升南珠产业。

参考文献

赵子健：《产业集群：广西经济发展的新战略》，《改革与战略》2006年第2期。
黄选高：《发展产业集群壮大优势产业》，桂经网，2008。
蒋升：《广西北部湾经济区产业发展与布局建议——在全国政协"推进北部湾区域经济合作与发展"专题组座谈会上发言》，《市场论坛》2007年第6期。

图书在版编目(CIP)数据

区域信息产业之创新发展/卢润德著.—北京：社会科学文献出版社，2015.7
 ISBN 978-7-5097-7691-9

Ⅰ.①区… Ⅱ.①卢… Ⅲ.①信息技术-高技术产业-经济发展-研究-中国 Ⅳ.①F49

中国版本图书馆 CIP 数据核字（2015）第 147285 号

区域信息产业之创新发展

著　者/卢润德

出　版　人/谢寿光

项目统筹/邓泳红　陈　帅

责任编辑/陈　帅

出　　版/社会科学文献出版社·皮书出版分社 (010) 59367127
　　　　　 地址：北京市北三环中路甲 29 号院华龙大厦　邮编：100029
　　　　　 网址：www.ssap.com.cn

发　　行/市场营销中心 (010) 59367081　59367090
　　　　　 读者服务中心 (010) 59367028

印　　装/三河市尚艺印装有限公司

规　　格/开本：787mm×1092mm　1/16
　　　　　 印张：15.75　字数：256 千字

版　　次/2015 年 7 月第 1 版　2015 年 7 月第 1 次印刷

书　　号/ISBN 978-7-5097-7691-9

定　　价/69.00 元

本书如有破损、缺页、装订错误，请与本社读者服务中心联系更换

▲ 版权所有 翻印必究